I0079708

www.ingramcontent.com/pod-product-compliance
Lightning Source LLC
Chambersburg PA
CBHW030821090426
42737CB00009B/818
* 9 7 8 1 9 5 4 1 7 6 4 4 7 *

אלו שנשארו

מאת

ז'וז'ה פ. ווארקונ'י

תרגום: גבי אורן
עריכה: עופרה דור קפלן

אלו שנשארו

הודפס לראשונה בארצות הברית בעברית: 10 למאי 2022, ט' באייר ה'תשפ"ב

הודפס לראשונה באנגלית בארצות הברית: אפריל 2021

שם הספר במקור (מהדורה הונגרית):
Férfiidők lányregénye (*ילדה בעולם של גברים*)
(מהדורה רביעית בודפשט: Libri Kiadó, 2020)

מהדורה גרמנית:
Für wen du lebst: Ein Mädchenroman aus Männerzeiten
(אלו שלמענם חיים; סיפור של ילדה בתקופה של גברים)
(קונסטנץ: Hartung-Gorre Verlag, 2005)

מתאם הפרוייקט: ג'ואל אלפרט
עריכה, עיצוב הספר והעטיפה: נינה שוורץ/impulsegraphics.com

הוצא לאור על ידי JewishGen Press
כחלק מ-.JewishGen, Inc
מסונף למוזיאון המורשת היהודית-זיכרון חי לשואה
Museum of Jewish Heritage–A Living Memorial to the Holocaust
36 Battery Place, New York, NY 10280

הודפס בארצות הברית על ידי .Lightning Source, Inc

מספר ביקורת של ספריית הקונגרס
Library of Congress Control Number (LCCN): 2021934306
ISBN: 978-1-954176-44-7

הצילום שעל העטיפה:
מקדימה: אביגל סוקה וקרולי היידוק מתוך הסרט *אלו שנשארו* *Those Who Remained (Akik maradtak)*
2019© מאת ברנבאש טוט, הופק על ידי מוניקה מץ'. חברת הפקה: Inforg-M&M Film Kft. הופץ בצפון אמריקה על ידי Menemsha Films. באדיבות המפיק.
מאחור: נוף של באסטיון הדייגים בשנת 1951 (בודפשט).
מקור הצילום: Fortepan - ID 2223 via Wikimedia Commons

תוכן

הקדמה לגרסה העברית מאת המחברת: ריפוי הטראומה 4

הקדמה של המתרגמת 9

פרק 1: באתי כדי לשמח אותך (אוגוסט – נובמבר 1948) 10

פרק 2: "רפאנו ה' ונרפא" (דצמבר 1948 - דצמבר 1949) 66

פרק 3: צייד שועלים (ינואר – מרץ 1950) 149

פרק 4: לעבר חיים שניתן לחיות אותם (1955-1956) 189

אחרית דבר: פרידה מהדור הראשון (1957-1967) 243

תקציר היסטוריית יהודי הונגריה מאת טיבור פרנק 257

על הסופרת 260

תודות 262

הקדמה לגרסה העברית מאת המחברת:
ריפוי הטראומה

קוראת יקרה, קורא יקר, איני יודעת את גילך ואת אשר עבר עליך בחיים. אבל אם בחרת לקרוא את הספר הזה, אני מניחה שהיה לך קשר כלשהו, לפחות רוחני, עם תהפוכות החיים שהמאה ה-20 גלגלה על עמי אירופה. סבל רב, שנגרם על ידי בני אדם אחרים, היה מנת חלקם של רבים מאיתנו באותן שנים (וממשיך גם כיום לרבים בינינו). בספר הזה לעומת זאת, לא אספר לכם על הסבל עצמו, אלא על **הדרך לריפוי הטראומה** והפצעים. ומאחר ונשים מטבען מתעניינות יותר בריפוי מאשר בזוועות, זהו בעצם בדרכו שלו, סיפור נשי.

אני נולדתי ועודני חיה בהונגריה, ארץ בה היו להיטלר ולסטלין חיילים חרוצים רבים. לקבוצה החברתית אליה אני משתייכת היו בשתי התקופות האלה מבחני הישרדות קשים ורבים. בספרי זה אני מבקשת להנציח את אהוביי אשר נשאו בגוו זקוף את הסבל שחוו בשתי התקופות הסוערות האלה של ההיסטוריה, מבלי להתרברב. על אף הזוועות שעברו עליהם בשואה, הם ביקשו ללמד אותנו, ילדיהם, הבנה, ערבות הדדית ואהבה. לא שנאה. יכולת שהתפתחה אצלם מהאתגרים הקיצוניים בחייהם.

אבי נלקח ב-1944, במהלך שירותו ב'פלוגות העבודה'[1], למחנה הריכוז מאוטהאוזן. הוא שרד וחזר הביתה להיהפך לאבא שלנו, שתי אחיות, כאשר בליל אביב אחד ב-1950, נעלם שוב למשך שלוש שנים במחנה עבודה סטליניסטי. הוא מעולם לא סיפר לנו דבר על תקופה זו בחייו. הוא, וגם אימא, רצו למנוע שנשנא את בני האדם שבקרבם אנחנו חיים. בספרי זה אני ממשיכה את דרכם

---

[1] החל מ-1939, השלטון ההונגרי חייב יהודים בטווחי גיל הולכים ומתרחבים, להתגייס ליחידות מיוחדות, ללא מדים, נשק וציוד כלשהו, לביצוע עבודות כפיה. השירות ביחידות אלה היה תחת מפקדים ובתנאים ברוטאליים. ב-1943-1944 היו כבר כמאה אלף יהודים ב'פלוגות העבודה', ובמהלך שנים אלה שרדו רק כ- 5% מהם.

ואת כוונתם, כאשר איני מציגה באופן ישיר, ולו במילה אחת, את הזוועות של אותה תקופה. לעומת זאת אני מעדיפה לספר על *ההיצמדות העדינה יחד* בזמנים של פחד מתמיד, החוויה השלטת שלי כילדה. חשוב לי להראות שניתן למצוא אהבה מרפאה אצל אנשים בכל גווני הקבוצות החברתיות. תקראו כאן על מגוון דמויות אנושיות יפות מילדותי: חלקם זקנים, אחרים צעירים, הרבה יהודים, וגם לא, היו ביניהם משכילים וכאלה שלא.

הסרט המבוסס על הספר התקבל באהדה גדולה בעולם. הייתי שמחה אם בנוסף לקוראים את הספר בהונגרית, אנגלית וגרמנית, גם דוברי עברית רבים ימצאו בו עניין ויופי. אני משוכנעת שהמסר של הספר מובן לא רק בשפת המקור, ולא רק לקבוצת הגיל אליה אני משתייכת. רגשות בני אדם הם הלא - אוניברסאליים.

שלושת גיבורי הסיפור שרדו את מלחמת העולם השנייה כיתומים מוחלטים ותוך זמן קצר הם הפכו למקור תמיכה האחד לשני. נערה ילדותית כבר בת 16, אשר בשנת 1948, כשלוש שנים לאחר תום המלחמה, עדיין לא מסוגלת להכיר במציאות שמשפחתה, יחד עם כל עולמה, נעלמו; רופא, בנו של רב, אשר שב ממחנה השמדה ומנסה לשווא לאתר את אשתו ואת בניו, וב-1948 בא בטענות לאלוהים ושואל אותו: "למה אני צריך עדיין לחיות?"; ועל קרובת משפחה זקנה, מלאת אהבה ושברירית, שחייה חסרי טעם ללא הנערה. שלוש הדמויות מסייעות האחת לשנייה לשוב ולעמוד על רגליהן. חייהם נראים כבר כמעט נורמאליים בשנת 1949 כאשר גל חדש של טרור, הסטליניזם, גוזל את שלוות ימיהם ולילותיהם למשך השנים הבאות.

אלה היו השנים הגרועות ביותר כמעט לכל שכבות האוכלוסייה בהונגריה. רק מותו של סטלין, ב-1953, הביא להתמתנות פוליטית מסוימת וגם להקלה בחיי היומיום. פיצוי לחלק מהקורבנות החל בראשיתה של 1956. אנשים ששמם טוהר, יכלו שוב לזכות במקום עבודה בהתאם להכשרתם, ובסכום כסף (אמנם

מגוחך) עבור סבלותיהם במשך 3 או אף 6 שנות[2] שהות במחנות הכפייה.

אין בכוונתי להאריך כאן בהיסטוריה הונגרית. הלא מדובר כאן ב*רומן* ולא במחקר היסטורי. יחד עם זאת, הוספתי הערות שוליים במקומות מסוימים בהם הסבר קצר תורם להבנתם של האירועים.

ברומן המקורי סיפרתי את השתלשלות העניינים רק עד 1950, שיאו של הטרור הסטליניסטי בהונגריה. על תקופות מאוחרות יותר כמו למשל תקופת הפיצויים, ניתן ללמוד רק מהדיווחים של קלרה, הגיבורה הראשית, ביומנה שמופיע כאפילוג. במהלך העבודה על הוצאת הספר הייתי חייבת להתייחס להערות המו"ל כי הפיצויים משמעותיים בחייהם של גיבורי הספר, לא פחות מאשר בחייהם של אנשים אמיתיים שזכו שוב להכרה מוסרית כבעלי ערך. וכך נכתב פרק 4 המשלים את הסיפור באופן ראוי לטעמי. אני מקווה שהצלחתי לומר משהו חדש על התקופה של מהפכת 1956, איך ההונגרים חוו את המהפכה ואיך אני (בדומה לרבים אחרים) חוּוה ומנמקת לעצמי את המשך חיי בהונגריה. אני, אחרי הכול, היחידה מכל משפחתי הגדולה בעבר, שלא בחרה חיים בארץ אחרת לעצמה ולילדיה. התשובה לשאלה "למה?" נכללת גם בפרק 4 ובכותרתו.

את ההתמודדויות הלשוניות חוויתי בעצמי במהלך תרגום הספר לגרמנית. עבודת התרגום מבליטה את ההבדלים של דפוסי החשיבה בין שפה אחת למשניה. כדי שהאמירה תהיה ברורה, לא פעם היה צורך לוותר על מעברי בזק לשוניים-ציוריים, הטבעיים בשפה ובדרכי הביטוי בהונגרית. נוכחתי גם עד כמה דרך הביטוי

---

[2] המעצרים וההעברות למחנות עבודה הגיעו לשיאם ב-1950. לאחר מותו של סטלין, ב-1953 שוחררו חלק מהשבויים, ובמחזור נוסף, רק ב-1956. לא היו שחרורים בין שני "גלים" אלה.

בהונגרית היא דחוסה והשימוש ב"שפת הפרחים[3]" מושרש עמוק. הדור המיוסר והמפוחד של הורינו השתמש בדרך ביטוי זו כבשפת אם, ואנחנו, דור שני לשואה, שצמח בתקופת הסטליניזם, מבינים אותה על בוריה גם. אף הצעירים, שעבורם הסיפור מהווה כבר היסטוריה, שאלו יותר שאלות בהקשרים ההיסטוריים (איך דבר זה או אחר היה אז), אבל מעולם לא *למה* מדברים כך. כנראה שהם, כדור שלישי, עדיין חשים בבירור את הצורך ב"שפת הפרחים"- שבכל שפה אחרת מצלצלת "סינית" באוזני הקוראים. האם דרך הביטוי הדחוסה, הבולענית והאירונית הזאת היא תוצאה של ציווי ההיסטוריה שלימד אותנו לסנן את האמירות שלנו? אולי...

עכשיו התברר לי שכל זה רלוונטי גם לגבי התרגום לעברית, שפה שלצערי איני מדברת.

קושי נוסף שדרש פתרונות יצירתיים בעבודת התרגום נבע מהרגל "לשוני-הונגרי" מובהק אחר, בפנייה לאנשים. השפה ההונגרית מרעיפה אהבה בהענקת שמות חיבה, הוספת "הקטנות" ותארי השתייכות באופן הטבעי והשגור ביותר. למשל, שם החיבה של קלרה הוא "קיפוד", בקיצור: "קיפי". אבל בדיבור השוטף לא פעם מקבל שמה תוספת הקטנה של "קֶה" (שמשמעותו "קיפיל'ה") או "קֶם" (שמשמעותו "קיפיל'ה שלי"). הרעפת שמות חיבה כזו מוכרת גם במסורת היהודית והטייתם אופייניות במיוחד בשפות הסלאביות (למשל, אלכסנדר - סאשה - סאשינקה...). על מנת לשמר את הביטוי הייחודי הזה במערכות היחסים בין גיבורי הספר, נשמרו בתרגום לעברית כינויים אלו בצורתם ההונגרית, גם אם זה לא מצלצל 'עברית תקנית'. מאחר ואוכלוסיית ישראל היא ממוצא רב-לשוני, אני מקווה שהקורא העברי יקבל ויבין את הסגנון הזה לא פחות טוב מאשר את הסיפור עצמו.

---

[3] "שפת הפרחים" הוא כינוי לדיבור עקיף, מרומז, שבו משתמשים בקיצורים, ובתחליפים תיאוריים, במקום באמירה ברורה וישירה. דוגמה להמחשה: "ננתח את התזה בנוכחות בגירים" במקום "לא נדבר על זה בנוכחות הילד".

לבסוף, אם יורשה לי וידוי אישי. עבורי ההוצאה הישראלית בעברית של הספר הזה משמעותית יותר מאשר הוצאתם של ספריי האחרים בכל שפה שהיא. את הרומן כתבתי לזכרם של הוריי וגיבורי ילדותי הבוגרים האחרים. איש מהם כבר אינו איתנו ולא יוכל לקרוא אותו. אבל, כשאני חושבת על כך שכמה וכמה מבני דורם וצאצאיהם החיים היום בישראל יוכלו לקרוא אותו, אני מרגישה שספרי 'הגיע הביתה'. הדבר התאפשר בזכות אחת העדות האחרונות של ילדותי, גבי אורן, בת דודתי. ולמרות שאיני דוברת עברית, אני משוכנעת שלא רק את המילים, אלא את המסר הרחב של ספרי היא מבינה באופן המדויק ביותר.

ז'וז'ה פ. ווארקונ'י

פסיכולוגית

סופרת

בודפשט, 2022

הקדמה של המתרגמת

יש משהו בספר הזה שהוא מעבר לסיפור שבו, מעבר לפרטים הכמו-ביוגראפיים שנדמה לי שזיהיתי בו כאן ושם (הופתעתי כאשר יותר מקורא אחד הגיב ברוח זו: "הספר הזה הוא עליי!'), מעבר לתיאור החי והמוחשי כל כך של תקופה ושל מקום, מעבר למהימנות והעומק של גיבוריו ושאר הדמויות המתוארות בו.

כוונתי היא לאותו רובד המטפל בשאלת הזהות - נושא רלוונטי ואקטואלי יותר מאי פעם, לנו, ישראלים. יש בו הסבר (ולא התנצלות!) על ההישארות *שם*, בגולה. יש משהו מפייס בעצם *ההבנה* שהייתה דרך שונה להתמודד עם הטראומה, לא פחות לגיטימית, אמיתית, ואפקטיבית מאשר ההגשמה הציונית דרך הקמת המדינה והחיים בה. שכל אחד יצא-יוצא עם למידות שונות מהשואה, אירוע שללא ספק תבע את חותמו בכולנו, לדורות - מי באופן ישיר, אישי, ומי בעקיפין.

הבנה זו חשובה לנו - כאן ועכשיו, כאשר השאלות 'מי הוא יהודי?' ו-'מהי הישראליות?' נמצאות בלב ליבו של הדיון הציבורי - באופן ישיר או באופן סמוי. ככל שנבין את עצמנו יותר, נדע לתת לעצמנו תשובות מציאותיות, אנושיות ומעשיות יותר לשאלות מעצבות אלו.

עם זאת, הדבר שהופך את הסיפור המרגש והסוחף הזה לאופטימי כל כך, הוא השילוב של החוכמה והאהבה שמנווטים את חייהם של גיבוריו. אופטימיות, שאמנם לא מונעת מכאובים, מחלות ואסונות, אישיים או כלליים, מציגה אלטרנטיבה להתמודדות שגם הופכת את 'הייאוש ליותר נוח', וגם מאפשרת חיים ראויים ומשמעותיים.

ובכך היה לי הכבוד לתרגם את הספר, שנוגע באופנים רבים כל כך, ברבים כל כך מבני דורי, במקום הזה, שבו כולנו, במובן מסוים, עם 'רגל פה רגל שם'.

גבי אורן

ברעם

פרק 1

"באתי כדי לשמח אותך..."
(אוגוסט - נובמבר 1948)

קלרה השתרכה ממורמרת לצידה של אוֹלְגִי, שעדיין התאמצה לפייס אותה:

"ממה את חוששת?! הוא לא יעשה כלום... הוא אמר שהוא רק רוצה לראות אותך! את בת שש-עשרה אוטוטו... בנות אחרות בגילך כבר מזמן הגיעו לבשלות! הוא רופא יהודי, הגון... אולי הוא יכול לעזור לך... בשביל מה הפרצופים עכשיו? בזמן האחרון לא חששת כשהלכת לרופאים אחרים..."

קלרה ידעה כבר שהדרך הכי קלה להרגיז את אוֹלְגִי היא להיאלם דום. לכן כשנכנסו למרפאתו של דר' אַלַדָר קֶרְנֶר, היא לא אמרה אפילו שלום. הרופא לא עשה עליה שום רושם. אפילו לא דוחה. מבין ריסים מושפלים היא עקבה איך הטיפּוס הזה יגיב להתנהגות ה-'לא-כלום' שלה. הוא ניגש אליה ואמר:

"שמי אַלַדָר קֶרְנֶר. מה שמך?"

היא התלבטה רגע ואז פלטה לעברו:

"קלרה וִוינֶר."

"את רוצה לשבת?"

"לא."

"תרצי שדודתך תצא בזמן שנשוחח?"

"לא."

קלרה החזיקה בפוזה הזו עוד כעשר דקות עד שהרופא ויתר על מאמציו. הוא התיישב לצידה של אוֹלְגִי והתחיל לדבר איתה כאילו שקלרה בכלל לא נמצאת בחדר:

"נראה לי שהבעיה ההורמונלית כאן היא זניחה. הייתי יכול לְמנות לך עכשיו את שלושים הסיבות הנוספות ששנינו מכירים...

בכל מקרה, גם מבנה גופה לא נראה עדיין בשל לייצור ביציות... קלרה, את מוכנה להרים רגע את הזרוע שלך?"

קלרה נענתה באי-רצון. היא לבשה חולצה ללא שרוולים, ושכשהרימה את זרועה, בצבצו שיערות בודדות מבית שכייה.

"תהליך ההתבגרות רק התחיל אצלה עכשיו, את רואה? אנחנו נניח לה בינתיים. תחזרו בעוד חצי שנה."

"לא, הוא לא עכשיו התחיל... היא כבר ככה איזה שנתיים...", לחשה אוֹלְגִי ביאוש.

"נמתין בכל זאת... איך היא יכולה, עם השלושים-ומשהו קילו שלה, לייצר גם הורמונים?"

כל זה קרה באוגוסט 1948. בתחילת נובמבר קלרה שוב ישבה בחדר ההמתנה שלפני מרפאתו של דר' קֶרְנֶר. לבד. השעה הייתה שש. הרופא אמור היה לסיים עכשיו את קבלת הקהל, אבל יתכן, שבכל זאת יסיים יותר מאוחר - חִישבה. גם אצל אבאל'ה שעת הסיום הייתה מתארכת לא פעם. מלבדה, עוד פציינטית אחת המתינה על הספסל לתורה. האסיסטנטית יצאה מחדר הקבלה:

"את מחכה לדר' קֶרְנֶר?"

"כן. כשיסיים."

"קבעת תור בשעות הקבלה?"

"כן. לא. אני מחכה שיסיים."

האסיסטנטית שלחה מבט תוהה לעבר קלרה. היא הנידה ראשה באי-שביעות רצון לנוכח התשובה המבולבלת, ואחר-כך החליטה. היא נעלמה מאחורי דלת חדר הקבלה והודיעה לרופא: עוד מישהי הגיעה. האישה שחיכתה על הספסל ליד קלרה הוזמנה להיכנס, אבל כעבור רגע הופיע ראשו של הרופא בדלת.

"אה, זו את?"

"כן."

"יש בעיה?"

"אין."

"את יכולה לחכות?"

"כן."

השעה הייתה קרוב לשש וחצי, כאשר הפציינטית האחרונה עזבה.

"בואי", הציץ החוצה ראשו של הרופא שוב.

"לא רוצה להיכנס."

"לא באת אליי?"

"כן באתי אליך."

"אז למה שלא תיכנסי?"

"רק רציתי להגיד לך משהו. כשתצא..."

כשיצא סופסוף דר' קֶרְנֶר מחדרו, הוא התיישב ליד קלרה על הספסל.

"אתה עוד לא הולך הביתה בשעה כזאת?"

"כן. אני כבר זז לאט-לאט... כן."

"אז אני מעדיפה לדבר איתך בדרך."

הוא הרים את גבותיו בתמיהה. קלרה הייתה מרוצה מהתגובה, כשהייתה אצלו בקיץ היא לא הצליחה לזעזע אותו בכלום, למרות שעשתה מאמצים. בבית הספר היא דווקא די מצליחה להרגיז. יש שם כמה מורים שמוכנים כבר להישבע שהיא מפגרת. וזאת הרגשה טובה. היא יכולה להערים על כולם.

"אז תחכי עוד רגע עד שאחליף לאזרחי ואחרי זה נצא לדרך, טוב?"

"אהא."

דר' קֶרְנֶר הנהן לעצמו ונעלם בחדר הקבלה. קלרה עדיין שמעה את עצמה פונה אליו בגוף שני[4]. היא לא מזמן למדה את זה מאִיצָה לַקַטוֹשׁ, התלמידה הכי וולגרית בכיתה. עד היום, הייתה פונה למבוגרים רק בגוף שלישי, כדרכם של ילדים. לאחרונה

---

[4] ברוב השפות האירופאיות משתמשים בגוף שלישי בין זרים ובפנייה של ילד אל מבוגר- שיחה בגוף שלישי מבטאה ריחוק, גבולות וכבוד בין בעלי השיח. דו-שיח בגוף שלישי הוא תחום נוסף שעל מתבגרים להתמודד איתו בתקופת המעבר בין ילדות לבגרות.

השתדלה מאד להידמות לאִיצָה לַקָטוֹשׁ, ולהרגיז את המורים גם בדרך זו. כנראה שככה זה עובד גם על אחרים.

תוך מספר דקות הופיע אַלַדָר קֶרְנֶר בבגדי הרחוב שלו. הוא נראה זקן ועייף יותר מאשר בחלוק הלבן. גם תנועותיו נראו לה איטיות יותר. דווקא בחלוק הלבן הוא נראה צעיר, בדיוק בגיל של אבאל'ה. אבאל'ה עכשיו בן ארבעים ושבע. בעשירי בנובמבר. בעבר אימאל'ה הייתה מכינה ברווז ממולא ליומולדת שלו. מה התאריך היום?

"מה רצית להגיד לי?" שאל הרופא.

קלרה השתהתה.

"נשים לא פוחדות בדרך כלל מרופאי נשים?"

"הן לא מספרות לי את זה..."

"גם אני לא. אבל אני מפחדת."

"יתכן שאצל אחרות זה גם ככה... מה רצית להגיד לי?"

"שקיבלתי..."

"אלה חדשות טובות!"

"רק אתה מרוצה מזה! והדודה שלי... באתי כדי לשמח אותך... כי בעיניי זה דבר מחורבן. מגעיל. וגם הבטן שלי כאבה נורא."

"במצב הזה כדאי להניח עליה משהו חם כשהיא כואבת."

"גם אימא שלי עוטפת את המותנים שלה בצעיף חם בימים האלה. אבל לדעתה זה בכל זאת דבר טוב, כי בגלל זה אפשר ללדת ילדים. אבל אני לא רואה את הקשר."

כך, במילים האלה, קלרה גם נפרדה בעצם מתקופת הילדות שלה. הם המשיכו ללכת ודר' קֶרְנֶר התעטף בשתיקה. לעומתו קלרה פטפטה ללא הרף. התלוננה בעיקר. בין היתר היא העירה גם שהמעיל שלו דוחה וחסר חן. היו לה אין ספור תלונות על אוֹלְגִי וגם על בית הספר.

"יש לך הרבה פנים..." אמר הרופא, כשהוא בוהה באוויר. "בקיץ התנהגת ממש כמו טמבלית, לפני רגע היית ילדה מתוקה, ועכשיו הפכת למתבגרת מעצבנת."

קלרה גיחכה.

"יש לי עוד כמה גרסאות..."

"אולי נסתפק באלה להיום."

היא השתתקה. הרופא התחיל להצטער על הטון הקפדני. אולי היה חריף מדי.

"את יכולה אולי לשמור אותם לפעם הבאה."

"לא תהיה פעם הבאה."

"... אגב, גם לי יש שני פנים."

"אחד נחמד ואחד דוחה?"

"בערך. לאיזה כיוון את הולכת?"

"אני סתם הולכת... איפה אתה גר? אלווה אותך. אחר-כך אחזור הביתה."

דר' קֶרְנֶר עוד שאל האם יש לקלרה חברות: 'לא, אין'; איזו מוזיקה היא אוהבת והאם היא מבקרת לפעמים בקולנוע. היו אלה שאלות נימוס שטוחות, שאלות סרק של שיחה סתמית. אחר כך הוא שאל אותה שוב האם היא רוצה כבר לחזור לדרכה. לבסוף, בעצמו לא הבין למה, הסכים שקלרה תעלה איתו לביתו. מבחינתו, היה עליו להירתע, ולו רק מהמחשבה כי מלבד טכנאי הגז שבא לקרוא את השעון, רגלו של איש לא דרכה בביתו זה שנים. גם התנהגותה הבלתי צפויה והמתישה של קלרה הייתה יכולה להיות סיבה מספקת לסירוב.

"**א**תה תמיד לבד כאן?"

"תמיד."

"אז למה אתה רוצה לשלוח אותי עכשיו הביתה?"

"עדיף לבד."

"עכשיו אתה משקר?"

"תמיד."

"גם עכשיו?"

"גם עכשיו."

"אז אתה לא משקר תמיד!"

"מה?!"

"אם אתה משקר גם כשאתה אומר שאתה משקר תמיד, אז אתה לא תמיד משקר. אבל אם זה נכון מה שאתה אומר, שאתה תמיד משקר, אז אתה עכשיו לא משקר למרות הכל, כלומר, אתה לא תמיד משקר."

מבטו השתהה על פניה, אחר כך לאט-לאט אחת מזוויות פיו התחילה לתפס כלפי מעלה. אבל קלרה הייתה עסוקה בהרהוריה.

"איך תתכן קביעה שסותרת את עצמה? תן לי רגע דף נייר."

היא התחילה לצייר סימני פלוס ומינוס, ריבועים ריקים, ריבועים שביטלה. אם המשוואה לא התאזנה היא העבירה עליו קוו בכעס, והתחילה מחדש. הוא בחן ללא הגה את מה שהתגבש על הנייר, אבל לא טרח לשאול לפשר הדברים. למרות שלא הבין.

"איזה ציון יש לך במתמטיקה?" שאל לאחר זמן.

"אני בדיוק מתכוננת להיכשל."

"זה ודאי מאמץ לא קטן."

"אה, אני עובדת על זה גם במקצועות האחרים."

"וזה טוב?"

"למה צריך שיהיה טוב? יש בכלל משהו טוב?"

"לפני שקיבלת את המחזור היית ילדה די נחמדה."

"אתה האצת בי."

"אני לא."

"טוב, הדודה שלי. אבל היא רצתה שאתה תעזור."

"אבל אני לא עזרתי."

"אני יודעת."

"אז למה אמרת?"

"... זה נשמע טוב."

ועל פניה שוב הופיע הגיחוך הקנטרני. אבל הוא לא כעס. רק הסיר שוב את מבטו.

"אגב, גם בגלל דודתך, ובעיקר בגללה, אני מבקש עכשיו שתלכי הביתה. אין לה רגע מנוחה בגללך."

"אני יודעת, חייה ודאי היו קלים יותר אילו גם אני כבר לא הייתי."

"... רוצה כוס תה?"

"שלא תעז לרחם עלי כי זה הדבר שהכי שנוא עלי! אני מסתדרת גם בלי התה שלך."

"יש משהו שאת לא שונאת?"

"אין. גם תה אני שונאת. אבל חייבים להכניס משהו לבטן כל עוד חיים."

הרופא האזין לה עכשיו בתשומת לב. בדממה. זה היה משפט חזק. הוא יצטרך להקפיד בהמשך לא לסתור את ההצהרה הזאת שלה. לאחר זמן מה קלרה המשיכה להרהר בקול:

"אתה... בשביל מה אתה חי?"

"צריכה להיות סיבה מיוחדת לכך?"

"רצוי מאד שתהיה!"

"אבל אין."

דממה. שוב קלרה מדברת:

"לדעתי, לנו יותר קשה."

"מאשר...?"

"מאשר לאלה ש... הלכו. שאינם. אותי... פשוט שכחו כאן. גם אותך?"

איש מהם לא שם לב שכבר דיברו בגוף שני. תיאור המציאות של קלרה חבט במלא עוצמתו בחזהו של דר' אַלְדָר קֶרְנֶר. פניו קפאו וכשנעלמה לפתע הלאות רבת השנים, הוא נראה הרבה יותר צעיר. הוא הנהן בראשו, מבטו היה מרוחק. לאחר זמן-מה הוא הפנה את פניו כדי לארגן את הבעתו מחדש. הוא התעסק עם מצית הגז. עדיין עם גבו כלפיה ואמר:

"אני לא קורא לזה ככה..."

"אז איך אתה קורא לזה?"

"שעדיין לא הסתיים ריצוי העונש. שאני צריך להמשיך עוד."

"מה העבירה שלך?"

"אני לא יודע."

"לדעתי אני אפילו לא עברתי שום עבירה. זה רק כאילו שהמשפחה שלי נסעה לחופש ולא שמו לב שאני לא הספקתי לעלות איתם לרכבת. והרכבת לא יכולה לנסוע אחורנית... אחי הצעיר לפחות עלה על רכבת אחרת. ואני נשארתי כאן..."

דממה.

"הוא כותב לך לפעמים?"

"מאיפה אתה יודע ש...?"

"מה?"

"שהוא יכול לכתוב?"

"דודתך סיפרה לי שהוא נסע לפלשתינה."

"איזה שטויות היא עוד סיפרה לך?"

"לא הרבה. אבל אני שאלתי אם יש לה איזה רעיון, למה את לא רוצה להתבגר."

הפסקה ארוכה. שוב קלרה שואלת:

"ולאיזו מסקנה הגעתם?"

לקולה היה עכשיו גוון צליל קליל יותר, של אדם מבוגר - כזקנה טרם עת. זה היה קולו של מישהו שהיא שמעה בעבר בבית, דומה מאד, הכי דומה, כמו...קולו של אבאל'ה. היא חשה שהרופא מנסח עכשיו עוד איזו בדיה חינוכית. גם הוא כמו כולם...

"אם גם עכשיו אתה מתכוון לשקר אז עדיף שלא תגיד דבר."

הוא חייך. חיוך רגיל. אחר-כך הנהן בראשו.

"אם אינך אוהבת את טעם התה אפשר להכין אותו בהיר מאד, ולשתות אותו עם הרבה סוכר ועם תחליף לימון."

"אתה שם סוכר בתה? אוֹלְגִי לא מסכימה. אנחנו שומרים את כל הקצבת הסוכר החודשית שלנו לעוגות. זה השיגעון שלה. לדעתה אני אשמין יותר אם אוכל סוכר בעוגות מאשר אם אני אשתה אותו בתוך תה. אתה רואה, איזה יופי השמנתי! הגעתי לכמעט ארבעים קילו! זאת הגאוניות של אוֹלְגִי!"

"למה את כועסת עליה?"

"כי היא מטומטמת."

"למה?"

"כי נולדה ככה. להורים שלי היו שבעה אחים ובני דודים מדהימים! ומי נשאר מכולם? אוֹלְגִי המסכנה והמטומטמת."

"למה את אומרת שהיא מטומטמת?"

"אתה חושב שהיא קראה אי-פעם איזשהו ספר רציני?! היא קוראת רק סדרות של רומן משרתות, שלוש ממחטות לעמוד!"

"אלוהים אדירים, היא לא נשארה איתך על תקן של מורה לספרות! היא מבשלת לך, נמצאת שם כשאת חוזרת הביתה, דואגת שלא יחסר לך דבר ומתה מדאגה שחס וחלילה לא יקרה לך כלום!..."

"זה אינסטינקט של תרנגולות... היא לא מסוגלת לתפוס שום דבר! היא לא תופסת שבעלה ושני הבנים שלה הלכו, שעכשיו גם אחי הלך! אתה יודע על מה היא מדברת כל היום? איפה אפשר להשיג תפוחי אדמה, ובאיזה יום מביאים בשר לחנות והאם נשארה ביצה לעוגה של שבת!"

"תתביישי לך..." מלמל הרופא יותר לעצמו.

אבל קלרה שמעה. היא קמה ופנתה לחלון נזעמת, נואשת. למה הוא לוקח לה אפילו את האושר הקטן הזה, לכעוס על אוֹלְגִי?! בטח שהיא אמרה דברים בזויים... מה, גם זה כבר אסור? עיניה בערו. רק לא לבכות! הוא נגע בגבה. קלרה קיפצה את אגרופיה. לא להסתובב! אבל בנגיעה השנייה לא יכלה יותר להתאפק. הוא משך אותה אליו וחיבק אותה. זה החיבוק של אבאל'ה! החיבוק של אבאל'ה! הריח שלו אחר, פחות משכר, אבל בכל זאת... זה היה טעם הגאולה... עכשיו הכל טוב, עכשיו אפשר כבר למות בשקט...

"המים רותחים", נשמעה אות היקיצה.

קלרה הרפתה מאחיזתה בכניעה, כפי שהרפתה מחלומותיה הטובים בבקרים לאחרונה. הרופא התחיל להכין את התה. היא התיישבה שוב על השרפרף. היא הרגישה את הרוק

נאסף בפיה כשמנתה את כפית הסוכר השלישית עושה את דרכה לספל שלה.

"את אוהבת את זה עם תחליף לימון?"

"לא יודעת."

הוא מזג תה לספלון קפה גם לעצמו, הוסיף כמות לא ברורה של סוכר והחל למולל כדור לבן בעזרת סכין. את האבקה הוא הוסיף לספל התה של קלרה ואז הושיט לה אותו. קלרה רחרחה בחשדנות וטעמה לגימונת.

"טעים."

הוא הוסיף לה את שארית הכדור.

"תחליף לימון עשוי מלימון?"

"לא."

"כך חשבתי. כמו כל יתר הדברים."

הם לגמו בשקט את התה. היה יופי. למרות שכשהתה כל כך חם אפשר ללגום רק בקול. וזה לא מנומס. אבל גם הוא עשה ככה.

"את לא רעבה?"

"לא... אף פעם... איך אפשר לקרוא למישהו אַלָדָר?"

"את השאלה הזאת היה צריך להפנות להוריי."

"ובאיזה שם קוראים לך בדרך כלל?"

"דוקטור."

"בסדר, אבל בשמך..."

"אף אחד לא קורא לי בשם."

קלרה הרגישה שזה אמיתי לגמרי. אפילו יותר מאשר קודם, לגבי מה שאמר על שקרים. אולי פניה גילו את הבעתה שחשה, כי דר' קֶרְנֶר עשה מאמץ לעבור לטון קליל יותר:

"כך שבעצם זה לא משנה אם זה אַלָדָר או הוּגוֹ."

ללא שאלות נוספות הוא שלף עוד כמה ביסקוויטים. קלרה עקבה אחר תנועותיו וחיכתה עד שיכבד אותה.

"אם תטבלי אותם בתה, תגלי שיש להם אפילו טעם... את באמת לא מרגישה רעב אף פעם?"

"לפעמים. בערב. אבל גם אז אני יכולה לגרש אותו אם אני רוצה. בכל מקרה, במשך היום אני לא אוכלת. חוץ מזה יש לי מבנה דקיק כזה."

"גם אימא שלך הייתה כזאת?"

דממה. ארוכה.

"גם לדעתך אין אפשרות שהיא עוד תחזור?"

הוא התמהמה מעט, ואז ענה באנחה:

"לי יותר קל מאז שקיבלתי שזהו המצב... אבל אם את רוצה, את יכולה להמשיך לחכות."

קלרה קמה בתנועה איטית, אחזה בתיק שלה והחלה לחפש איפה הניחה את המעיל.

"התה שלך..." הוא שאל במבוכה.

היא נענעה בראשה.

"אלווה אותך. חושך בחוץ."

קלרה משכה בכתף. אם התכוונה בכך להתנגד להצעה, זה לא היה משכנע. ברחוב הם שתקו. אחר-כך כשישבו בחשמלית הם הבחינו בעגלה רתומה לסוס עמוסה בתפוחי אדמה. הרופא שמח לשבור שתיקה:

"אוֹלְגִי ודאי הייתה שמחה..."

קלרה הנידה בראשה. אחר כך השיבה במתנה קטנה משלה:

"פירֶה היא יודעת להכין טוב מאד. כשיש חמאה."

"כן. פירה אמיתי הולך עם חמאה."

"אתה גם מבשל מדי פעם?"

"לפעמים, בסופי השבוע. בבניין המרפאות יש מזנון ואפשר לאכול שם ארוחות צוהריים. לי זה מספיק."

"אוכל גרוע?"

"אוכל."

"אני יודעת. אתה רוצה להגיד שצריך להעריך את העובדה שיש אוכל. לדעתי זה היה צריך להיות הפוך. שלא נעריך אוכל

בכלל. כי אז אי אפשר היה להמשיך להחזיק בנו כאן אפילו באמצעות אוכל. אני כבר הסתגלתי לזה די טוב."

הרופא נכנס לעימות, בפעם הראשונה, עם משאלת המוות של קלרה.

"כשאדם כל כך צעיר כמוך, יש לו עדיין הרבה דברים לעשות כאן!"

קלרה עיקמה את אפה וסיננה גם צליל של בוז בין שיניה. ובזה הרגע הבליחה בראשה משמעות נוספת למשפט.

"כלומר, אתה כבר יכול להסתלק, אבל אני עדיין לא?"

"זה לא מה שאמרתי. התכוונתי שאת עוד עשויה לפגוש אושר בעתיד."

"הבנתי."

הוא שוב התעטף בשתיקה. לאחר זמן-מה קלרה פתחה שוב:

"או לחילופין, אם אתם, הרופאים, הייתם מפסיקים לרפא, אז גם זה היה יכול להיות פתרון. בטח נִגְמַר פעם..."

"תפסיקי!"

"למה? זה יקצר גם לך את תקופת ריצוי העונש!"

הוא לא הצליח להחליט אם היה מעדיף לקחת את הדרקון הקטן והאומלל הזה תכף ומיד הביתה איתו, או פשוט לשכוח אותה לנצח. ברדתם מהחשמלית, לשם שינוי, קלרה ניסתה להיות נחמדה שוב.

"ומה אתה עושה בערבים בדרך כלל?"

הרופא כבר חשש מכל שאלה.

"אני קורא. פרסומים מקצועיים..."

מאחר ובינתיים עוד לא בא רעיון נוסף למוות קולקטיבי, הוא המשיך.

"...זה גוזל ממני לא מעט זמן, כי גרמנית למשל אני קורא די לאט. אבל יש לי זמן..."

"אתה קורא את ה- *Wiener Medizinische Wochenschrift*[5] ואת ה-*Belgyógyászati Szemle*[6]?
הוא הביט בה בתדהמה.

"אבאל'ה... לאבא שלי היה מנוי לכתבי העת האלה, וגם ל-*Revue medicale francaise*[7] ... אבל אלה אבדו. רק ה-Wochenschrift וה-*Szemle* נשארו. אבאל'ה תמיד מתבדח שה-*Wiener Medizinische Wochenschrift* נקרא על שמנו, כי לנו קוראים וִוינֶר... אין לי מושג לאן נעלמו הגיליונות של ה-*Revue*... דברים כאלה צלבי החץ[8] לא גנבו... בכל מקרה, היה נבון מצידה של אוֹלְגִי לנעול את הבית שלנו אחרי שהיא מצאה אותנו, אותי ואת ג'וּרִי, בבית של הצלב האדום[9]. ככה יכולנו לקחת משם את מה שלא הספיקו לסחוב."

"לא ידעתי שאביך היה רופא."

"נכון שיש הרבה שבויי מלחמה שעדיין לא חזרו?"

דר' קֶרֶנֶר מזמן לא חש עייפות כבדה כל כך.

"אנחנו לא יודעים כמה... אבל בטח יש עדיין."[10]

"אז זה נכון?"

"...כן."

הם הגיעו אל פתח ביתה של אוֹלְגִי.

"אני גרה כאן..."

---

[5] *השבועון הרפואי הווינאי* - בגרמנית

[6] תשקיף לרפואת פנים - בהונגרית

[7] *מבט לרפואה צרפתית* - בצרפתית

[8] המפלגה הפשיסטית ההונגרית. נוסדה ב-1937 ותפסה את השלטון בעזרת הרייך השלישי באוקטובר 1944 על מנת להשלים את "הבעיה היהודית" גם בבודפשט. אנשיהם לקחו חלק פעיל במעצרים ברחובות, רצח ובזיזה של יהודים.

[9] ארגון הצלב האדום הבינלאומי החזיק בבודפשט מספר מבנים מוגנים, שרשויות הונגריים לא הותרו להיכנס אליהם, בדומה למבני שגרירויות זרות. במבנים אלה הוסתרו יהודים רבים, בעיקר ילדים, בתקופת המלחמה. לאחר השחרור, ילדים אלה הועברו לרוב לבתי היתומים.

[10] על פי הפרסומים בהונגריה, בקיץ 1948 שוחררו אחרוני שבויי המלחמה ההונגרים מברית המועצות.

"אז לילה טוב. ובפעם הבאה תודיעי לאוֹלְגִי אם את מתכוונת לחזור כל כך מאוחר."

"לאחרונה היא כבר לא מעירה לי על זה."

"זה לא אומר שיותר קל לה."

קלרה לא זזה ממקומה. מסיכת ביטחון העצמי נמחקה עכשיו מעל פניה, יחד עם ההבעה המקנטרת. מבטה נדד מפניו של אַלְדָר קֶרְנֶר אל הארץ ושוב אל פניו חזרה, עד שפתחה:

"האם..."

"מה?"

"ש..." השפילה מבט עמוק-עמוק," האם היה אפשר... שוב... שככה, כמו קודם במטבח... תוכל לחבק אותי?"

הוא חיבק את גופה הצנום של קלרה עד שהתחיל לרועד בעצמו. נשימותיה של קלרה היו עמוקות, כמו של אדם שסוף-סוף, אחרי הרבה זמן, מגיע חמצן לריאותיו. הוא נבהל מהרעד של עצמו ונסוג לאחור. הוא שאל במשפט מסורבל לא פחות מבקשתה הקודמת של קלרה:

"גם אני... אפשר... לבקש משהו בתמורה?"

"מה?"

"שתאכלי ארוחת צוהריים... גם אני אוכל..."

אם היה בכלל דבר כזה, קלרה הייתה מתחבאת עכשיו מתחת לעורו. ברגע הזה היה לה מושג לפחות היכן הייתה מסתתרת, אם היה צורך בכך. כבר כמעט שכחה לגמרי איך זה להרגיש בטחון כזה. היא נאנחה עמוקות ואז שאלה... שוב בטון מקנטר:

"אתה מתכוון למחר?"

"לא", הוא ענה והעלה חיוך על שפתיו. "כל יום."

"... תמורת חיבוק אחד ויחיד?!" התחכמה, בתחושת גאווה שהרגישה בפעם האחרונה אולי כשהייתה בת עשר.

"תמורת שניים... או... נדון בזה... נו, לכי כבר, אני אחכה עד שתעלי."

"מאיפה אתה יודע שאני גרה למעלה?"

"קודם הסתכלת למעלה... אולי רצית לראות אם יש עדיין אור..."

אימאל'ה מתוקה, אבאל'ה יקר! אתמול הייתי במרפאת הנשים המגעילה הזו, איפה שמקבל הרופא הזה שכבר סיפרתי לכם עליו. רציתי רק ליידע אותו שקיבלתי. חשבתי שזה ישמח אותו. אבל הוא לא יצא מגדרו. הוא בדיוק כמו לַצִי וולטהיים, שאתה אבאל'ה, כינית אותו 'חמור נוגה'. אבל נראה לי, שדר' קֶרְנֶר בטח לא היה כל כך עצוב לפני המלחמה. הוא גם לא חמור... אבל גם אתה כינית ככה את לַצִי פעם, למרות שהוא היה חכם. בכל אופן, הוא אמר בין היתר, שיש עדיין אנשים רבים במחנות של שבויי מלחמה. וברדיו אמרו שיש פצועים הונגרים גם בבתי חולים הולנדיים ושבדים. אבאל'ה, נכון שאני יכולה להשתמש בגיליונות ה-*Wochenschrift*? אני אשמור עליהם!

להפתעתה הרבה של אוֹלְגִי, קלרה בילתה את המשך השבוע בבית. בבקרים הלכה לבית הספר, ולפעמים חזרה הביתה עוד במהלך הבוקר בלי הסבר ברור. במקרים שחזרה בשעה המקובלת, היא בילתה את זמנה בחדרה ויותר לא הסתובבה בשום מקום. בטח מארגנת שוב את החפצים של הוריה, חשבה לעצמה אוֹלְגִי, דבר שלמעשה היה די נכון. קלרה גם ביקשה ממנה כסף, אבל לא הרבה. זמן קצר לאחר שנעלמה עם ארבעה פורינטים[11], היא שבה הביתה. מתחת לבית שחייה סחבה משהו שנראה כמו ספר גדול ודק. אבל הוא היה עטוף, אז היא לא ידעה מה זה. כמובן שלא בא בחשבון לשאול אותה.

בכל מקרה, התנהגותה הייתה נסבלת יותר מאשר בעבר. ומכונת הכתיבה קליקלקה יום-יום עד שעות הערב המאוחרות. מאיפה הילדה הזאת יודעת להדפיס במכונה? בגלל זה היא שמרה

---

[11] *FORINT* – המטבע ההונגרי החדש אחרי מלחמת העולם השנייה ועד היום.

על המכונה בקנאות כזאת? בפעם הקודמת היא בטח קנתה נייר שמתאים למכונה... אחרת מאיפה היו מגיעים כל הגיליונות האלה?... ועכשיו היא כבר גם אוכלת משהו. בשבת היא אמרה שבא לה מרק קימל. אוֹלְגִי לא האמינה למשמע אוזניה. היא הכינה רביחה עבה במיוחד למרק וקלרה אכן קיטרה שהמרק שמן מדי. אבל אכלה אותו. היא הוסיפה לצלחת שלה את כל קוביות הלחם המושחמות. אוֹלְגִי לא העיזה להראות סימני שביעות רצון כי במקרה כזה קלרה הייתה מסוגלת להפסיק לאכול - דווקא. אחר-כך היא אמרה שאת נזיד תפוחי האדמה היא כבר לא רוצה, אבל בערב היא אכלה גם אותו.

ביום ראשון בשש לפנות ערב, קלרה שוב ישבה בחדר ההמתנה במרפאה של דר' קֶרְנֶר. היא החזיקה נרתיק עור יפה, ישן, בידה. המזכירה מדדה אותה במבט, ושוב הנהנה לעצמה כמי שיודעת כבר מה תפקידה, שלאחריו היא שבה לחדר ההמתנה. בעזוב הפציינטית הבאה, יצא גם הרופא.

"הממ?" שאל בחיוך.

"הבאתי לך משהו. כשתסיים..."

"יש עוד שלוש בתור."

"אני רואה. אני אחכה."

הרופא התמהמה.

"מה הבאת?"

"אני אראה לך אחר כך... לא בטוח שזה... טוב... אני אחכה."

"הפתעה?"

"כן. אבל לא בטוח ש... תוכל להשתמש בה... סתם הבאתי."

"אפילו טיפה לא תראי לי?"

"אחר כך... כמו שצריך..."

"נו, טוב."

הרופא חזר לחדרו. לפני הפציינטית האחרונה הוא שוב הציץ החוצה:

"עוד מעט..."

קלרה הנידה בראשה. השעה הייתה כמעט שבע כאשר דר' קֶרְנֶר הופיע שוב במעילו המיושן והמכוער.

"בן כמה אתה?"

אה, רק לא זה! חשב בליבו. היא מתחילה שוב... קודם היא עוד לבשה את פני הילדה החמודה...

"בערך ארבעים ושתיים..."

"אבא שלי בן ארבעים ושבע... השנה. אבל גם הוא היה בן ארבעים ושתיים כשראיתי אותו. לְךָ... לך אף פעם לא היו ילדים?"

"מה הבאת? אמרת שתראי לי."

לקלרה לא היה קושי לקבל את התשובה הזו, כי הוא התכוון אליה באמת כמו בפעם הקודמת, כשאמר שאף אחד לא קורא לו בשמו. ולא איזו התחמקות מטופשת של מבוגרים. אימאל'ה תמיד אומרת שלא צריך לבקש מאדם לשוחח על נושא שכואב לו. אוֹלְגִי כמובן לא יודעת את זה! למרות שעכשיו היא כבר שותקת, אבל רק בזכות הצעקות שצרחה עליה. רק כך אפשר היה להשיג את זה.

"דפדפתי בירחונים של אבאל'ה... ותרגמתי את תוכן העניינים של ה-*Wochenschrift*. אם תגיד לי איזה מאמר מעניין אותך, אני אוכל לתרגם לך אותו. במילא אין לי שום דבר טוב יותר לעשות. מאמר אחד כבר תרגמתי עבורך, כדוגמה... רק שאני לא יודעת אם הוא טוב, כי היו מילים שלא הבנתי, לא בגרמנית ולא בהונגרית, אז לא ידעתי אפילו מה לחפש במילון. במקומות האלה שמתי סימני שאלה, כדי שלא תחשוב שאני מטומטמת." אמרה.

"אני לא חושב שאת מטומטמת."

"אותי אימאל'ה לימדה לתרגם. היא תמיד אומרת שיש לי אוזניים לשפות כמו לקוף. אומרים שלקופים יש שמיעה טובה. זה נכון? אנחנו דיברנו עם הסבים שלנו בגרמנית... ואבאל'ה, וגם כל המשפחה, היו מאד גאים שתרגמתי לצרפתית את כל *'מקס ומוריץ'*

בשביל אחותי הקטנה. אבל התרגום הזה גם אבד... ויוּטִיקָה מתה. היא מתה. אני ראיתי."

שוב אחז בו רעד בכל גופו.

"קר נורא... בואי ניכנס לבית קפה. שם אפשר יהיה גם להסתכל על התרגום שלך."

"הם מגישים סוכר בקפה?"

"מגישים."

הם שמו פניהם לכיוון 'קפה סָאווֹי'. את הדממה הממושכת שבר דר' קֶרְנֶר.

"אכלת ארוחת צוהריים?"

"היום?!"

"היום ובימים האחרים..."

קלרה מנתה על אצבעותיה.

"שלוש פעמים. אבל היום, לא."

"למה היום לא?"

"כי לא הייתי עדיין בבית."

"הודעת לאוֹלְגִי?"

"אמרתי לה רק שאין לי מושג מתי אחזור."

המלצר ניגש אליהם לאחר המתנה קצרה.

"תבקשו קפה שחור או תחליף קפה?"

"תחליף." הוא ענה.

"לא תחליף. אז אני לא רוצה כלום." אמרה קלרה.

"אבל אספרסו זה חזק מדי עבורך..."

"לא איכפת לי! אני לא רוצה יותר שום תחליפים! גם לא תחליף לימון." הודיעה קלרה.

"אנחנו מבקשים פעמיים אספרסו. אפשר עם חלב? ...ויש לכם אולי גם איזושהי עוגה?"

"אולי מִנְיוֹן[12]?" עיניה של קלרה נצצו.

"כן, יש לנו גם מִנְיוֹן. איזה סוג בבקשה?"

---

[12] עוגות אישיות מסוגים שונים

"גשי לדלפק, תבחרי לך מה שאת אוהבת." אמר הרופא וקרא אחריה עוד: "תבחרי שני סוגים!"

"אבל אני לא יודעת איזה סוג אתה אוהב..."

"שניים לעצמך! טוב, תבחרי אחד גם עבורי... לא חשוב איזה."

שוב לא שמו לב שקלרה דיברה בגוף שני. כשהיא שבה לשולחן, היא נראתה ממש כמו ילדה מאושרת. כמעט.

"בחרתי אחד עם שוקולד ואחד עם פּונץ'. בשבילו..." החליפה שוב לגוף שלישי. ואז שוב בגוף שני: "בשבילך אחד עם שוקולד. טוב? ...אבל יחד זה יוצא שלוש שלושים."

"אין דבר."

"יש לך הרבה כסף?"

הרופא עשה פרצוף, תלוי. קלרה נזכרה שזה נחשב לנושא לא מנומס להעלות בפני מבוגרים. היא ניסתה לתקן:

"גם אני יכולה לשלם."

"תרשי לי להזמין אותך," חייך הרופא, "כדי לאפשר לי לבזבז את ממוני הרב."

"לא לזה התכוונתי... לנו יש נורא מעט כסף. אוֹלְגִי אורגת צעיפים ומוכרת עבודות יד. אנחנו מקבלים גם את דמי השאירים שלה. ואת 'דמי היתומים' שלי... בכל זאת טוב שאוֹלְגִי נמצאת. אחרת הייתי בטח בבית היתומים[13] עכשיו... ושם אימאל'ה בטח לא תמצא אותי כאשר... יש שם הרבה ילדים לדעתך?"

"כרגע מאה וארבעה-עשר."

"איך אתה יודע?!"

המלצר הגיע עם הקפה והמִינְיוֹנִים. בדיוק בזמן. קלרה שכחה מבית היתומים ומהתמצאותו החשודה של דר' קֶרְנֶר. אחרי חיסול כל המטעמים הוא ביקש לעבור על התרגום. קלרה

---

[13] הקהילה היהודית הפעילה לפני המלחמה שני בתי יתומים בבודפשט, אחד לבנים ואחד לבנות. ב-1944 כל הילדים משני הבתים הובלו ונורו לתוך הדנובה. לאחר השחרור, בשני המבנים האלה קלטו את הילדים היהודים שנותרו יתומים ונעשו מאמצים רבים להביא לאימוצם.

התעקשה שהמלצר ינגב קודם את השולחן. כי על נרתיק העור צריך לשמור. הוא של אבאל'ה. אסור שיוכתם. דר' קֶרְנֶר קרא את הטקסט המתורגם בגבות מורמות ובעיניים פעורות.

"ילדה!... בזה תצטרכי לעסוק בעתיד! את כותבת נפלא, וההונגרית שלך מצוינת גם!"

הוא שם לב שבמקומות מסוימים התרגום של קלרה בסיסי ביותר ובמקומות אחרים היא משתמשת בשפה גבוהה ומשובחת. גם בתחום הזה היא התנדנדה כמו סירה על המים ללא עוגן.

"... כן... אני קוראת הרבה... אימאל'ה טוענת שזהו... המפתח. כן. ככה אמרה."

"ואוֹלְגִי טוענת שאת מסתובבת הרבה בחוץ! אבל אם את קוראת כל כך הרבה, אז את בטח נמצאת גם בבית הרבה...?"

"לא. בדרך כלל אני קוראת בשיעורים. ואחר הצוהריים באולם ההמתנה של בית הקולנוע... לפעמים המוכר אפילו נותן לי בייגלה."

הוא נאנח שוב.

"איזה ספרים את קוראת?"

"את מה שנשאר מהספרייה שלנו בבית. אבל לצערי את הטובים כבר סיימתי. כל יומיים נגמר אצלי ספר... אבל בטח אלמד לאהוב גם את האחרים... תומאס מאן הוא הכי טוב. פחות טוב בהונגרית, אבל בגרמנית הספרים שלו מאד יפים. במקומות מסוימים כבר חשבתי אפילו איך אני הייתי מתרגמת אותם... לא כמו שזה כתוב... אתה קראת תומאס מאן?"

אלַדָר קֶרְנֶר התיישב במטבח עם נרתיק העור של קלרה. הוא הניח נייר עיתון מתחתיו. התרגום ריתק את תשומת ליבו רק למספר דקות. היו בו פתרונות לשוניים מפתיעים, וכמובן גם כמה שטויות. הוא בחר במאמר אותו הוא יבקש ממנה לתרגם. מאמר שאפשר למצוא בו הקשר כלשהו לרפואת נשים. כמה שהיא חשדנית, היא עלולה עוד לפקפק בכנות בקשתו. הוא היה יכול להתערב על כך... אבל איך יוכל לגרום לה להתעניין גם בלימודים?

היא עוד מסוגלת להכשיל את עצמה, אפילו בגרמנית ובספרות! ומה כבר ייצא מילדה כזאת אם היא לא תסיים את הבגרות? עם כל ההצהרות השחצניות שלה...

כשהבחין שכבר כחצי שעה הוא מפנטז על עתידה של קלרה, הוא הוציא בכעס את לוח השח שלו, כפי שהיה רגיל בערבים הקשים ביותר. משחק השח הוא התרגיל היעיל ביותר למלא את העדרם של דמויות סביבו. תוך כדי כך השתלטו עליו מספר התקפי רעד, אך כבר הייתה לו טכניקה כיצד לדכא אותם. העובדה שבשנה-שנתיים האחרונות התקפי הרעד השתלטו עליו רק בבית ולא לפני עיניים זרות, הרגיעה אותו. אם-כי לאחרונה הילדה הזאת גרמה להם להופיע שוב מספר פעמים. אולי גם עכשיו זה היה בגללה. בפעם הראשונה זה זמן רב עלה בדעתו, כמה ייטיב איתו להשקיע עכשיו את גופו במים חמים מלוא האמבטיה. אולי זה ישחרר לו את השרירים. אבל בגיגית הכביסה אפשר לחמם רק עשרים ליטר מים, וזה ימלא את האמבטיה רק לגובה של עשרה סנטימטרים... בכל זאת הוא מילא את הגיגית במים והדליק את האש מתחתיה. אף על פי שבימי ראשון הוא נוהג להתרחץ רק בגיגית. בגלל חשבון הגז.

צלצול בדלת. תשע וחצי! מה, שוב פיצוץ בצנרת? בפעם הקודמת השכנים צלצלו אצלו בשעה כזאת מאוחרת. עכשיו קלרה עמדה בדלת. פניה סוערים, יותר מאי-פעם.

"מה קרה?"

"אני יכולה להישאר?"

"מה הבעיה?!... נו טוב, בואי כנסי."

"אני לא חוזרת יותר לאוֹלְגִי..." עוצמת הבכי קטעה את המשך דבריה.

עוד זמן רב לא היה ניתן להבין כלום מדבריה המרוסקים. אַלַדָר קֶרֶנֶר לא האיץ בה. בהתחלה עוד ניסה להרגיעה, אחר-כך הכין לה תה עם סוכר, ללא תחליף לימון. וגם פרוסת לחם בחמאה.

משהו אחר במילא לא היה לו בבית. באופן מפתיע קלרה התכבדה בכל. אחר-כך, לאט-לאט גם התבהרה התמונה.

"היא ראתה אותי בחלון כשהגעתי היום הביתה... גם אותך... ושחיבקת אותי... היא אמרה שזהו, נמאס לה... שעד עכשיו היא חשבה שאני ילדה מסכנה... אבל היא לא תגדל בבית שלה זונה..."

אכן היא לא גאון, בזה קלרה צדקה.

"ושהיא לא יכולה יותר לסבול אותי... שאם אני עד כדי כך מתעבת אותה, אז גם לי יותר טוב אם אלך... שהיא לא יכולה להעניק לי יותר ממה שהיא העניקה עד עכשיו... ושהיא רואה שאני כבר יותר 'בסדר' עכשיו... כי כל השבוע הייתי בבית... והיא חשבה שבגללה... אבל אם אני רוצה להתחיל עם גברים, על זה היא כבר לא יכולה להסתכל מהצד ושאת זה היא לא יכולה לספוג..."

"יש לכם טלפון? "נאנח דר' קֶרְנֶר. "מה המספר שלכם?"

"אני לא הולכת הביתה!"

"את לא צריכה ללכת הביתה... אם את לא רוצה... אבל צריך בכל זאת להרגיע גם את אוֹלְגִי."

"היא מאד רגועה! או שהיא תגיד שאחזור הביתה מייד, למרות הכל... אם אתה מגרש אותי אז אני אלך לישון באולם ההמתנה של תחנת הרכבות המערבית! שם באמת אוכל להיות זונה! יש שם מלא טיפוסים.... רק גברים..."

הרופא שתק מספר רגעים.

"תרצי להתרחץ? בדיוק עכשיו התחלתי לחמם את המים... זה לא הרבה, אבל גם אני מתרחץ ככה."

"גם אנחנו..." השיבה קלרה בקול בַּריטוֹן.

"חכי, אני אנקה עבורך את האמבטיה..."

"אבל אל תתקשר לאוֹלְגִי!"

עוד אנחה רווית חוסר אונים. עכשיו הוא גם הבחין כבר בלשון הגוף-שני של קלרה. ואז בא לו רעיון אחר:

"אבל הסתבכת בגללי!"

"אתה לא אשם בכלום! אני ביקשתי שתחבק אותי!"

"נכון, אבל אני הסכמתי... תמורת ארבע ארוחות צוהריים בשבוע."

קלרה השתתקה שוב. ואז הביאה את 'היציאה' הבאה:

"תגיד... למה מי ש... שמפחדת לבד... היא זונה?"

אַלְדָר קֶרְנֶר הניח את מבטו ממושכות על קלרה.

"אם אני מבטיח לך שללא קשר למה שהיא תגיד את תוכלי להישאר כאן - אני יכול להתקשר אליה?"

"אתה תתחיל לרחם עליה, ותרצה לפייס בינינו... אני יודעת... אל תתקשר... בבקשה..."

"ואם את תתקשרי?"

"לא..."

"טוב, אלך לנקות את האמבטיה ולהביא את המים עבורך. בינתיים תחשבי גם את... נמצא משהו שיהיה טוב גם עבורך וגם עבורה."

באופן נראה לעין, שקט ורוגע התחילו להשתלט על קלרה. היא אפילו אמרה משהו שאימאל'ה כבר הייתה יכולה להתגאות בה:

"אבל לא אתה רצית להתרחץ במים האלה?"

"אני אחמם לי אחר-כך עוד."

"אנחנו לא נוהגים להתרחץ יום-יום... כי זה יקר. לפני כן כל ערב היינו מתרחצים. אז היה לנו בוילר."

"גם לנו."

'לנו'... זה נשמע כמו רמז על משפחה באוזניה של קלרה. אבל עכשיו היא לא רצתה להציג לו שאלות בנושא הזה. היא רק התחילה להרהר בו. זה היה כאילו אימאל'ה עומדת לידה, ובמבט שמתחיל נמוך, עם חיוך, אומרת לה באטיות מודגשת: 'בִּתִי, את יודעת...דברים כאלה אנחנו לא שואלים...'

מי הרחצה היו מוכנים, והרופא הכין עבורה מגבת ומשהו ענקי מכותנה לבנה, דמוי כותנת לילה שמוטבע עליה *'בית חולים סֶנְט אִישְׁטְוָואן, מחלקת יולדות'*. לפני שסגרה את דלת המקלחת היא עוד אמרה:

"נכון שלא תתקשר אליה בזמן שאני מתקלחת?"

"זה מה שסיכמנו, לא?"

הגיגית של האיש הזה הרבה יותר גדולה מזו של אוֹלְגִי. הן בכלל לא היו יכולות להרים כמות כזו של מים. קלרה החליקה עד קצה האמבטיה והמים כמעט כיסו את כל גופה. היא נזכרה, אחרי שנים רבות, שבאמבטיה אפשר לשכב גם על הבטן. פעם תמיד היו "שוחים" עם ג'וּרִי באמבטיה! האם גם לג'וּרִי יש כבר שיערות ב'מַשמוּ'? לפתע הבזיק בראשה הזיכרון שפעם ראתה את אבאל'ה ערום. כי היא הייתה רואה אותו ככה, לפעמים. היה מרתק. ואפילו גם קצת מפחיד. אימאל'ה אמרה לה פעם, כשהתלחשו ביניהן בערב, שזה לא מפחיד כי זה יכול להיות גם מקור של הרבה אהבה. קלרה הייתה משוכנעת שאימאל'ה אומרת את האמת, כך שהפרטים כבר לא עניינו אותה יותר.

"נו, חשבת?" שאל הרופא כאשר קלרה, בכותונת הענקית, יצאה בחיוך נבוך מהמקלחת. אך בעיניו, הלבוש שלה לחלוטין לא נראה משונה. כאילו שככה זה היה הכי טבעי בעולם.

"...על אוֹלְגִי? אה, לא..."

"למרות שגם את זה סיכמנו, לא?"

"טוב נו, תתקשר אליה. אבל אני לא הולכת הביתה."

הוא לא חייג מייד. קודם כל רשם את מספר הטלפון של אוֹלְגִי.

"אתה לא מסוגל לזכור שש ספרות?" שאלה קלרה בנימה של רחמים, יותר מאשר קנטרנות.

הוא לא הגיב. כאילו שהוא עייף. קלרה צוטטה זמן מה לשיחה:

"ערב טוב. מדבר אֲלַדָר קֶרְנֶר. הילדה נמצאת אצלי..."

דממה ממושכת.

"אני לא יודע למה אותי..."

שקט.

"אוֹלְגִיקָה, את יכולה להאמין לי שלא אני יזמתי ש..."

שוב אוֹלְגִי מדברת.

"וודאי שאני מבין... נראה שזו תקופה קשה גם..."

אֲלְדָר קֶרְנֶר נאנח מפעם לפעם.

"זה הייתי אני... אני יודע שאפשר להבין זאת אחרת, אבל... מפָּני את לא צריכה להגן עליה... אפילו אם מידת ההגינות שלי לקויה, אני כבר... אני לא שייך לקטגוריה הזו יותר... אם את מבינה למה אני מתכוון... אבל המהוגנות שלי עדיין מתפקדת..."

אוֹלְגִי מדברת.

"בשבילה כעת... את זה אני לא יכול לומר לך עכשיו..."

וקלרה דוחפת את האף:

"אתה יכול להגיד לה בשקט!..."

הוא לא מגיב. הוא ממשיך להאזין לאוֹלְגִי. נאנח מפעם לפעם. עוצם את עיניו כמו לקחת פסק זמן.

"לא, אני באמת לא יודע מה עושים עם השכנים... אולי את יכולה לבוא אלי מחר לפני הצוהריים..."

כאן קלרה הפסיקה להקשיב. "שדה המוקשים" נחצה. שיתמודד עם אוֹלְגִי, אם הוא כל-כך רוצה. כאשר דר' קֶרְנֶר הניח את השפופרת ונאנח עוד אנחה אחת עמוקה, היא כבר הייתה עסוקה בסקירת הספרים שבספריה שלו. הוא לא שיתף אותה בדבר מהשיחה. לכן קלרה עקבה אחריו, מנסה בסתר לצוד את מבטו.

"קדימה, לישון... סידרתי לך את המיטה שם. בבוקר צריך לקום מוקדם. את גם תצטרכי לעבור בבית לאסוף את התיק שלך."

"לא חייבת. מקסימום, לא אלך... במילא עומדים כבר להעיף אותי..."

אלוהים, רק שלא אצטרך להתמודד שוב עם זה עכשיו, התחנן בליבו הרופא. אך דיכא את חוסר סבלנותו וחצה גם את המשוכה הזו שקלרה שהטילה לפתחו.

"אני אלך עכשיו להתרחץ ואחרי זה אכבה את האור ואת תוכלי לישון עוד מעט..."

הבעת פניו הדאיגה במקצת את קלרה, האם יתכן שהיא חשפה מהר מדי את הסוד, שכבמטה קסמים יכול להביא אותה לשיתוף פעולה, לצייתנות? אוֹלְגִי עד היום לא גילתה איך לעשות את זה. אבאל'ה אומר במצבים כאלה: "טוב גברת צעירה, עכשיו אפשר לנגן את התקליט במהירות הנכונה! לעשות צרות גם אני יודע, אבל לא אבדר אותך בכאלה..."

הרופא יצא בפיג'מה מפוספסת ומכוערת מהמקלחת, כיבה את האור וזחל למיטה שניצבה מול מיטתה של קלרה.

"אם אתה רוצה, אני יכולה ללכת..."

"לילה טוב."

"עכשיו אתה כועס?"

"לא, אני רק עייף."

"... ואם לא היית משקר?"

"לילה טוב."

אַלַדָר קֶרְנֶר הסתובב מצד אל צד במיטתו עוד זמן רב. למרות שרוחו הייתה כבר מפויסת. הוא שבר את ראשו מה הוא הולך להגיד מחר לאוֹלְגִי. הוא היה בטוח שהיא תבוא. היא באמת די מוגבלת. נכון, גם עד עכשיו הוא לא חשב שהיא מאור הגולה, אבל היום! מה יגידו השכנים?!... ...ומה ניתן לעשות עם הבעיות בבית הספר. כלומר עם קלרה. אשר שכבה ללא נוע במיטתה,... כי הייתה עסוקה בלצותת. היא חיכתה לשמוע נשימות ארוכות שבאות מעבר. יהיה טוב אם גם הוא ינחר, כמו אוֹלְגִי, כי אז אפשר לדעת בוודאות מתי הוא נרדם. בבית, כלומר אצל אוֹלְגִי, היא נוהגת להדליק את מנורת התפס הקטנה וממשיכה לקרוא במיטה, אם במשך היום לא סיימה את הספר שהתחילה. קורה שהיא נרדמת איתו, אבל המנורה בבוקר בכל זאת מכובה. לפחות על זה אוֹלְגִי לא רוטנת. נחירות לא באו עכשיו, אבל הנשימות הפכו לרגועות. קלרה התיישבה במיטה. עיניה כבר התרגלו לאור החיוור שחדר מהרחוב דרך הוילונות והיא הצליחה לראות די בבירור.

הרופא לא נע. קלרה הניחה רגל על הרצפה. היא רצתה להביט בו. היא ראתה די במדויק מהמקום בו ישבה, הוא ישן עם פניו אל הקיר. לא טוב שהנשימות באות מרחוק כל כך. לאחר שג'וּרִי עזב, היא הייתה עוברת בלילות לחדר של אוֹלְגִי, כי היא לא יכולה להירדם בלי לשמוע נשימות. עכשיו היא קמה. אין שינוי מעברו השני של החדר. היא עשתה מספר צעדים... שום דבר לא חורק. אפשר להתקדם. לאט. הוא ישן. היא הגיעה למיטה. היא התכופפה, כדי שתשמע יותר טוב את הנשימות. התכופפה נמוך יותר ונשמה את ריח הפיג'מה שלו. לאבאל'ה יש ריח יותר טוב, אבל את זה יכלה להרגיש עכשיו רק כשחיבק אותה. בכל זאת יש לו ריח טוב לרופא הזה... ריח של דוד... כן, לדוד אֶלֶמֶר היה ריח כזה. היה מעייף לעמוד ככה, כפופה קדימה, לכן ירדה על ברכיה לפני המיטה. אבל ככה היא ראתה רק את גבו. היא הניחה את מרפקיה על מסגרת העץ של המיטה, כדי שתוכל להישען ולהתכופף קצת קדימה לכיוונו. כמה שהוא רחוק... אולי אפילו חצי מטר. אחר כך קיפלה את המרפקים... והינה, היא כבר על המזרון. לאט מאד היא משכה אחריה את רגליה. היא שכבה לצידו. היה נפלא ולא יאומן שהוא לא מתעורר. עכשיו הנשימות הארוכות לא נשמעות, אבל הוא בטח ישן, הוא לא זע כל העת. התחילה להרגיש קור. למה היא לא הביאה את השמיכה שלה?... היא לא תוכל לקפוא כאן! התחילה להרים בזהירות את השמיכה שלו. וכבר הייתה מתחתיה. גם זה הצליח. לא יתכן! היא אזרה אומץ והתאימה את תנוחתה כלפיו. נשענה עם זרועותיה אל גבו, ברגליה הרגישה את ישבנו.

לפתע היא הרגישה שהוא רועד. אלוהים, הוא לא ישן! קלרה נרתעה לאחור, רועדת גם היא. מהבהלה שתפסו אותה בקלקלתה. הוא הסתובב כלפיה, תוך כדי שהתקרב לקיר והתרחק ממנה. אחר כך בכל זאת הושיט את זרועותיו, כמפרץ... היא התקרבה טיפין-טיפין. נעצרת רק בטיפ האחרון, מסדרת את זרועותיה כלפי חזהּ

ונשענת איתם על חזהו. אחר-כך מחביאה את ראשה, כאילו היא בכלל לא שם.

"מי שפוחד לבד הוא לא זונה... גם אני מפחד..." הוא לחש.

לא דיברו יותר. ישנו עד הבוקר. מבלי להתעורר בבהלה.

הבוקר היה פשוט מן הצפוי בגלל העובדה שהם כמעט איחרו להתעורר. שנים כבר לא קרה דבר כזה לרופא. לרוב מעלות השחר היה מצפה לרגע שכבר אפשר לקום. עכשיו בתוך החיפזון של הבוקר נראָה היה כאילו שלקום מהמיטה, כשלצידו ראֹשָן מתבגר במשקל נוצה אך בעל מזג מכביד - הוא דבר טבעי ביותר.

בנוגע להתארגנות - משימתו לא הייתה קלה יותר מאשר בליל אמש. הוא רצה שקודם תלך הביתה להחליף בגדים, לסדר את הילקוט ולהתפייס עם אוֹלְגִי, ואחר כך להגיע לבית הספר עד השעה שמונה, ושגם תישאר שם עד סוף היום, כל עוד הלימודים, או-איך-שלא-קוראים-לזה, נמשכים. בכל המשימות האלה, מוכנותה של קלרה לשתף פעולה הייתה אפס אחוז. מאחר והשעה הייתה כבר רבע לשבע, היעדים לא היו פשוטים להשגה. והוא לא יכול ללוותה, כי הוא במשמרת בוקר היום.

"טוב, אז תגיעי לבית הספר מתי שתגיעי לאחר שתסיימי..."

"אבל אם אני אגיע לבית הספר אז אצטרך להישאר שם כל היום כי הם לא מאפשרים יותר שאוֹלְגִי תאשר לי היעדרויות למספר שעות, והמנהלת אמרה שאם תהיה לי עוד שעה אחת של היעדרות ללא אישור, אז אני מועפת. שגם 'בלי זה הם סופגים ממני מספיק'. שגם הילדים האחרים עברו את המלחמה, ואין איתם כל כך הרבה בעיות... 'עם כולם ביחד'..."

"כי את כמו קיפוד... ואם אני אכתוב?"

"רק הורה יכול... למי שיש... כלומר, אוֹלְגִי."

"כרופא אני יכול לאשר שהיית במרפאה."

"אבל אני לא רוצה אישור מרופא נשים, כולם יצחקו עלי."

"טוב, אז נבקש חותמת מ'אף-אוזן-גרון', מהחדר לידי.

"אבל אוֹלְגִי תריב איתי..."

"היא לא! לכי כבר להתלבש... חכי, אוציא את מכשיר הגילוח שלי."

"אני רוצה לראות איך שאתה מורח את הקצף!" עכשיו היא נשמעה כמו בת חמש.

"פעם אחרת! עכשיו תתלבשי מהר."

קלרה עקבה במבט עצוב איך קצף הגילוח, המברשת, סכין הגילוח, המראה הקטנה ומכשיר הגילוח מתרחקים ממנה. אחר כך סגרה בצייתנות את דלת המקלחת מאחוריה.

בינתיים אֲלַדָר קֶרְנֶר היה צריך לשים מים על האש בשביל תה, לברר עם קלרה כמה פרוסות לחם בחמאה לארוז לה לארוחת עשר, ולבדוק אם נעליו שנרטבו אמש התייבשו על ההסקה.

הוא קלט את עצמו מתרוצץ הלוך ושוב, כסערה, בין כל הדברים שצריך לעשות. הוא נוכח לפתע, שיש לו מטלות. שיש משמעות. שיש ילדה. ילדה רגילה, חוצפנית.

אימאל'ה מתוקה, אבאל'ה יקר!

כרגע אני בשיעור מתמטיקה, לכן כותבת רק כמה מילים. למרות שאני לא מאמינה ש-*בּוֹקוֹר* יחרים לי את היומן. אולגי כמעט זרקה אותי מהבית, אבל אני ידעתי שלא תעשה זאת באמת. רק שבערב, כאשר הרופא הזה ליווה אותי הביתה, היא חשבה שאיזה גבר מחבק אותי בשער ושאהיה זונה. הצלחתי לא לבכות ורצתי לבית שלו. הוא לא מדבר הרבה אבל הוא נחמד. ישנתי אצלו והוא טלפן לאולגי שלא תדאג. בטח היו לו גם ילדים, אבל הוא לא מדבר על זה. כל-כך הייתי רוצה ~~לגור איתו~~ לבלות אצלו כמה שיותר זמן, עד שתחזרו! אולגי כבר לא כועסת, אבל עכשיו היא עצובה. כל הזמן מישהו עצוב! אבל אני לא. כרגע. רק חבל לי טיפה על אולגי.

בשעה אחת-עשרה, בדיוק כשסיים עם אחד החולים, דר' קֶרְנֶר גילה להפתעתו שלא נותרו יותר תיקי מטופלות על שולחנו. זה קורה אך לעיתים רחוקות, כך שזה באמת לא נורא.

"אין אף אחד יותר?"

"כן, יש כאן מישהי." ענתה האסיסטנטית. "איזו אישה מבוגרת ממתינה לך בחוץ, ביקשה לחכות עד שאחרון החולים ילך, שרק אז תיכנס אליך. יושבת כאן כבר מתשע וחצי."

הרופא ניחש שזאת אוֹלְגִי. הוא ציפה שהיא תבוא, ובכל זאת הוא נחרד עכשיו.

"לקרוא לה? אני אצא בינתיים..." היא הציעה.

זאת הייתה אוֹלְגִי. עם עיניים אדומות מבכי, כצפוי. נראתה עוד יותר זקנה מאשר באוגוסט. בת כמה היא? במשך כל השיחה זלגו הדמעות מעיניה, למרות שהייתה רגועה לגמרי. היא עשתה רושם של מישהו שכבר ויתר על הכול.

"אין לי משהו אחר לתת לה... אני אדם יותר פשוט... זה לא מה שהיא צריכה, אני יודעת... גם המשפחה שלה אף פעם לא חיבבו אותנו במיוחד... הם תמיד היו נחמדים אלינו, אבל... אנחנו לא למדנו בבית ספר כל כך הרבה... אני גם לא יכולה לעזור לקלרה בלימודים... אבא שלה, מסכן, היה אחייני, הוא באמת הגיע רחוק... אני חיפשתי את הנכדים של אחותי השנייה, ואז מצאתי את קלרה וג'וּרי בבית של הצלב האדום... חשבתי שאחותי ובַּנְדִי, כלומר בעלה, הצליחו לברוח למערב... אז אני לקחתי אותם אלי הביתה, את קלרה ואת ג'וּרי... בהתחלה הכול הלך הרבה יותר חלק... קלרה כל הזמן פיקדה על אחיה, שילמד טוב, שיסדר את הדברים שלו, כדי שההורים יימצאו הכול כשורה כשיחזרו הביתה... אני כבר ידעתי אז ש... אבל אף פעם לא אמרתי לה... החיים איתה הפכו לגיהינום מאז שאחיה עזב... גם עליו התאבלתי... גם על בני, גם על בעלי... והלילה על בובה-קלרה... זה היה שם החיבה שלה אצל ההורים... היא הייתה כזאת ילדה מתוקה!"

שתמשיך לדבר, שתספר עוד! התחנן בליבו הרופא. רק שהוא לא יצטרך לפתוח את פיו. ואוֹלְגִי המשיכה.

"אם אדוני הרופא היה לוקח... מקבל אחריות עליה... עבורה זה יהיה בטוח יותר טוב. עבורי לא, אבל בשבילה - בטוח. קלרה לא מאושרת איתי... אם הקדוש-ברוך-הוא רוצה לקחת ממני גם את הילדה הזאת, אני לא יכולה לעשות שום דבר נגד. אלה החיים שלי..."

עכשיו כבר גם דר' קֶרְנֶר רצה לומר משהו. רק שהוא לא הצליח. אוֹלְגִי הניחה את ידיה הקטנות, הגרומות, על זרועו.

"אני יודעת בוודאות שאני יכולה לסמוך עליך... היא ילדה נבונה... אתה כבר תראה... היא קצת לא-מפותחת... ותזזיתית כזאת, אבל שכל - יש לה!... אם הייתה פחות חכמה כבר הייתה נכנעת מזמן ומקבלת את המציאות..."

"לקלרה... יש לה צורך... בשנינו."

הוא הצליח להגיד את המילים. מכאן היה כבר יותר קל להמשיך.

"אם תאבד אותך, אוֹלְגִיקָה, זה יהיה שוב נורא בשבילה. אבל שיש לה צורך גם באיזה סוג של דמות אב, את זה גם אני רואה. היא כל הזמן אומרת 'אבאל'ה אמר כך', 'אבאל'ה עשה כך'... אני לא מסוגל להיות כזה אבא עליז כפי שהיא הייתה רוצה... אבל אולי בכל זאת אהיה עדיף על לא-כלום... לי אף פעם לא היו בנות. אבל אני אלמד. ואולי כן אוכל לעזור לה בלימודים... קצת להשלים את הפיגור שלה במקצועות שונים."

דמעותיה של אוֹלְגִי יבשו.

"הדוקטור יכין איתה שיעורי בית"?

"זה לא יהיה פשוט כל כך, כי היא עקשנית נורא, את יודעת... אבל בימים שאני בתורנות בוקר, אני יכול לעזור לה אחרי בית הספר. לי אין משהו אחר לעשות... בימי רביעי אחרי הצוהריים אני הולך לבית היתומים, אבל את המחויבות הזאת אני יכול להעביר לאחד הבקרים."

"אז הילדה תוכל להישאר אצלי?

דר' קֶרְנֶר הבחין, למבוכתו, שבדמיונו הוא כבר ראה אותה גרה אצלו. אבל זו רק משאלת לב שלו וזה לא תקין. עבור אוֹלְגִי

היא משמעות החיים כולה, ולמרות שגם לו היא מעניקה משמעות, אסור לו לקחת אותה ממנה. וגם לא יתכן שהם יתחרו ביניהם באיזה יום ולמי הילדה הפראית הזאת תעניק מזור לבדידותו! הוא החל לחפש אחר איזשהו פתרון מתקבל על הדעת כאשר פניה של קלרה הבליחו לפתע בדמיונו.

"...אני בטח לא אגזול אותה ממך... אבל לא נראה לי שהדבר תלוי בך או בי. נדמה לי שבכל מקרה, קלרה היא זו שמחליטה על הכול."

אוֹלְגִי הנהנה בשמחה למשמע התובנה הזאת. ודר' קֶרְנֶר המשיך והוסיף עוד:

"אנחנו כבר נמצא דרך."

"אל תכעס על השטויות שדיברתי אתמול... לפעמים זה קורה לי... הייתי מאד נסערת..."

דר' קֶרְנֶר חייך ובראשה של אוֹלְגִי, אולי כתוצאה מתחושת ההקלה, התעוררה לפתע מחשבה מוזרה. היא שאלה אולי את השאלה הקשה ביותר שניתן היה לשאול את האיש הזה.

"הדוקטור לא מצא לעצמו ילד לרוחו בבית היתומים?"

מהבעת פניו של דר' קֶרְנֶר היא הבינה מיד שזאת הייתה שאלה גרועה. הגבר קם, ניגש לחלון ובהה החוצה. אוֹלְגִי חששה יותר ויותר. היא נזכרה בדממה שאפפה את קלרה לפני ההתפרצויות שלה. אבל הרופא לא התפרץ.

" לא הייתי מסוגל לבד... ילד קטן... אפילו ילד בגיל ההתבגרות... כמו זאת..., האם הלכה הבוקר בזמן לבית הספר?"

" היא יצאה בזמן לפחות."

"לי היא הבטיחה."

בדרך הביתה הוא נזכר שבסופו של דבר הוא לא סיכם דבר עם אוֹלְגִי, והמחשבה הזו העכירה קצת את רוחו של אַלַדָר קֶרְנֶר. מתי הוא יראה שוב את קלרה? אחר כך הוא חייך לעצמו, אין מה לדאוג בעניין. קלרה תבוא, גם ללא רשות, ברגע שתרצה. והיא הרי רוצה לבוא - בכך אין שום ספק. רק צריך יהיה למצוא את הדרך, ואז גם

אוֹלְגִי תרוויח מהסידור. מה למשל, אילו יכול היה לקבל את קלרה באותם יומיים שבהם הוא עובד בוקר, ואז היא תוכל לישון אצלו וגם ללכת בבוקר לבית הספר מאצלו? זה ייתן להם די הרבה זמן ללמוד ביחד. בימים הנוספים היא תוכל ללמוד מספרי הלימוד שלה, אותם תוכל להשאיר אצלו עד שיחזור הביתה. על השולחן היה מונח מספר הטלפון של אוֹלְגִי, אבל הוא עצר בעד עצמו. בשש צלצל הפעמון. סוף-סוף.

"אוֹלְגִי אמרה שאני יכולה להישאר כאן היום, אם אני רוצה. טוב, היא הייתה קצת עצובה, אבל אמרתי לה שאגור גם איתה מפעם לפעם. והיא שלחה פודינג סולת בשבילך. הבטחתי לה שאטלפן כשאגיע. אם אני יכולה להישאר אצלך."

"אז תתקשרי."

"הבאתי גם את התיק שלי, ואוֹלְגִי שמה לי גם בגדים נקיים להחלפה. אמרתי לה שכותנת לילה יש לי כאן, אז לא צריך. אמרתי לה שהיא מגעילה! אבל היא בסדר..."

בטלפון היא דיברה ממש כמו ילדה בת עשר, אפילו בצליל קולה. היא הייתה אפילו נחמדה לאוֹלְגִי, באופן מפתיע.

"מחר אני חוזרת אחרי בית ספר, כי הוא במילא עובד אחה"צ... אל תבכי..."

הגבר ביקש בהחלטיות מפתיעה את השפופרת מקלרה, ולבסוף הוא אכן קיבל אותה.

"אוֹלְגִיקָה, התלבטתי איך אפשר לפרוס הכי טוב את העניין הזה של הלימודים ביחד... עם הילדה עוד לא דיברתי, אבל מבחינתי זה יכול להתאים בימי שלישי ורביעי, וביתר הימים היא תוכל ללמוד כאן לבד... כן, בטח... אני אדבר איתה גם... והיא אמרה ששלחת פודינג סולת. תודה רבה. המון זמן כבר לא אכלתי... בטח טעים."

עבר עליהם ערב נעים. ראשית קלרה קיבלה בקלות את תוכניתו של הרופא לגבי הסידור השבועי. זמן רב כל כך לא קרה שום דבר שישמח אותה באמת, והניצחון הקל והבלתי צפוי הזה ריכך אותה

לגמרי. במהלך כל הערב היא לא מחתה ביקורת על דבר ועל חצי דבר וגם לא הציגה אף שאלה עוקצנית ולו פעם אחת. הם אכלו את *הפודינג*, וגם קלרה אכלה ממנו מנה סבירה בהחלט.

אחר-כך בעקבות חיפוש קצר, קלרה הורידה ספר מהספרייה (*'הנוסע ואור הירח'* של אֶנְטָאל סֶרְבּ[14]), והתכרבלה לה על הספה איתו. אולי קצת מוקדם מדי עבורה הספר הזה, התלבט הרופא בינו לבין עצמו, אבל אחר-כך ביטל את המחשבה במחי יד דמיוני, כל החיים האלה מוקדמים מדי עבורה, ואיש לא מצנזר אותם... הוא בחן את הילדה מהכורסה שלו, עושה את עצמו קורא גם-כן משהו.

"הכנת שיעורים כבר?"

"איזה שיעורים?"

"התכוונתי בעיקר למקצועות שיש לך מחר."

"בגיאוגרפיה הקשבתי, אז אני לא צריכה ללמוד. בספרות במילא אף פעם לא מוצא חן בעיני המורה מה שאני כותבת... מתמטיקה אני כבר מזמן לא מבינה... בגרמנית - אני לא אנתח את השיר המטומטם הזה שנתנו לנו."

אנחה עמוקה. אין לי די ידע לכל זה, חשב בליבו הרופא. גם עם השיעורים של הבנים אִילוֹנָה הייתה מתעסקת. אחר כך הוא נזף בעצמו - זה לא הזמן לרחמים עצמיים. עכשיו צריך לפעול.

"תני לי את ספר המתמטיקה שלך..."

"לא בא לי ללמוד עכשיו מתמטיקה!"

"אני רוצה לראות מה אתם לומדים" הוא ענה לה באותה תחושת לאות שהיה חש במפגשים הקודמים איתה, לאחר שאמרה מספר משפטים שכולם התחילו ב-"לא" וב-"אבל".

עכשיו קלרה לא הפגינה עדיין את ההתנגדות הצפויה, אבל היא גם לא זזה ממקומה. במקום זאת היא שאלה:

"אני יכולה לדבר איתך בגוף שני?"

---

[14] ANTAL SZERB: סופר הונגרי חשוב בשנות ה-20 וה-30 של המאה ה-20, היום נחשב לאחד הסופרים הנקראים ביותר. מת ב-1945 במחנה הריכוז בלף (Balf) במערב הונגריה.

"את מדברת איתי בגוף שני..."

הוא חש חמימות פנימית מציפה את כל גופו. מזכיר את מה שאמבטיה מלאת מים חמים עשתה לו פעם. בעבר.

"אני?!"

"... הרבה פעמים... אבל אין דבר... דברי איתי בגוף שני. זה בסדר."

גם קלרה חייכה עכשיו. גם היא חשה את 'חמימותם של מי האמבטיה'.

"אבל אין לך שם."

הם שתקו. במשך דקות ארוכות.

"אני יכולה לקרוא לך 'אַלְדוֹ'?"

"מה?!"

"אַלְדוֹ."

"למה דווקא 'אַלְדוֹ'?"

ההסבר הגיע לאט, ללא שום סימנים מקדימים.

"יש לי בן דוד, קוראים לו בּוֹדוֹג, 'שמחה' בהונגרית... אבל לאימא שלו לא הייתה שום שמחה עם השם הזה... אבאל'ה היה אומר את זה ככה... הוא היה הופך כל דבר לבדיחה... כי היא רצתה לקרוא לו 'פליקס', שזה 'שמחה', *felicité*, בצרפתית. אבל, הדוד אִימְרֶה רצה לתת לו שם הונגרי. כי אנחנו הונגרים. אז נתנו לו את השם 'בּוֹדוֹג', וכשהיה תינוק, לא ידעו באיזה שם חיבה לקרוא לו. גם אני הייתי קטנה, וקראתי לו 'בּוֹלְדוֹ'. ומאז כולם קוראים לו ככה... ואני לא יודעת איפה הוא עכשיו... אבל אתה יכול להיות 'אַלְדוֹ'."

דממה שלווה השתררה ביניהם לזמן רב. קלרה לא קראה, גם היא רק עשתה את עצמה. ואז פתחה שוב, כבר בקולה המתאונן.

"אפילו לא הסתכלת בתרגום שלי..."

"בטח שהסתכלתי!" אַלְדוֹ שמח מאד שהכין את עצמו כראוי לשיחה על הנושא הזה. "אפילו בחרתי מאמר!"

"באמת...?"

"כן, כי נראה לי שבמאמר הזה יש התייחסות לנושאים בגניקולוגיה."

"איזה מהם??"

"השם שלו..."

קלרה זינקה.

"איפה תיק העור של אבאל'ה?"

"במטבח... אבל הנחתי תחתיו נייר עיתון."

קלרה הביאה בריצה את הנרתיק. אַלְדוֹ בדק שורה-שורה את הכותרות, על-מנת למצוא שוב את המאמר.

"מה השם שלו?"

" *Zusammenhaenge von Hormonstoerungen und ulceralen Erkraenkungen.*[15]"

נו, המבטא שלו בגרמנית לא משהו, חשבה בליבה, ואמרה:

"זה בתחתית העמוד... *Jahrgang* ארבעים או ארבעים ואחד... איך קוראים לזה בהונגרית? מחזור?"

"בירחונים קוראים לזה 'שנתון'. הינה, מצאתי!"

"טוב. אני אתרגם לך אותו. אני אסיים מהר. משבע-עשרה עד עשרים ושלוש... זה רק שבעה עמודים! דחוף לך?"

אַלְדוֹ חש שסוג מסוים של הומור התנחל בקרבו, והוא היה מופתע מכך. הומור לא היה מחוזקותיו מעולם. אז הוא עדיין לא הבין שזה ההומור של קלרה. ורק הרבה יותר מאוחר הוא קישר שזהו בעצם ההומור של אבאל'ה. כי באותו זמן הוא כבר רצה להידמות לו. בעבור קלרה. אבל באותו היום, גם את זה הוא עדיין לא ידע על עצמו.

"אחרי הכנת שיעורי הבית, תתחילי לעבוד על זה ללא דיחוי!"

אחר כך אַלְדוֹ הלך לחמם מים למקלחת עבור קלרה. ובהמשך, גם לעצמו. במילא קלרה ממשיכה לקרוא בזמן שהוא מתקלח. הוא הוציא פיג'מה נקייה מהארון. אחרי הרחצה הוא איחל לה לילה טוב.

---

[15] *הקשרים בין הפרעות הורמונאליות לבין תחלואות הרחם - בגרמנית*

"אבל אם אני מפחדת, אני יכולה לבוא לשם?"

"... ודאי. אבל אני כאן קרוב, את לא צריכה לפחד."

"אבל אם בכל זאת?"

הם כיבו את האור. לאחר מספר דקות הארנבת יצאה לדרכה. לקחה גם את השמיכה שלה. כבר ציפו לה.

בלילה כשאַלְדוֹ דילג בזהירות על הילדה הישנה כדי לצאת למקלחת, הוא שמע את קריאתה תוך שנייה:

"אַלְדוֹ!"

הוא השתדל לסיים את ענייניו לפני שיענה, שחלילה לא ישמעו את קולו אצל השכנים, אבל הקריאה, הפעם בקול מיואש יותר, חזרה שוב.

"רגע!" הוא ענה לה.

הוא יצא מהמקלחת.

"אני כאן."

קלרה כעסה:

"בפעם הבאה תעיר אותי כשאתה הולך!"

"להעיר אותך כשאני הולך לעשות פיפי?"

"כן! ... כי למה לא היית כאן?..."

"... טוב...", אמר אַלְדוֹ ונאנח. זה היה בדיוק פרק הזמן שנדרש לו להבין את העניין. הוא הלוא, מכיר מאה עשרים אופנים של יקיצה בבהלה, אז זהו האופן המאה-עשרים-ואחת.

ואז קלרה פרצה בצחוק. אי אפשר לעקוב אחרי הלך רוחה...!

"מה העניין?"

"... אבאל'ה היה עונה עכשיו, שהוא לא היה כאן כי הוא לא יכול להיות בעת ובעונה אחת גם בחוץ וגם בפנים."

"כמה שהוא צודק!" ענה אַלְדוֹ וליטף ברכות את ראשה של קלרה. הוא סימן לה שתזחל עם השמיכה שלה לעבר הקיר, כי הוא רוצה לישון בצד החיצוני של המיטה. אחר כך הוא שאל:

"גם אוֹלְגִי מעירה אותך במקרים כאלה?"

"היא גוררת רגליים כשהיא הולכת. את זה אני יכולה לשמוע בעצמי."

בבוקר התעוררו בזמן. אַלְדוֹ שב והציע לקלרה את המקלחת.

"אבל נכון שלא תתגלח בחוץ בזמן שאני במקלחת?"

"... קצף גילוח?..."

"אהא."

קלרה התיישבה בהתרגשות על ארגז המצעים ועקבה כיצד אַלְדוֹ מכין את קצף הגילוח.

"איזו ידית יפה יש למברשת שלך!"

"זה עוד מהזמנים הישנים."

"חשבתי כך."

קלרה עקבה בהתרגשות אחר תנועותיו, כשאַלְדוֹ מרח את פניו בקצף. כעבור מספר דקות היא ביקשה במבוכה:

"שים לי תלולית על האף..."

הוא שם לה. קלרה הסתכלה במראה וצחקה.

"כשהיינו טובים, תמיד קיבלנו..."

אַלְדוֹ המתין עד שקלרה יצאה לבית הספר. אז הוא עבר על רשימת המורים שהשיג באחד האמשים וחיפש את השמות בעלי הצליל היהודי ושינן אותם לפי המקצועות שהם מלמדים. יש את 'בֶּכֶר' ואת 'וִויְזְמַן'. וככל הנראה, גם 'הַרְשָׁאנִ'י' זה יהודי. באלה כדאי להתחיל. יתכן שבוקר אחד אפילו לא יספיק להיפגש עם כולם, והם בטח גם מלמדים עד סוף יום הלימודים. תחושת אי-נוחות של חוסר בטחון התגנבה לליבו, הוא לא אהב להיכנס לנושאים מבלי שיהיה מוכן כראוי. עם סיפור המסגרת שבנה היה מרוצה. כידיד משפחה, אוֹלְגִי ביקשה ממנו לעזור לה לברר איך אפשר למנף את קלרה בלימודים. הוא ידע שהוא לא יוכל להבטיח דבר. מקסימום הוא יילמד את השטח. בהמשך התברר שהיוזמה נולדה תחת כוכב של מזל. אבל לא באופן מיידי.

גב' וִידַאק - כימיה, ביולוגיה, שיער אסוף בקפידה, מרוחקת, לא מאפשרת להתקרב. קלרה בטוח תכשל, כי אם היא לא תכשל עם הישגים כשלה, אז אי אפשר להכשיל שום תלמיד. וזאת המטרה שלה, להכשיל תלמידים? הרהר בליבו אלדו. מי שבמשך שבועות לא פוצה פה, שלא ילמד בתיכון. זה לא חובה. היא משתתפת מדי פעם? לעיתים רחוקות. כשהיא יודעת את התשובה. יש לה מבחן אחד עם תוצאה בינונית אבל בכל היתר 'נכשל', כי היא מוסרת דפים ריקים. היא קוראת מתחת לשולחן. אבל המנהלת הורתה לא לקחת לה את הספר. בית הספר לא נועד לבעיות רגשיות. אני לא מקבלת 'פרימדונות'. חבל שהמנהלת לא שותפה לדעתי זו.

למורות בֶּכֶר ו- ווַיזְמַן - אין זֵכר עדיין. יוֹזֶ'ף בּוֹקוֹר - שפם אימתני, דוב מגושם, מתמטיקה, פיזיקה. אין לו מושג כמה פיגור יש לקלרה כי היא לא מוכנה לשוחח איתו. אילו שיתפה פעולה, הוא היה מקבל אותה ברצון לכיתת החיזוק. לדעתו היא ילדה נבונה, רק נורא בעייתית. לדעתו היא נפגעה קשות במלחמה. תודה על ההצעה, כן, אנסה לשכנע את קלרה. (טוב, זו הבטחה...)

בינתיים הגיעה גב' בֶּכֶר, עצבנית. מה פתאום אמרו לו שהיא איננה היום, כאשר בשבע וחצי בבוקר היא כבר הייתה בפגישה. קלרה? היא לא תקבל שלילי, לא בספרות ולא בגרמנית, כי יש לה ידע רב, רק שהיא תמיד צריכה להיות שונה וזה לא מקובל. כן, היא נתנה לה כבר מספר פעמים 'נכשל', כי ההתנהגות שלה בלתי נסבלת לפעמים, היא קוראת למשוררים 'מטומטמים', כותבת חמשירי גנאי במקום מבחן... פעם כשהיא רשמה משהו עם שגיאה על הלוח בטעות, קלרה ניגשה ללוח בלי לומר דבר, מחקה את המילה וכתבה מעליה את הצורה הנכונה... יהיו לה הרבה צרות אם תמשיך ככה. היה טוב יותר אילו הייתה פחות מתבלטת, היו לנו כבר די צרות בארץ הזאת... לא צריך תמיד להתבלט. אין לך, מר קֶרְנֶר, קצת השפעה עליה?

בזמן שחיכה למורה הבאה אַלְדוֹ הכין רשימות, כדי שלא יתבלבל אחר כך בפרטים.

יוֹלַאן גֶרֶצֶ'אִי - זימרה-מוזיקה, יבשה כאילו לימדה הנהלת חשבונות. קלרה עושה את המינימום הנדרש, היא כבר לא מצפה ממנה ליותר. למרות שהיא ראתה פעם שהיא אפילו מנגנת בפסנתר קצת. חבל שאין לה שום אמביציה.

גב' ווייזְמַן - היסטוריה, גיאוגרפיה. עיניים עצובות, חכמה, פצפונת. כשקלרה מקבלת מטלה להכין עבודה ברמה אקדמית, היא עושה עבודה נפלאה לרוב. מדי פעם היא מטילה עליה עבודות כאלה. אבל גם בזה אין עקביות. היא תעקוב, תנסה לראות מה אפשר לעשות, מה לא... למרות שעד המאה ה-19, הכול מעניין אותה, בתנאי שלא מדובר על מלחמה. אבל במאה ה-20, היא משתתקת. לא נורא, היא תתגבר. כבר זמן ממושך היא מחלקת עבודות לתלמידים בקבוצות, לכל קבוצה נושא שונה, ואת קלרה היא מושיבה בקבוצה שעוסקת בנושאים שמעניינים אותה. היא אישית אין לה בעיה עם קלרה, אבל על מר קֶרְנֶר לדעת שיש כאן כאלה שייעשו הכול על מנת להעיף אותה מבית הספר. היא מתגרה. היו לנו לא מעט תלמידים בעייתיים ב-1945/6... אבל הם התרגלו... או נשרו. אבל היא - לא משתפרת. כל התנהגותה היא התגלמות של הטחת אשם. ואת זה - גם *הם* מרגישים... לאחרים נורא קשה איתה. ...יש אולי מישהו עם רצון טוב שכדאי להיעזר בו?... אסור לי לומר דבר כזה... מלבד גב' וִידַאק, למי עוד חשוב לפנות? בשנה הבאה יתחילו ללמד בבית הספר גם רוסית, גב' הַרְשָאנְ'י, המורה להתעמלות תלמד את המקצוע בכיתה שלה, והקולגה שמה דגש רב שכולם כאן יהיו שווים, וחשוב שגם קלרה תדע זאת... היא גם תצטרך להיכנס לטור של המתעמלים, אתה מבין?... מבין. אני אדבר גם איתה. וגם עם הילדה. כדאי גם להיכנס למנהלת... טוב לשוחח גם איתה.

הוא לא חשב על זה בכלל! למרות שזה חשוב מאד! הרי זאת היא שאיימה להעיף את קלרה מבית הספר. גב' שוֹמוֹגְ'י. אישה גדולה ואסופה, כבת ארבעים, משדרת משמעת פנימית מרשימה כבר ממבט ראשון. אמנם על-פי גב' וִידַאק, היא זאת

שמעודדת את הקריאה מתחת לשולחן. היא מציעה לאַלְדוֹ לשבת ומיד מתחילה בטון ענייני:

"יש אצלנו לא מעט תלמידים ממוצא יהודי. אנחנו שמים לב אליהם. אין גם בין המורים שלנו כאלה שהיו בעבר..."

זה לא טאבו?!

"אבל האחרים, איכשהו, נרגעו... עובדים, רוצים לחיות... לאחרונה קלרה ברחה באמצע שיעור במצב כזה שחששנו שתקפוץ לפסי החשמלית... מאז הנחיתי את המורים שלנו להניח לה. אם הם לא מסתדרים איתה, שיקראו לי. יש לה אח צעיר... הוא מתפקד יותר טוב?

"אחיה כבר לא כאן."

"נפטר?!"

"לא. הוא עלה... עם קבוצה."

"לפלשתינה?"

אַלְדוֹ נד בראשו לחיוב.

"מתי?"

"לפני כשנה."

"לא מובן לי... איך יכולים שני אחים יתומים להיפרד אחד מהשני? זה יוצא דופן..."

אַלְדוֹ נלחץ, אבל הצליח להעביר במספר מילים את מה שרצה:

"קלרה מחכה להוריה."

"שלוש שנים?"

"... ארבע... חמש."

"זה נורא."

אַלְדוֹ נאלם דום, בדיוק כפי שקרה לו מול אוֹלְגִי. המנהלת המתינה.

"אולי המזכירה תכין כוס קפה?"

אַלְדוֹ הנהן. הקפה הגיע מהר, כאילו היה כבר מוכן כשהוזמן, והבליעה אכן היטיבה את הרגשתו. עכשיו הוא כבר חש אמון מלא באישה הזאת. וזה לא קורה לו הרבה.

"קלרה אמרה שאם יהיה לה עוד חיסור ללא אישור, מעיפים אותה..."

"אה. את זה אני אמרתי לה, כי ידעתי שהדבר היחידי שחשוב לה זה להמשיך להישאר תלמידה בגימנסיה. את זה היא לא תסכן... הנחתי שכך היא תיעלם לנו פחות בשעות ההוראה. כשהיא כאן בכל זאת נדבק בה משהו ... היה מצוין אם הייתה יכולה לעשות את בחינות הבגרות. על פי מספר מורים בבית הספר, היא מאד נבונה. היא סיימה את היסודי בציונים מצטיינים, ראיתי את התעודה שלה... בכל פעם שאני רואה אותה ההתרשמות שלי עליה משתנה. וגם מבחינה גופנית מצבה מדאיג... לאחרונה התחלנו לקבל מדי פעם חלב חינם עבור אלה שסובלים מתת-תזונה, אבל היא לא רוצה לשתות... כאילו שהיא לא רוצה בכלל להתבגר... אבל בזה אני לא מבינה..."

"עכשיו התחילה קצת לאכול."

"אתה קרוב משפחה שלה?"

"קלרה מתייחסת אלי כ... היא מאד אהבה את אביה. גם הוא היה רופא."

"אז וודאי יש לך השפעה עליה. אולי תגיד לה שתלמד למען ההורים שלה?"

אַלְדוֹ ניער את ראשו לשלילה ארוכות.

"את זה אני לא... הקושי להסתכל נוכחה על המציאות הוא נוראי... אבל צריך לעבור את זה פעם אחת. אני לא יכול להשלות אותה... וגם איני יכול להאיץ בה להגיע להכרה ש... למרות שאחרי זה כבר נהיה יותר קל. לא יותר טוב, אבל יותר קל. אמנם הכול נהיה תפל, ריק, אבל לפחות אפשר סופסוף להירדם בלילה. ולקלרה יש סיכוי שתמלא, פעם, בעתיד..., את החלל הזה בתוכן... בחיים."

עכשיו המנהלת שתקה בתורה, ואַלְדוֹ חשב שעליו לעודד אותה:

"אעשה ככל יכולתי להביא אותה לכך שתלמד יותר... נדמה לי שהכי חשוב שתשתפר אצל המוֹרָה וְידַאק..."

"נכון. אתה צודק. זה יעזור מאד. בנוסף אלה שני המקצועות שעמדו הכי קרוב לעיסוקו של אביה."

"על זה אפילו לא חשבתי!" השיב אַלְדוֹ בנחת רוח.

המנהלת לוותה אותו החוצה. ליד מעקה המדרגות היא עוד הוסיפה:

"אין לי מושג עד מתי אשאר בתפקידי. אם יהיו חילופים, נשוחח שוב. אתה תדע על כך. בוודאות. ואת גב' הַרְשָׁאנִ'י תוכל למצוא בקומת הכניסה, באולם הספורט."

ביום שישי בערב אַלְדוֹ היה עסוק בכביסת המצעים, פרוצדורה שהוא מבצע על-ידי הרתחתם בסיר ענק שמיועד לכך, עם חתיכת סבון כביסה בתוך במים. הוא לא נוהג להשרות אותם לפני-כן, כדרכן של עקרות בית, אבל גם ככה הם יוצאים נקיים ובעיקר - מעצמם! רק צריך אחר-כך לשטוף את הסבון באמבטיה. הוא משפשף מקסימום את צווארוני החולצות שלו, אם יש צורך.

בזמן שהכביסה בעבעה על האש, הוא ניסה להעלים את השקע שנוצר במרכז הספה. אומנם ילדים בדרך כלל לא מקבלים כאבי גב מדברים כאלה, אך בשום אופן אין זה בריא לישון כך. כי, במוקדם או במאוחר, קלרה תצטרך להתרגל לישון במיטה שלה. הוא הוציא מהארון ערימה של מגבות ומצעי מיטה ישנים, ומילא את המכתש במזרון בשכבות מתרחבות והולכות בכל שיכבה, על-מנת לא ליצור בליטות בשוליים. כשהיה שבע-רצון מהיצירה, הוא שלף סדין קטן, שבמילא היה קטן מדי לשימוש כלשהו, ועטף בו את הסוללה בחבישת לחץ. הוא אפילו הצליח להדק היטב את השוליים בשני צידי המזרון. עכשיו רק עוד היה צריך לגזור חתיכת בד לפי מידה לכיסוי, ע"מ להסתיר את הכיעור.

הצלצול המפתיע של הפעמון האיץ את לחץ הדם שלו. אבל היום זה יום-אוֹלְגִי... אז מי זה יכול להיות?!... זאת הייתה קלרה.

"סיימתי את התרגום!" עלצה.

"טוב-טוב קיפודון שלי, אבל למה יצאת בשעה כל כך מאוחרת? באיזו שעה תגיעי הביתה אחר-כך?"

"... היא אמרה שאני יכולה לישון כאן."

"לא בא בחשבון! סיכמנו ימים! והיום יום שישי."

"אבל היא הרשתה לי..."

"ובטח גם שמחה מאד!?"

"...בטח שלא..."

"נדנדת לה עד שהסכימה, לא-כן?"

"אני רק אמרתי לה שאני רוצה להביא לך את התרגום. ...ושאז אני כבר אשאר... אתה בכלל לא שמח..."

"העובדה שאני שמח היא לא סיבה מספקת שתהיי כאן היום... תביני, גם אוֹלְגִי זקוקה לך!"

הניסוח הזה הכה את קלרה בתדהמה. היא ידעה שזאת היא האמת, אבל עד היום אף פעם לא שמעה את זה ככה.

"אז שאני אלך הביתה עכשיו?" היא שאלה בעצב.

ליבו של אַלְדוֹ כמעט נשבר לרסיסים. אבל עכשיו כשבפעם הראשונה הצליח לעלות על הסוס הזה שנקרא **אבא**, הוא לא רצה לרדת ממנו.

"קודם כל נתקשר לאוֹלְגִי, אחר-כך נעבור על התרגום, ואז אני אלווה אותך הביתה. חוץ מזה אני בדיוק מנסה לשפר את הספה המצ'וקמקת הזאת... את יודעת, איפה שהשקע המטופש הזה... ככה במילא לא היית יכולה לישון עליה היום."

"ומחר...?"

"לגבי סופי השבוע עדיין לא קבענו כלום..."

אחר-כך אַלְדוֹ שאל במבוכה, כדי להיות בטוח, שהיא לא סיפרה לאוֹלְגִי על שהיא מתכרבלת לצידו באמצע הלילה. (כאילו שלא היה ברור לשניהם, שלא מדובר באמצע הלילה, אלא בדיוק עשר דקות לאחר שבטקס ה'לילה-טוב' הרשמי כל אחד נכנס למיטתו הוא) קלרה שלחה בו מבט כאילו שהוא שאל אותה אם היא מטומטמת. ובכל זאת... אומנם היא ידעה היטב שהתכרבלות כזו תיראה אבסורדית בעיני כל העולם, אבל איך הייתה יכולה להיות כל כך בטוחה שאַלְדוֹ הוא הגבר, היחידי עלי אדמות, שגם עבורו יש משמעות שונה לגמרי להתכרבלות הזאת? שעבור

שניהם משמעותה היא מילוי הצורך הבסיסי שנחוץ לאדם על-מנת להישאר בחיים? כמו שניתן להרגיע תינוק גם באמצעות תחליפים, העיקר שיחוש מגע, כי אם לא כן, הוא יגווע.

אלדו היה מרוצה מתשובתו הקולעת, וביקש עכשיו, בקול בוטח, שתתקשר הביתה. והוא האזין בתשומת לב.

"אוֹלְגִי, אַלְדוֹ אומר שלך יהיה יותר טוב אם אחזור הביתה... כלומר... הוא ילווה אותי הביתה, הוא אמר."

אלוהים אדירים, היא מדברת עכשיו כמו ילדה בת שמונה! היא, שמנתחת את אי-היתכנות שבתהליך השקר, היא, שמשווה טקסט מקורי של תומאס מאן לתרגומו ההונגרי, היא, שמסוגלת להמשיג את ההרגשה להישאר יתום של משפחה גדולה, ומתרגמת מאמרים מדעיים ברפואה!

"... כי שכחתי שביום שישי... אבל אוֹלְגִי, ביום שבת... טוב, הנה הוא. אַלְדוֹ, אוֹלְגִי רוצה לדבר איתך."

"אין בעד מה, אוֹלְגִיקָה. כך אנחנו סיכמנו. גם קלרה מבינה שאם לא נקיים את ההסכמות, אז ההסדר לא יכול לעבוד. היא צריכה להיות אמינה באותה מידה כמו המבוגרים... כן... אני ברצון... אבל בטוח שאני לא אפריע? באיזו שעה לבוא? ומה אפשר להביא?... ודאי שכן, אני אחשוב כבר על משהו... אז אנחנו עוד נעבור על איזה חומר עם קלרה, ואז נצא לדרך."

קלרה עבדה כבר על תרגום המאמר השלישי עבור אַלְדוֹ, והדבר העסיק אותה לא פעם, גם כשהייתה אצלו. היא שאלה הרבה שאלות מחכימות ואיכות התרגום שלה הלך והשתפר. היא למדה במהירות את המונחים בלטינית. את אלה לא היה צריך לתרגם, כי גם רופאים הונגרים משתמשים בהן. רגישות שמיעתה לגבי שילוב מונחים בלטינית בקונטקסט הנכון בטקסט ההונגרי התפתחה להפליא. לעיתים הייתה שואלת גם שאלות כלליות שעלו מתוך הטקסטים. כשמצאה ביטוי הונגרי למונח לטיני, סברה שכדאי יותר להשתמש בו ולא במונח הלטיני. היא ביקשה מאַלְדוֹ מחברת ריקה. למחרת הוא גילה שהמחברת קיבלה את השם:

"מילון גרמני-הונגרי-לטיני". הוא הציץ לתוכה, זו הייתה רשימה מסודרת של מילים - לעת עתה שמונה במספר.

אַלְדו התעקש שמכונת הכתיבה לא תעבור דירה. היא תישאר במקומה בבית, כדי לא להפוך אותה לעוד תירוץ לבקר אותו ולהקשות בכך על אוֹלְגִי. אצלו שתכתוב ביד, אם היא מעוניינת לתרגם גם בביתו. היא תדפיס במכונה בבית. בכל מקרה אַלְדו היה מרוצה יותר אילו הייתה משקיעה יותר בשיעורי הבית. הוא חיפש גישה שונה בכל פעם, אבל מאמציו העלו חרס, קלרה הייתה כמו טפלון והשאלות שלו החליקו מעליה.

"בואי נראה, היכן אתם עכשיו במתמטיקה."

"אין לי שמץ של מושג, וזה גם לא מעניין אותי. כבר בשנה שעברה לא הבנתי כלום."

"עם השכל שלך זאת לא צריכה להיות בעיה להשלים את החסר... בואי נבדוק עד איפה את מבינה, ונתחיל משם. אני עברתי כבר על כל הספר וזה ממש לא כל כך נורא."

"אַלְדו, תניח לי. אני מתרגמת עכשיו."

"אל תהיי כזאת עקשנית! למה את לא מוכנה להתאמץ כשמשהו לא נכנס לך לראש באותה הקלות כמו שפות, ספרות והיסטוריה? כשצריך גם לעבוד קצת?"

"מאין לך שהיסטוריה..."

"סתם. אני רק אומר... קיפי, הבטחת לאוֹלְגִי שתלמדי! בואי, נשב, נבדוק את המתימט...

"לא! מה לכל הרוחות אני אמורה בכלל לחַשֵׁב?!

כבר זמן רב אלדו לא שמע את הטון הזה ממנה. הוא לא ידע שילדים שמשפחותיהם נעלמו, לא סופרים. הוא כעס על חוסר האונים של עצמו.

"אז אני לא אבקש ממך יותר תרגומים!"

שעות לא דיברו ביניהם. הם רק ריגלו אחד אחרי השנייה על מנת לראות סימני כניעה. אַלְדו ניצח. אף על פי שגם הוא החזיק כבר בקושי את הביצור. רק שקלרה התחילה להיות רעבה. מאחר והיא עדיין לא הבחינה בין תחושות המחסור השונות של

עצמה, היא הרגישה רק שהיא צריכה משהו מאַלְדוֹ. היא טרקה את הספר שכבר שעות לא העבירה בו דף, החלה לפשפש במעמקי הילקוט שלה עד שדלתה משם את ספר המתמטיקה שלה. היא זרקה אותו על השולחן לפני אַלְדוֹ:

"טוב נו, אז תגיד...!"

אלדו חייך אליה בהבעת צער. הוא לא ביקש לנצח *אותה* אלא רק להתחיל... אבל האם הכרחי בכלל שבכל מצב יהיה צד מפסיד?

"בואי, נדבר קצת לפני-כן."

כפי שהחליט בינו לבין עצמו במהלך שעות השתיקה הארוכות, הוא סיפר לקלרה שלפני שבועיים הוא ביקר בבית הספר. שיש אפשרות לקבל שיעורי עזר במתמטיקה, אבל אם היא לא רוצה, אז היא יכולה ללמוד מתמטיקה בבית איתו. ושאת המורה וִידַאק, לפני שהיא נכנסת איתה לוויכוח, כדאי לשעשע באיזו עבודה מצטיינת עם ציון 100! שתתפוצץ! שבספרות... ש...

קלרה עשתה פרצוף בכל פעם שנדמה היה לה שאַלְדוֹ תמים-דעים עם מורה זו או אחרת, וחייכה בניצחון בכל פעם שהרגישה את הסולידאריות של אַלְדוֹ לצידה. באופן כללי היא נראתה די מרוצה. לאחר השתהות קצרה היא שאלה:

"בגללי הלכת לשם?"

"לא." חייך אלדו. "בגלל יַאנְצִ'י, הבן של השכן!"

"לא ככה אני מתכוונת... ואמרת להם שאתה אבא שלי?"

"לא."

"...טוב מאד. הם היו עלולים לחשוב שאני שקרנית. כי אני אמרתי שאבא שלי הוא שבוי מלחמה."

'אמרתי להם שאבא שלי שבוי...' - זה שונה מ-'אבא שלי שבוי'... חשב בליבו אַלְדוֹ. קלרה כבר שינתה את הנושא:

"שנאכל?"

"כן. נאכל."

בדיוק סיימו את ארוחת הערב כשצלצל הטלפון.

"זו בטח אוֹלְגִי!", אמרה קלרה וכבר הייתה ליד הטלפון. אַלְדוֹ לא אמר דבר כי היא נראתה כל כך שמחה.

"... מחפשים אותך", הושיטה באכזבה את השפופרת לאַלְדוֹ.

קלרה תמיד חשבה, בעצם ידעה, שבחייו של אַלְדוֹ אין אנשים אחרים מלבדה. וזה מאד התאים לה. ממשפטיו של אַלְדוֹ התברר עכשיו מהר מאד שהשיחה אמנם הייתה מיועדת אליו ולא הייתה שום טעות במספר: '...טוב, ביום שני בבוקר אבוא במילא... זה כבר עובד? ...כן בטח, יש לי זמן... עדיף שלושה בקרים, ובימים האלה אוכל לחזור גם בסביבות שש אחה"צ... באמת? מצוין. כמה נותרו עוד? כמה משפחות נענו בחיוב?'

"**מ**י טלפן?"

"שמו ג'וּלַא בָּרְטַא. הוא אחראי בשני בתי היתומים על העברת הילדים למשפחות מאמצות. עכשיו לקראת חנוכה אנחנו מארגנים לכל ילד משפחה, לכל הפחות לימי החג. בשנה שעברה הצלחנו מאד, והרבה מהמשפחות המשיכו אחר כך להחזיק בילדים... קורה שמחזירים ילד, אבל יותר ויותר ילדים נשארים במשפחות."

אַלְדוֹ ציפה לתגובה. לאחרונה עלה בדעתו שעל קלרה לדעת גם, במוקדם או במאוחר, שהוא מסייע בעבודה בשני בתי היתומים. למרות זאת שאלתה הפתיעה אותו:

"וגם אתה... תביא ילד הביתה?"

"...אני... לא."

מבטה של קלרה ננעץ עמוק ברצפה למשך דקות ארוכות. אַלְדוֹ חשב שעליו להגיד עוד משהו:

"אני לא משפחה... אני לא יודע כל כך לבשל. ובמילא אני לא חוגג כבר חנוכה."

קלרה עדיין לא הרימה את מבטה.

"אנחנו חגגנו אצל אוֹמָא וְאוֹפָּא[16]. גם חנוכה וגם את ליל הסדר... אבל *אנחנו* לא דתיים. גם אתה לא?"

"כבר לא."

"אתה מאמין באלוהים?"

"... לא יודע..."

"אתה כועס עליו?"

אלדו הנהן.

"אני לא מאמינה. ככה שאני לא יכולה אפילו לכעוס עליו."

אלדו הבין את מוסר ההשכל, אבל לא ידע איך להגיב על זה. מצד שני, קלרה כבר לקחה את העיקול הבא:

"אז על מי אני אכעס?"

זה כבר המריץ קצת את רוחו של אַלְדוֹ:

"בדרך כלל את משתמשת באוֹלְגִי המסכנה למטרות כאלה."

"אני לא!" אמרה קלרה בחיוך נבוך משהו.

בדרך כלל אימאל'ה אומרת דברים באופן כזה. היא אומרת את הדברים ללא כעס. וקלרה מרגישה אז תמיד שאלה הם דברים שהיא צריכה ללמוד להסתדר איתם בעצמה.

בהמשך, בכל זאת, היו לה מספר שאלות לגבי בית היתומים. כמה ילדים נותרו עדיין ללא משפחה? יתכן שיש שם ילדים שההורים האמיתיים שלהם מחפשים אותם רק שהם לא יודעים שהם בבית היתומים? ומה קורה כאשר ההורים החדשים לא מוצאים חן בעיני ילד מסוים? היא בחיים לא תלך לזרים...

אַלְדוֹ חייך לעצמו, לפי כך הוא לא זר בעיניה... הוא שאל אותה האם מתחשק לה אולי לשחק דמקה. הוא רכש את המשחק לפני כשבוע, ומאז שחנכו אותו קיפּי ניצחה כל משחק. הוא יילמד אותה לשחק שח.

המשחק שיפר את מצב רוחה של קלרה. במהלכו היא התחילה בפעם הראשונה לספר על התלמידות בכיתה. כמובן

---

[16] כינוי לסבתא ולסבא במשפחות דוברות גרמנית: קיצור של OMAMA ו-OPAPA, סבתא וסבא בגרמנית.

שרובן מטומטמות. אבל אָגִי פֶלְדְמָן מאד נבונה, למרות שהבנות לועגות לה. נכון, היא שתקנית מאד בחברה. אבל כשהן שתיהן יחד היא מספרת קצת, וגם לה אין אימא. גם היא לא יודעת היכן אימא שלה. ועם אבא שלה הם כל הזמן רבים. פעם, בעבר, הם היו מאד עשירים, אבל איבדו את הכול. ואחת אחרת, אִיצָה לַקָטוֹש, הייתה מאד מרוצה בפעם שעברה כשקלרה לעגה לאיזו קבוצת מטומטמות שכל הזמן אומרות לאִיצָה שהיא זונה.

"לדעתי, בגלל זה היא הביאה לי בפעם האחרונה שלושה תפוחי סטרקינג. ההורים שלה ירקנים. אתה זוכר, הבאתי לך אחד. את הכי גדול, כי הקיבה שלי ושל אוֹלְגִי יותר קטנות מהקיבה שלך."

> אימאל"ה ואבאל"ה המתוקים,
> תארו לכם, אלדו היה בבית הספר, וכל המורים יכלו לראות שיש לי לא רק את אולגי! בטח אמרו עלי המון דברים רעים, אבל בטוח שאלדו הגן עלי. הוא רוצה שאלמד כמו שצריך, כמו פעם. אתמול רבנו על זה, אבל אחר כך התפייסנו כי אלדו אוהב אותי וגם אני אוהבת אותו מאד. נכון שלא נורא? חוץ מזה לא איכפת לי ללמוד טוב, אם זה משמח אותו. גם אתם תמיד שמחתם על זה. רק שבתקופה זו יש לי יותר חשק לתרגם, כי אין אף אחד שיעזור לו בזה.

המתנדבים הצליחו לארגן כל כך הרבה משפחות מארחות, שהיה חשש שלא יוכל לסיים את מיון המשפחות עד חנוכה. השיחה המקדימה עם המועמדים היא תפקידו של אַלְדוֹ.

אם עוברים את המסננת שלו, הם מגיעים לשלב ההיכרות עם הילדים, אבל זה כבר תפקידו של מישהו אחר. ואם אַלְדוֹ חושד בדבר מה, הוא מעביר את המשפחה לעמית פסיכיאטר, לְיָאנוֹש צִ'ילֶאג, שברוב המקרים מאשר את החשד של אַלְדוֹ. יָאנוֹש צִ'ילֶאג מופתע בכל פעם מחדש מרגישות אוזנו של אַלְדוֹ לגלות נטייה

להיסטריה אצל האנשים. הם שניהם חולקים את העמדה שאסור לשלוח ילד למשפחה פגועה.

ג'וּלָא בָּרְטָא, מנהלם הטוטאלי של שני בתי היתומים, ביקש מאַלְדוֹ בקיץ 1947 למלא את התפקיד הזה. אַלְדוֹ בדיוק הגיע לשלם את דמי התמיכה החודשית שלו. שלוש-ארבע מאות פורינט הוא יכול היה להפריש כל חודש, וזה בדיוק מה שהוא עשה באותו יום. כאשר ג'וּלָא הבחין בו ליד הקופאי, הוא קרא לו למשרדו. כבר מזמן לא נפגשו. אַלְדוֹ, רק מנוכחותו גרידא של ג'וּלָא, הרגיש את עצמו כבר אומלל. אבל זאת לא הייתה אשמתו של ג'וּלָא.

"איך בעבודה?"

"בסדר. זה עושה לי טוב. את הימים אני כבר מצליח להעביר איכשהו."

"אתה מטפל במרפאה, נכון?"

"כן... כי אין שם לידות. אחרת לא הייתי יכול להחזיק מעמד."

"אתה בטוח בזה?"

"האם אני בטוח?... אני כבר לא בטוח בכלום. אני לא מסוגל להביט לילדים בעיניים. וכנראה שלתינוקות - עוד פחות."

"אתה עדיין לבד?"

"כן."

"עדיף לך ככה?"

"... אני לא מסוגל לדמיין אפילו מישהי."

"דווקא יש כל כך הרבה נשים הגונות, לבדן... יש כבר אפילו מקומות מפגש שמיועדים להיכרויות..."

"ג'וּלָא, מה רצית להגיד?"

"בסדר, הבנתי אותך. אני לא שדכן! אבל צריך ללמוד להסתדר עם מה שיש. זה מה שאנחנו עושים כולנו."

"כן, אני גם הולך לבית הספר הזה... אבל נראה שהמוח שלי לא קולט."

"תגיד, עבודה - הייתה מוכן לקבל?"

"כאן לא הייתי מעיז."

"אַלְדָר, היה לך שוב מאז...?"

"לא. אבל אם אדם התנסה פעם אחת בתגובה כזו בעבר, אז שלא יתגרה בגורל."

"אַלְדָר... בזמנו גם אני נבהלתי... אבל עכשיו, במבט לאחור... זה עלול היה לקרות לכל אחד מאיתנו. גם אני, כשהייתי במחנה ריכוז, שמעתי קולות וראיתי דמויות בערבים, במשך שבועות ארוכים. ועוד הרבה זמן אחרי זה רעד לרבים מאיתנו הפופיק, כשהיינו צריכים להעמיד את היכולות שלנו במבחן."

"אתה מנסח את זה יפה. אבל אם אתה רוצה להגדיר את זה באופן מקצועי, אז זו היא הזיה לכל דבר. אני לא מעוניין לעבוד עם ילדים. תבקש ממני כל דבר אחר, אבל... אני לא רוצה יותר לראות שוב את פניו של בני בפניו של ילד אחר."

אלדו רעד עכשיו בכל גופו.

הוא שוב ראה את עצמו בקיץ 1945, כאשר הוא יוצא בתחושת ריקנות מהחדר של הבנים הגדולים יותר, ופונה לסיור בחדרים של הצעירים יותר. הילדים מחפשים את מבטו, אבל הוא משאיר את כולם מאחריו. לא, זה לא הוא, וגם זה לא הוא וגם ההוא לא. הוא כבר בשורה האחרונה של מיטות הילדים, כמעט לא נותרו עוד ילדים שאת פניהם לא סקר. במיטה שלפני האחרונה, שוכב ללא נוע ילד, לא מתעניין בפניו האטומים של הגבר הכחוש שלפני מיטתו, הוא לא מרים מבט, רק שוכב עם עיניים עצומות למחצה. הגבות שלו מעוגלות וניתן לראות שעיניו בגוון שחור עמוק,

נחיריו צרים, וגם שפתיו בשרניות... אִישְׁטְווָאנְקָא! אִישְׁטְווָאנְקָא! זה אני, אבא! אִישְׁטְווָאנְקָא, אתה לא מזהה אותי? אִישְׁטְווָאנְקָא מביט בו מבוהל. הוא לא מזהה אותו. כי אין אִישְׁטְווָאנְקָא.

ג'וּלָא אחז בזרועו ולקח אותו אל משרדו.

"אבל זה הבן שלי הקטן... תגידו לו... לא? זה לא הוא?"

"...קוראים לו אנדריש וכסלר. הגיע אלינו מהעיר פֶּאץ'."

כעת מצפונו של ג'וּלָא נוקף אותו, והוא ממהר להחליף נושא:

"היית מוכן לעבודה אדמיניסטרטיבית? תהליכי האימוץ מאד נפוצים עכשיו."

"נדמה לי שאת זה כן... בכל אופן, אני אעז לנסות."

ככה הוא התחיל ב-1947, ולבסוף נשאר בתפקיד של סינון המשפחות המאמצות. עכשיו זאת הייתה הפעם השנייה שהוא משתתף בהכנות לקראת חנוכה. לפני ליל הסדר מתחיל תהליך גדול נוסף, ומספר הילדים בבית היתומים הולך וקטן בקצב משביע רצון. הם מתקרבים כבר למספר מתחת למאה בסה"כ בשני בתי הילדים ביחד. כעת המטרה היא למצוא די משפחות מתאימות על מנת להוריד את מספר הילדים לחצי אחרי חנוכה. שני מתנדבים סורקים את ערי השדה, אבל משם כמעט לא שרד איש.

הימים חלפו במהירות, ונותרו רק שלושה שבועות עד חנוכה. גם אם היה הולך יומיום לבית היתומים, אַלְדוֹ לא היה מתגבר לבדו על הראיונות. בשום פנים לא תוכל להגיע ביום שלישי אחה"צ? אולי ביום רביעי? שלא כדרכו, ג'וּלַא איבד את סבלנותו והתפרץ:

"בטח היום כבר כל אחד יש לו יותר מטלות וסידורים, אז כאן זה כבר פחות חשוב...! אנשים אומרים בנימוס 'תודה', הם כבר התגברו על האבל, על הלבטים, על נקיפות המצפון, וחיים את חייהם! אפילו תשלומי התמיכה פוחתים, לכולם יש כבר על מה

להוציא את כספם... בפעם הראשונה, בחודשים האחרונים, ירד סכום ההכנסה לראש!"

"נכון, ביומיים הללו אכן יש לי כבר למי לדאוג. זה רע? אבל בימים האחרים אני כאן, כשצריך. ולגבי התשלומים... הפעם שילמתי גם אני פחות מבעבר, ב-80 פורינט. אבל... מצאתי ילדה... כלומר, היא מצאה אותי. היא הייתה אנורקטית כשנפגשנו בפעם הראשונה... אז אני קונה לה, אם משהו מתחשק לה. בימי שלישי ורביעי אחה"צ אני איתה. זה טוב גם לי, זה לא לגמרי אלטרואיסטי. ללמוד היא עדיין לא מוכנה איתי, אבל גם זה יבוא. אחותה הצעירה של הסבתא שלה מגדלת אותה."

"זאת היא שענתה לטלפון כשטלפנתי? אלה חדשות טובות!"

"גם אני חושב ככה... זה לא קל. יש כל כך הרבה דאגות סביבה, לפחות כמו עם שני בנים... אבל בשבילי מצוין שהיא ילדה ולא ילד."

"ודאי. אז... אני אעשה את שני אחרי-הצוהריים הללו?"

"אני אתייעץ איתה איך נעשה את זה."

"יש אפשרות שתביא אותה לכאן, איתך? אולי הייתה יכולה להסתדר כאן, אתה לא חושב? בת כמה היא?"

"שש עשרה. אבל עכברון בגיל 12 נראה יותר מפותח ממנה. יתכן שתוכל לשחק כאן עם הקטנים... אני צריך לדבר איתה על זה. את יום שלישי הקרוב אני בכל מקרה מעוניין לבלות איתה. קשה לה עם הפתעות."

ליום שלישי הם תכננו ללכת לקנות נעליים לקלרה. אוֹלְגִי רצתה לתת את הכסף, 'בדיוק בשביל זה אנחנו מקבלים את העזרה הסוציאלית ליתומים', אבל לבסוף "הקלף" של אַלְדוֹ היה חזק יותר. הוא קיבל בונוס לחג המולד ובמילא אין לו על מה להוציא את הכסף. מסע הקניות הוכתר בהצלחה. אַלְדוֹ הבחין מזמן כבר שאין לקלרה קשר רגשי עמוק להופעה החיצונית שלה (היא מותחת ביקורת בלהט רק על ההופעה שלו), וגם אוֹלְגִי לא הפגינה סימנים

של רצון לקחת חלק במבצע. בכל זאת אַלְדוֹ חש שאין זה עניין קל לעשות קניות עם ילדה.

קלרה ניגשה מיד לאזור נעלי הילדים. ודאי גם רגליה היו קטנות. היא התאהבה מהר בזוג נעליים חצאיות בשילוב של צהב וחום. רוב הנעליים הם בצבע אחד, "וזה הרבה יותר משעמם", קבעה קלרה. גם בעיני אַלְדוֹ הזוג הזה נראה טוב, מתאים לילדה.

"אבל יש לך מספיק כסף?"

"יש לי. תגידי, קיפי, אוֹלְגִי לא רצתה עכשיו נעלי חורף בשבילך?"

"אבל אלה חורפיים! רק שהן לא גבוהות. אבל גבוהות אני לא רוצה! תראה, הן חמות! העור עבה..."

אַלְדוֹ נסוג בקלות בויכוחים מהסוג הזה. אוֹלְגִי באמת לא ציינה במפורש שהן צריכות להיות גבוהות. נעליים חצאיות הן יותר שיק. בשלג היא תנעל משהו אחר. יש את הזוג הנוסף שעכשיו חזר לא מזמן מתיקון אצל הסנדלר והמים כבר לא חודרים לתוכן.

כששבו הביתה, קלרה דילגה בשמחה על פני כל הבית עם הרכש החדש. נכון שהן נורא חמודות? יוּלִי סַלַאִי בטח תקנא. אבל כל היתר בטח יאהבו אותן בכיתה. כמובן מלבד הגברות ההן, אבל הן במילא לא נחשבות...

אַלְדוֹ התחיל להשחיל לאט-לאט את יום רביעי ואת נושא מבצע חנוכה. הוא חזר והדגיש עד כמה חשוב עכשיו לדבר עם כמה שיותר מועמדים, כדי שימצאו בית לכמה שיותר ילדים. קלרה האזינה להצעה של אַלְדוֹ באותה חשדנות כמו בפעם הקודמת.

"לא הייתי רוצה שבגלל זה לא נתראה עכשיו במשך שלושה שבועות... אולי תוכלי להכין לבד את שיעורי הבית ואז לבוא לבית היתומים ושם תוכלי לשחק עם הילדים, בזמן שאני...

"לא! אני לא הולכת לבית יתומים! לא אלך לבית יתומים! לא! לא... אני לא יתומה! לא!"

קולה הלך והתעצם, היא כבר צעקה. צרחה. אַלְדוֹ ניסה לחבק אותה, אבל היא התכרבלה בתנוחה עוברית על הרצפה. הגב שלה עור ועצמות... היא השמיעה כבר רק את המילה "לא!",

בתחילה בכל כוחה ולאט בקול הולך ונחלש. אַלְדוֹ הרים את החבילה האומללה מהרצפה והתיישב בכורסא כשהיא בין זרועותיו. דמעותיה זלגו כנהר ונספגו בחולצתו. כשצעקותיה החלו להיחלש הוא הרגיש שגם משהו טוב מתרחש שם, עמוק בפנים. כי שריריה של קיפי היו פחות קפוצים. נראה היה שהיא חצתה איזשהו גבול, של ממלכה אבודה, שניתן להבחין בו רק במבט לאחור. שניהם הכירו אותו כבר היטב.

***

פרק 2

רפאנו ה' ונרפא
(דצמבר 1948 - דצמבר 1949)

למחרת בבוקר אָלְדוֹ עבד בבית היתומים ומשם הלך ישר למרפאה. האסיסטנטית שלו, אלוירה, שהתמצאה כבר בקשריו האישיים החדשים, קיבלה את פניו בהודעה שאוֹלְגִי התקשרה: לקלרה יש חום גבוה, שלחו אותה הביתה מבית הספר, האם הוא יוכל לבוא אליהן אחרי שיסיים את הקבלה.

הוא ניגש מיד לטלפון. שלושים ותשע נקודה חמש? מה כואב לה? הזמינה כבר את רופא הילדים? באיזה שעה אמור להגיע? שאוֹלְגִי תשים לה קומפרסים ושתחליף אותם לעיתים תכופות. שתשקה אותה בתה פושר. כשהרופא יגיע שתתקשר אליו כי הוא רוצה לדבר איתו. וקלרה רוצה לדבר איתו. הקול שלה נשמע ממש חלש. נכון שהוא יבוא אחר כך? שימהר. הקומפרסים מגעילים. כן, אבל זה מועיל. שתהיה טובה, שתשמע בקולה של אוֹלְגִי... אי אפשר לדעת האם הוא ייתן לה זריקה או לא, אבל זה בדיוק עניין של שנייה אחת... בודאי שהוא ימהר. בשש וחצי הוא יהיה אצלן.

אָלְדוֹ קיבל שתי מטופלות וחייג שוב. עוד לא הגיע? כדאי להתקשר אליו שוב. ארבעים מעלות? שאוֹלְגִיקָה תכין אמבטיה קרה. קלרה לא רוצה. עכשיו מצלצלים בדלת. כעבור רבע שעה אוֹלְגִי התקשרה שוב. הוא רשם אנטיביוטיקה. הקומפרסים יורידו לה את החום, והוא אמר שהיא רק מקוררת. והוא לא הסכים שאתקשר אליך, הוא אמר שאין צורך ואין לו זמן. ושבגיל כזה כבר לא מקובל לקרוא לביקור בית. היא כבר בכלל לא ילדה, למה לא הזמינו רופא משפחה רגיל.

אָלְדוֹ קיבל שתי מטופלות נוספות כשאלוירה ביקשה רשות לצאת לירקן. ניתן להשיג עכשיו לימונים, ואֶוִויקֶה, ממרפאת אף-

אוזן-גרון, כבר עומדת בתור שם ושומרת מקום גם עבורה. אָלְדוֹ הסכים הפעם ברצון. ככה היה לו יותר קל לקחת פסק זמן לענייניו. הוא שלף את פנקס מקומט וניגש לטלפון. הוא התקשר לכל מכריו הישנים ושאל אותם את אותה שאלה, האם ידוע להם דבר-מה על פִּישְׁטָא זֶיילְמַן? האם הוא חזר? לא? תודה. בטלפון הרביעי הוא קיבל את מספר הטלפון החדש שלו ובמספר החדש הוא קיבל מספר נוסף. קול קליל של אישה מבוגרת ענתה, לא, היא לא אנה זֶיילְמַן. אבל כן, פִּישְׁטָא נשאר בחיים, הוא חזר! ובאיזה שעה הוא חוזר הביתה? האם יוכל להתקשר לאַלְדָר קֶרְנֶר כשיגיע? עד שש הוא במספר הזה, ומשש וחצי במספר ההוא.

אלוירה חזרה מהירקן בהתלהבות: תוך כדי המתנה בתור היא נזכרה פתאום שאולי גם הדוקטור יוכל להביא לימונים לילדה, והירקן היה כל כך בסדר, הוא הסכים לחלק בין השקיות שלה ושל אֵוִויקֶה הקצבה נוספת, למרות שזה אסור, כי מותר לו למכור רק חצי קילו לבן אדם. קיפי בטח תשמח נורא, חשב אָלְדוֹ. בנוסף ללימונים הוא שמח גם על כך שאלוירה מתחילה לגלות פנים אנושיים. כשהתחילה לעבוד איתו, מחוות כאלה לא נראו אצלה. בחמש הוא שוב התקשר לאוֹלְגִי. הוא מנסה להשיג רופא ילדים נורמאלי. היא נרדמה? זה טוב. כן, הוא ממהר.

היום קרה לו בפעם הראשונה שהוא חש כאילו שיש לו יותר מדי מטופלות. בשש וחצי אלוירה הושיטה לו את השפופרת:

"דר' זֶיילְמַן מחפש אותך, דוקטור."

בשעה שבע אָלְדוֹ ופִּישְׁטָא זֶיילְמַן ישבו לצד מיטתה של קלרה. גם פִּישְׁטָא הזדקן מאד, על אף שלא מלאו לו עדיין שישים. אך נראה היה שקסם חיוכו לילדים לא פג. אוֹלְגִי עברה מרגל לרגל לידם. כנראה בגלל השיעול הבלתי פוסק קלרה דיברה פחות מהרגיל, בקול דק וחלוש, מעורר חמלה. בחולשתה, עם עיניה הבורקות בגוון ירוק כהה, היא נראתה ללא גיל. למרות זאת היא לא נראתה אומללה. אָלְדוֹ חשש שהיא תתנגד לביקורו של רופא נוסף, אבל זה לא קרה.

"אני רוצה לשמוע את הריאות שלך. מוכנה להוריד את הכותונת?"

"כן, אבל שאָלְדוֹ יסתובב."

"הינה, אני מסתובב."

אוֹלְגִי חייכה על דבריה של קלרה, וקלרה כמובן התעצבנה על כך. אבל גם את הכדור הזה היא השיבה במתינות:

"טוב, עכשיו אָלְדוֹ לא על תקן רופא!"

"ודאי, קיפיל'ה, את צודקת."

פִּישְׁטַא זַיילְמַן ערך את הבדיקה לאט וביסודיות, כדרכו, מכריז על כל פעולה שהוא עומד לבצע לפני שהוא מתחיל בה. אָלְדוֹ למד את הגישה הזאת ממנו כאשר פִּישְׁטַא היה מטפל בילדים שלו. מאז גם הוא מסביר כל דבר למטופלות שלו. בהתחלה אלוירה התייחסה בחיוך מתנשא לגישה הזאת, אבל היום היא כבר מכריזה במעין גאוות יחידה שבגלל זה מגיעים לדר' קֶרְנֶר פי שלוש מטופלות מאשר לרופא השני שעובד במרפאה!

"כואב לך כשאת נאנחת?"

"קצת דוקר לי שם מאחורה."

"ובמקום אחר?"

"לא."

"מה אכלת היום?"

"היא לא רצתה לאכול, אפילו בצוהריים..." התלוננה אוֹלְגִי.

"את ארוחת העשר שלך אכלת?" שאל אָלְדוֹ.

"לא. היא עדיין בתיק שלי."

"כמה היא שתתה היום?" שאל פִּישְׁטַא את אוֹלְגִי.

"שתיים-שלוש כוסות תה..."

"זה לא מספיק! כל שעתיים צריך לרוקן ספל גדול! אחרת היא תתייבש. אנחנו צריכים להימנע שהיא תגיע לבית חולים."

"אני לא הולכת לבית חולים!"

"אם תעשי מה שאומרים לך הסיכויים שלך טובים שתחלימי בבית." הסביר לה פִּישְׁטַא. "קודם כל, אסור שהחום שלך יישאר כל

כך גבוה. את יודעת... קומפרסים, אמבטיה קרה. לא כל כך נעים, אבל אפשר לעמוד בזה. והבאתי גם נר..."

"אני שונאת גם את זה!..."

"קיפיל'ה, את הדברים האלה לא המציאו לצורכי בידור," התערב אָלְדוֹ. "המטרה שלהם היא לרפא. תקבלי פיצוי אחר-כך, טוב?"

"איזה פיצוי?"

"... נגיד... מִנְיוֹן."

"לא בא לי עכשיו מִנְיוֹן..." ועכשיו גם היא צחקה כבר, דבר שגרם לה להשתעל.

"שנית," המשיך פִּישְׁטַא, "את צריכה לשתות הרבה. אני יכול לבדוק את הבטן שלך?"

"אָלְדוֹ..."

"הינה, אני מסתובב."

בלילה מצבה של קלרה היה עדיין מדאיג. החום לא ירד. היא גנחה, נאנחה, וכמעט לא הגיבה למבוגרים שסביבה, הייתה על סף הזיות. לפני חצות, ושוב לפנות בוקר, עשו לה אמבטיות קרות. אָלְדוֹ העביר אותה עם הכותונת לילה שלה לאמבטיה, והחזיק אותה במים עד שלא יכול היה יותר לשאת את הטרוניות שלה.

לימונדה הייתה הדבר היחידי ששימח אותה. לאחר כל כוס תה הייתה זכאית ללימונדה. עם הרבה סוכר. באחת הלגימות היא הקדימה קנה לוושט ובקושי הצליחה לעצור את השיעול. אָלְדוֹ טפח על גבה בפנים מודאגות, חקר בדאגה את פניה ואת נשימתה. אחר כך השכיב אותה וניגב את מצחה במגבת לחה. תוך מספר דקות נראה היה שהיא נרדמה והוא יצא מהחדר. ברגע שאוֹלְגִי שמעה את חריקת דלת המטבח היא באה בעקבותיו. אולי הוא רעב. היא תכין לו משהו. המטבח היה חשוך, מלבד מעט האור שחדר מהרחוב דרך החלון. אָלְדוֹ עמד עם גבו לדלת, מנענע את ראשו קדימה ואחורה. אוֹלְגִי זיהתה את המלמול: "רפאינו ה' ונרפא...". את ההמשך היא כבר לא ידעה: "פנה אלי וחנני כי יחיד אני ועני".

אוֹלְגִי סגרה את דלת המטבח בשקט. כמה טוב שהאיש היקר הזה גם... כמה טוב שהוא כאן. סוף-סוף היא לא צריכה להתמודד לבדה! אפילו בתפילות... זה לגמרי שונה כשגבר מתפלל! זה הרי תפקיד של גברים! מי בכלל היה מחשיב בעבר את דבריה? רק דבריהם של שלושת הגברים שלה היו נשמעים. הקדוש-ברוך-הוא הקשיב להם - כשהוא האזין עדיין... למה קלרה אומרת שגם אָלְדוֹ לא מאמין באלוהים?

קלרה ישנה שינה עמוקה ורגועה כאשר אָלְדוֹ יצא בשש בבוקר לביתו כדי להתרחץ ולהחליף בגדים. הוא אמר לאוֹלְגִי שהוא יקפוץ לזמן קצר אחרי שתיים, אחר כך הוא חייב ללכת לבית היתומים. רצוי שתכין איזשהו מרק קל עבור קלרה, אבל עם מלח, ושתחלק את שני הלימונים הנותרים כמיטב יכולתה, ושלא תכסה מדי את הילדה. אוֹלְגִי שתתה בנפש חפצה את הנחיותיו. בזמנו, היא גידלה שני בנים ולא הייתה זקוקה לעצות כיצד לטפל בהם, גם כשהיו חולים. אבל היום לא היה חסר לה שום דבר יותר מאשר שמישהו יגיד לה סופסוף מה נכון לעשות...

אָלְדוֹ התקשר כבר בשעה תשע כדי לדבר עם קלרה.

"מה שלומך קיפיל'ה?"

"... בסדר ..."

"את לא נשמעת ככה."

"דווקא כן."

"מה קורה?"

"כלום."

"תגידי!"

"... כי לא הערת אותי..."

"למה שאעיר אותך?! כל כך שמחתי שאת ישנה סופסוף!"

דממה.

"שינה חשובה מאד להחלמה..."

עדיין דממה. מה עוד ניתן לומר? אבל אם היא מזעיפה פנים זה סימן שהיא כבר מרגישה יותר טוב.

"את היית מעירה אותי אם אני הייתי חולה והייתי סוף-סוף נרדם?"

"... אני לא הייתי עוזבת אותך *ככה*..."

עכשיו אָלְדוֹ שתק ובלע.

"אני יודע. את חכמה יותר. את יודעת טוב יותר מה חשוב. את כועסת עלי?"

"הממ... עכשיו כבר לא."

"ומה המצב לגבי המִנְיוֹן?"

"אחר כך... מחר בטוח. אבל אם תביא לי אותם כבר היום הם בטח יישמרו עד מחר."

כאשר אַלְדוֹ הגיע בשתיים וחצי, עמוס במבחר סוגי מִנְיוֹן, ביצים ותפוחי עץ, הוא מצא את קלרה במיטתה - כלומר בצידה האחד של המיטה הזוגית של אוֹלְגִי, כאשר בצידה השני מונחת ערימת עיתונים סאטיריים מלפני המלחמה, מהאוסף של אוֹלְגִי. החום ירד לה קצת וגם אכלה מעט מרק. שבירותה מאתמול התמתנה למין לאות והיא נענתה ביתר רצון 'לאינסטינקט התרנגולות' של אוֹלְגִי. אָלְדוֹ היה מתוח לקראת הראיונות בבית היתומים. להפתעתו קלרה העלתה את הנושא, ודי מהר.

"עם כמה משפחות אתה נפגש היום?"

"ארבע או חמש."

"והם יודעים כבר איזה ילד הם רוצים?"

"יש כאלה שכן..."

"ומה אם הילד לא יהיה כמו שהם רוצים? אם הוא לא ימצא חן בעיניהם? אי אפשר סתם ככה להחזיר ילד! אחרי שהוא כבר חשב שיש לו בית!"

אָלְדוֹ הבין היטב את נושא השיחה.

"בדיוק זאת היא החשיבות של האירוח בחנוכה או בכל אירוח אחר שאנחנו קובעים, שכל אחד יוכל להכיר את השני לפני שהם ירגישו שזוהי בחירתם הסופית."

"וגם לילד יש זכות להגיד שהוא לא רוצה?"

"בטח. הוא הכי חשוב."

"אבל אז מי יהיה לו?"

"הוא יוכל למצוא לעצמו מישהו אחר. יש ילדים שיודעים בדיוק למי הם זקוקים."

"כן, זה נכון."

"נכון?... טוב, קיפיל'ה, אני הולך עכשיו. אחזור בערב, ואם תשני אז אני אעיר אותך."

קלרה הושיטה את זרועותיה אל עבר אָלְדוֹ. זאת הייתה הפעם הראשונה שהם נשקו כך, אחד את לחיו של השני.

כשאַלְדוֹ שב בסביבות תשע בערב, אוֹלְגִי קיבלה את פניו עם החדשות שדר' זָיילְמַן היה קודם בביקור אצל קלרה. לא הייתה שום בעיה, לא הם שקראו לו, הוא בא ביוזמתו. הוא היה שבע-רצון מהשיפור. ולא היה מוכן לקבל תשלום. קלרה נופפה בעליזות ממיטתה לעבר אָלְדוֹ. החום שלה כבר רק 38. ואָלְדוֹ בישר בשמחה שאת הפגישות של מחר בבוקר ג'וּלַא בַּרְטַא יעשה במקומו.

"למה? כי אמרתי לו שאת חולה..."

"מאיפה הוא מכיר אותי?"

"אני סיפרתי לו עלייך."

"באמת? מה סיפרת?"

"שקיפוד חמוד יותר ממך הוא בטוח לא פגש בחיים."

"נו, באמת... מה סיפרת לו?"

אָלְדוֹ היה כבר מאד עייף. לא כמו פעם, כשהיה מתפקד לאחר אין ספור תורנויות לילה במחלקת היולדות, התקשה לעמוד בקצב שאלותיה של קלרה.

"יהיה בסדר אם אספר לך מחר?"

קלרה לא למדה עדיין להבחין בין עייפותו האמיתית של אָלְדוֹ לבין אותה עייפות שהיה משדר במהלך ויכוחים. למעשה, בשלב זה היא הכירה רק את הסוג האחרון. אך אותו - הכירה היטב.

"אמרתי משהו לא טוב שוב?"

"לא, קיפיל'ה, אני פשוט עייף מאד. לא אשאר הרבה, אני רוצה ללכת לישון. אחזור בבוקר. מחר אוכל להישאר עד הצוהריים."

"אל תלך הביתה! אתה יכול לישון גם כאן!"

אוֹלְגִי הרגישה שכבוד הוא לה אם יישאר ללילה וניסתה לעכבו. אָלְדוֹ מיאן להישאר, אך לבסוף קלרה ניצחה. אוֹלְגִי הוציאה מאחד הארונות, שכבר שנים לא היה בשימוש, פיג'מה של גברים מגוהצת למשעי, והלכה להציע מיטה עבורו. אָלְדוֹ ניגש למקלחת. שתי הספות הפנויות בבית נמצאו בחדר הילדים. מאז 1945 אחת מהן שימשה את קלרה - אם-כי מאז שישנה לצידה של אוֹלְגִי היא רק הייתה נוהגת לקרוא עליה במשך היום, והשנייה - הייתה של ג'וּרִי. מאחר וזה כשנה וחצי לא ישנו על שתיהן, עכשיו הבליח בראשה של אוֹלְגִי הסידור של החדר בעבר הרחוק, אז לַצִּי היה ישן על זאת שליד החלון ואילו אֶרְוִוין ישן על הספה הפינתית. גם כמבוגרים כשהיו מגיעים לביקור בבית.

"אוֹלְגִי!" קראה קלרה בקול צייצני חדש שלא השמיעה כמותו בעבר. מאחר והתשובה אחרה לבוא היא המשיכה לשדר: "...אז גם אני רוצה לישון שם ב..."

אוֹלְגִי הופיעה בדלת. כשקלרה ראתה את הבעת פניה, היא השתתקה.

"מה את אומרת, בובה?"

"לא... שום דבר... אוֹלְגִיקָה, אל תהיה עצובה... תאכלי גם את מִנְיוֹן! אמרת שאָלְדוֹ הביא הרבה, נכון?"

למחרת בבוקר קלרה הכריזה שהיא רעבה. אולי אפשר לקבל שוקו. אָלְדוֹ ירד למכולת לחפש אבקת קקאו, למרות שהסיכוי למצוא היה קלוש. בינתיים אוֹלְגִי הציעה גם את המיטה השנייה בחדר הילדים על פי בקשתה של קלרה, כי 'שם יהיה יותר נוח להראות לאָלְדוֹ את כתבי העת ואת הספרים המקצועיים של אבאל'ה'. ספרים אלה אוחסנו בארגז המצעים במיטה ששימשה

בעבר את ג'וּרִי וגם בתחתית ארון הבגדים. כמחציתם של כרכי הספרות היפה מצאו את מקומם על גג הארון, והמחצית השנייה על הארונות שבחדרה של אוֹלְגִי. המילונים היו מונחים על שולחן הכתיבה שניצב ליד החלון, בצידה של מכונת הכתיבה. בשבוע האחרון קלרה הייתה עסוקה בלסמן ברצועות נייר, על תקן סימניות, את כל המאמרים מגיליונות ה-*Wochenschrift* אשר בוודאות, כנראה, עסקו בגניקולוגיה. גיליונות אלה היו מונחים כבר בערמה נפרדת על הרצפה. קלרה התחילה עכשיו לארגן את הדברים ואוֹלְגִי ניסתה, ללא הצלחה, לשלוח אותה חזרה למיטה. כי היה לה עדיין חום. לאחר זמן מה קלרה שוב הרגישה רעב. איפה אָלְדוֹ כל כך הרבה זמן? עכשיו נעמדה בחלון. לשווא הציעה אוֹלְגִי שהיא תתצפֵּת עליו. היא לא רצתה לחם עם חמאה וגם לא תה מתוק. קלרה הייתה יותר ויותר אומללה. היא העיפה מעליה בכעס את החלוק שאוֹלְגִי הניחה על כתפיה והייתה כבר קרובה לדמעות.

כעבור חצי שעה נוספת של המתנה, אָלְדוֹ הגיע. הוא ניחש שקלרה תזעיף פנים, ולמרות זאת הוא לא ויתר על העמידה בתור, לימונים! דווקא אצל אותו ירקן שלא התכוון ללכת אליו. פשוט הוא הבחין בתור הארוך כאשר חיפש את החנות השלישית, שלהערכת המוכר מהחנות השנייה היה בה יותר סיכוי להשיג קקאו. והוא אכן השיג. פתאום נזכר שאולי גם חלב אין בבית, והוא צדק לגמרי, אך הוא לא הביא איתו כד. על זה אפילו אוֹלְגִי לא חשבה. אך שוב היה לו מזל, במקרה היה למכירה גם חלב בבקבוקים. הוא לא קנה כזה מאז המלחמה. בעצם, גם לא בכד.

"**א**תה ממש מטומטם כי לא הודעת כלום...!" אמרה קלרה כשפתחה את הדלת לאָלְדוֹ.

אוֹלְגִי שלחה מבט מלא תרעומת לעבר קלרה ומבוכתה רק גדלה כאשר לקחה מאָלְדוֹ את שקית הלימונים, את בקבוק החלב הצונן ואת אבקת הקקאו. קלרה עלתה למיטה בעלבון מופגן. היא

התכוונה להמשיך להחמיץ פנים כשהבחינה איך אָלְדוֹ מנסה לכסות את מקסימום השטח מהרדיאטור שיכל.

"קר מאד בחוץ?" שאלה בנימה של נקיפות מצפון, כאילו שאימאל'ה לחשה על אוזנה. היא הרגישה שעכשיו זה תורה, שהיא חייבת לעשות גם את המהלך הבא.

"די קר..."

"גם אוֹלְגִי אמרה כך. מינוס 12?"

"אני לא יודע. אבל מה שבטוח הוא, שטוב שאת לא צריכה לצאת היום."

קלרה חשה שהעניין עדיין לא סגור. מתפקידה להתאמץ יותר כדי לפייס את אָלְדוֹ. היא הכירה אותו כבר מספיק טוב כדי לדעת זאת. גם לאבאל'ה אי אפשר היה לזרוק ככה כל דבר. כאשר הם, הילדים, היו עוברים איזשהו גבול, הם ידעו זאת מיד מהתנהגותו המרוחקת, הקרה שלו. כאילו שהוא זר. נראה שזו גם השיטה של אָלְדוֹ.

"אם הייתי יודעת שאתה עומד בתור הייתי פחות מודאגת..."

"ודאי."

טוב, כנראה שזה לא עזר.

"חבל שאי אפשר לשים בכיס את הטלפון, ואז אפשר היה להתקשר הביתה מכל מקום..." קלרה ניסתה שוב.

על פניו של אָלְדוֹ התגנב עכשיו חיוך קטן למשמע הרעיון המשעשע הזה. קלרה המשיכה. לאחר שתיקה קצרה היא הסתובבה אל הקיר ואמרה:

"אם גם אתה תיעלם, אני לא רוצה להמשיך לחיות."

בעיתוי מופלא אוֹלְגִי הביאה שני ספלי קקאו מהבילים.

בבוקר קלרה הזמינה 'חלב ציפורים עם איים צפים' אצל אוֹלְגִי - והיא הכינה, צιננה והגישה לה אותו בשמחה. הבנות עמדו על כך שאָלְדוֹ יאכל מהכול. בהמשך קלרה ביקשה מאָלְדוֹ להעביר לחדר את הכורסה הגדולה, ולהציבה בדיוק ליד ערימת הירחונים

הממוינים. אָלְדוֹ הכין לה "קן" בכורסה, אחר כך עברו יחד על הכותרות כדי שאָלְדוֹ יוכל להחליט איזה מהמאמרים מעניינים אותו. היה עליו גם לקבוע את סדר העדיפות לתרגומים. הוא נענה לכל הדברים האלה, אבל בינתיים שקל מה הוא יכול לבקש מקלרה בתמורה. אולי שתשב איתו מתישהו ללמוד מתמטיקה? או אולי לעבור על החומר בכימיה? אבל מאז 'העלבון הגדול' הוא לא העיז להעלות נושא כזה. היה זה המזל ששיחק לידיו, כשעיין כבר במאמר העשירי בערך.

"זה מאמר חשוב מאד, אבל לא נראה לי שתוכלי להתמודד איתו כי יש בו המון כימיה."

הוא עקב אחר תגובתה ככל שהיא התעמקה במאמר, וזיהה איך רוח הקרב הולכת ונחלשת, ולעומתה נואשות משתלטת על הבעתה. בשקט של ההולך לזכות במשחק פּוֹקר, הוא שלף את הקלף האחרון:

"בואי, נעזוב את זה..."

"לא! אם אני רוצה להבין משהו, אז אני מבינה אותו!... מה, נדמה לך גם שאני מטומטמת, כמו וִידַאק המורה האיומה הזו?!"

אָלְדוֹ גיחך:

"חלילה. אם כך, אני לא אעמוד בדרכך..."

"עדיף לך!" השיבה קלרה בהתנשאות של נעלבים.

"... בנוסף לכל, זה המאמר הכי דחוף לי."

"אל תדאג!... אָלְדוֹ תביא לי מְנְיוֹן שוקולד... בבקשה."

המְנְיוֹן הגיע חיש ומצא את קלרה מפשפשת בתחתית הארון.

"למה את לא ב'קן' שלך? בעצם היית צריכה להיות במיטה."

"אני לא מוצאת את ספר הכימיה של שנה שעברה, והוא אמור היה להיות כאן..."

קלרה ביקשה מאָלְדוֹ שעכשיו, כשהוא הולך הביתה, שייקח משם את הספר של *קוֹסְטוֹלָאנִי*[17] שהפסיקה באמצע העבודה, ושיביא לה אותו בערב. שלא יעשה קניות, רק שימהר לשוב ושיביא איתו גם את כלי הגילוח שלו, כי זו הסיבה היחידה, כרגע, ללכת הביתה.

"למה אתה מסתכל עלי עכשיו ככה?"

אָלְדוֹ שתק רגע. אחר כך פתח בקול שליו ונינוח, שכאילו אבאל'ה שידר לו:

"קיפיל'ה... אני לא עובר לגור כאן. אבל אני לא הולך להיעלם. אני אגיד לך תמיד איפה אני נמצא. אני משתדל להגיע בזמן. ואם אני מאחר, תמיד תחשבי על כך שעכשיו כבר אין מלחמה, אבל יש תורים, חשמליות עמוסות ואיטיות או שבמרפאה יש יותר מטופלות מהרגיל. אני לא נעלם. מבטיח."

אימאל'ה, אבאל'ה, אוֹמָא, אוֹפָּא, יוּטִיקַה יקרים, באשר אתם! תארו לעצמכם, אָלְדוֹ יבוא אלינו לחנוכה! יהיה חנוכה אמיתי עם גבר! אבל אתם, כולכם, מאד חסרים לי. עכשיו אני בוכה. ואוֹלְגִי בכתה מרוב שמחה שאָלְדוֹ יבוא. אני כבר יודעת לזהות על פניו של אָלְדוֹ מתי הוא היה בוכה, אם הוא לא היה גבר. במצבים כאלה אני מתחילה לעשות צחוק מכל מיני דברים וזה משפר לו את מצב הרוח. אני לא הייתי רוצה להיות גבר, כי אז גם אני לא הייתי יכולה לבכות.

בימי שלישי הם למדו מתמטיקה ופיזיקה, בימי רביעי כימיה וביולוגיה. השינוי לא נוצר בגלל שקלרה הפכה פתאום לציירתנית וגם לא בזכות התפיסה הלוגית המהירה שלה, אלא בזכות יכולתו של אָלְדוֹ לשנות את "הדיסק" בראש שלה בנקודת חשיבה מסוימת. בעבר הוא לא היה מעלה בדעתו להתייחס בציניות

---

[17] DEZSŐ KOSZTOLÁNYI, 1885-1936: אחד הסופרים ההונגריים החשובים במאה ה-20.

למורים שלה. אבל זה בדיוק מה שעבד אצל קלרה. אולי, חשב לעצמו, גם אצל הבנים שלו זה מה שהיה עובד, אילו הם היו עומדים כאן היום, כמו קלרה, לאחר כל האבדנים, עם הבדידות והרעב לתשומת לב?

"לא משנה מה אני אכתוב, לוִידָאק זה לא יהיה טוב בכל מקרה... גם אם לא תהיה לי שום טעות, היא לא תיתן לי יותר משש..."

"את מי וִידָאק מעניינת בכלל? ***אני*** הייתי מאד גאה בך אילו היית מתמצאת כבר בטבלה המחזורית. הלא זה רק משחק של היגיון, בדיוק מה שאת אוהבת! התפקיד של וִידָאק הוא להעביר אותך כיתה בביולוגיה. כי אם היא מעבירה אותך אז את תוכלי לעשות בגרות, ואם תעשי בגרות אז תוכלי סופסוף ללמוד את מה שבאמת מעניין אותך!"

מאחר וקלרה האזינה בעניין גדול לדבריו, אָלְדוֹ המשיך:

"את לא צריכה לאהוב את וִידָאק, וגם אל תצפי שהיא תאהב אותך! היא לא מסוגלת אפילו להכיר אותך טוב כפי שאת באמת! אבל זה גם לא חשוב. היא בן אדם לגמרי לא משמעותי בחיים שלך."

אם רק היו שומעים את זה הוריו...! 'תתייחס בכבוד לכל אדם מלומד!', 'תשקיע את כל המאמצים בכל דבר שאתה עושה!', 'מה שלא תעשה - תעשה הכי טוב שאפשר!'. אבא מסכן, יהי זכרו ברוך...

בבית הם לא התקדמו בלימודים משיעור לשיעור כמו בבית הספר, כי קלרה ביקשה קודם לקבל מושג כללי על הנושא כולו. היא מצאה עניין בפרטים רק כאשר היא הבינה את ההקשר של כל פרט ופרט לתמונה השלמה. לדוגמה, היא התלבטה על תהליך של הנוסחה הכימית:

"אָלְדוֹ, תסתכל רגע! $4HCl + O_2 \rightarrow 2H_2O + 2Cl_2$... אתה רואה?"

"אני רואה. זה בסדר, לא?"

"... בהתחלה הם היו משפחה אחת," היא הסבירה בטון סיפורי, "החנקן והכלור והם היו ארבעה. אחר כך הגיע החמצן, לקח מהמשפחות את החנקנים, ואז הם הפכו למים וזרמו להם הלאה משם. אז נשארו רק הכלורים והם התכרבלו בזוגות."

מבטו של אָלְדוֹ הפך לזגוגי. הוא נד בראשו למען הנימוס, אחר כך קם ויצא למקלחת.

קלרה חשה שאָלְדוֹ לא הלך לעשות פיפי. היא עקבה בדאגה אחר הדלת הנסגרת. היא המתינה רגע... אולי בכל זאת. אבל בדברים כאלה היא בדרך כלל לא טועה.

"אָלְדוֹ!" היא קראה לו.

אין תשובה.

"אָלְדוֹ!"

"תכף...", הגיעה סופסוף התשובה בקול חלש.

קלרה המתינה עוד רגע.

"אָלְדוֹ... בגלל הכלור?"

"אני מגיע... תכף."

קלרה הצמידה אוזן לדלת. המים זרמו בעוצמה לתוך האמבטיה. רק את קולם היה אפשר לשמוע. כן, זה בגלל הכלור... אז למה היא מאיצה בו? אם אָלְדוֹ מעדיף עכשיו להיות שם אז שיהיה שם... גם היא לא סובלת שאוֹלְגִי לא מניחה לה כשיש לה מצב רוח רע. אבל היא רק רוצה לנחם אותו עכשיו... אולי זה גם מה שאוֹלְגִי רוצה במצבים כאלה?... טוב, היא תחכה עד שייצא.

"אני רוצה רק לחבק אותך... אבל אם אתה מעדיף... אז תישאר עוד..."

אָלְדוֹ היה אסיר תודה על הרשות שקיבל. הוא התעכב עוד שתיים-שלוש דקות. ההמתנה הייתה קשה לקלרה. היא התיישבה על הרצפה והשעינה את גבה על הקיר. כעבור זמן קצר פסק רעש המים והדלת נפתחה סופסוף. קלרה התרוממה והושיטה כלפי אָלְדוֹ את זרועותיה הפתוחות - בפעם הראשונה מזמינות אותו לחיבוק אוסף, מנחם. אָלְדוֹ הניח לה לחבק אותו. אחר כך הרים בכבדות נוראית את זרועותיו והשיב חיבוק, חוזר שוב לתפקידו

הקודם כבוגר, הורי, וליטף את ראשה ברכות. כעבור זמן מה הוא אמר:

"אז אנחנו הכלורים?"

"אהממ... וגם מצאנו אחד את השני..."

אָלְדוֹ לא חשב שקלרה אי פעם תסגור בתוכה את הפער ביניהם בהשלמת תהליכי האבל, ובוודאי שלא הניח שתעשה זאת אף בשלמות ממנו. אבל ילדים, כנראה, מחלימים מהר יותר. במידה והם עולים על מסלול ההחלמה.

"רק את ידעת מה נכון לעשות, אני לא." ליטף עדיין את שיערה.

קיפי נצמדה אליו חזק.

"כן, אבל אתה מאפשר לי לעשות את זה..."

"איזו זכות!" חייך אָלְדוֹ. "אנחנו גברים, נדמה לנו שהפתרון הטוב ביותר הוא להחזיק מעמד, תמיד".

כל שבת שנייה היא חופשית, ובימים אלה אָלְדוֹ מחכה לקלרה ליד בית הספר כדי ללכת יחד הביתה לארוחת צוהריים שבתית אצל אוֹלְגִי. יום שני הוא היום היחידי שהם לא מתראים. קלרה מגיעה כל יום שלישי אחרי הצהרים לאָלְדוֹ והוא מלווה אותה ביום רביעי בבוקר לתחנת החשמלית. ביום חמִישִי היא שוב אצלו וביום שישי בבוקר הם יוצאים ביחד, קלרה לבית הספר ואָלְדוֹ לבית היתומים. בשבתות הם שלושתם ביחד מהצוהריים ועד הערב. לפעמים יש להם תוכניות משותפות גם בימי ראשון, אבל אז זה תמיד שלושתם, כי יום ראשון הוא יום-אוֹלְגִי. כשזה קורה, יום שני כבר עובר בקלי קלות. הם מדברים בטלפון. בימי שני הוא עושה את הקניות לכל השבוע, כדי שביום שלישי בערב, כשקלרה מגיעה, כבר יהיה בנמצא משהו טרי וטעים לארוחת הערב בשבילה, וכדי שבבוקר יוכל להכין לה קקאו, ושבסנדוויץ' יהיה גם משהו מזין נוסף, יותר מסתם חמאה.

יומני החדש והחביב!
היום (באמת במקרה!) צותתי לשיחה בין אָלְדוֹ לאוֹלְגִי. אוֹלְגִי מתלוננת שהרבה פעמים אני לא אומרת שלום לאָלְדוֹ.
אגב, גם לה אני לא אומרת אבל היא לא מעירה לי על זה. אָלְדוֹ אמר לה שלדעתו אני עושה זאת מפני שאני רוצה להעמיד פנים כאילו שאנחנו תמיד נשארים באותו המקום גם כשמישהו צריך ללכת למקום אחר, ואז אין צורך להיפרד. זאת מכיוון שלאחרים, לאנשים פחות חשובים, אני כן אומרת שלום. זה נכון. אוֹלְגִי אמרה שהיא לא יודעת לחשוב בצורה כל כך מסובכת, אבל היא מאמינה לאָלְדוֹ. אני מרחמת על אוֹלְגִי שהיא מרגישה את עצמה טיפשה. היא באמת לא <u>מאד</u> חכמה. אבל יש לה לב טוב. גם אָלְדוֹ אוהב אותה. (דווקא בעניין הזה היא באמת לא צריכה להרגיש את עצמה טיפשה. גם לי לא עלה בדעתי שזה כמו שאָלְדוֹ אמר, ואני באמת לא טיפשה. לדעתי.)

לאָלְדוֹ היו מספר מכרים מן העבר שבשנים האחרונות היו מזמינים אותו לארוחת צהרים בשבת. מצווה. הוא העדיף להיענות להזמנה אצל אלה שהעזרה יכלה להיות הדדית. למשל, אצל מִישִׁי פרוֹיד ואשתו ששרדו את המלחמה ושבו הביתה. שלושת ילדיהם נספו. אָלְדוֹ היה הרופא המיילד בלידת שני הבנים הצעירים שלהם. לעומתם, מצבו הכללי של אָלְדוֹ היה יכול להיחשב כמעולה. הם היו היחידים שאָלְדוֹ התקשר מפעם לפעם לדרוש בשלומם ביוזמתו ולא חיכה להזמנה מהם. בהתחלה הוא רק היה משחק שח עם מִישִׁי אחרי ארוחת הצוהריים בזמן שבֶּטִי ישבה לידם, תופרת משהו ונאנחת. פעם, במקרה, הוזכר כמה בֶּטִי אהבה לשחק רֶמִי בצעירותה. מכאן והלאה גם משחק זה צורף למסורת של אחר הצוהריים. הרֶמִי לא היה מאוס יותר על הגברים מאשר השח, אך היה בו גם מימד של מצווה או מתנה עבור בֶּטִי. לפעמים, תוך כדי המשחק אָלְדוֹ חשב בליבו שטוב שאִילוֹנָה לא הייתה צריכה לראות את כל זה. הוא, איכשהו, יכול לעמוד בזה, אבל מאִילוֹנָה הוא לא

היה מצפה לכך. כונניות הספרים של משפחת פרויד שהגיעו עד התקרה, נראו כתפאורה שנשכחה מן העבר. אף אחד כבר לא התעניין מה אומרים החכמים ויפי הנפש.

בסתיו 1947 אָלְדוֹ התחיל לנסות לשכנע את בֶּטִי שתבוא יחד איתו לבית היתומים כדי ללמד את הילדות קצת מלאכת יד לפחות. למרות שבֶּטִי הייתה בעלת ידע נרחב, קראה המון ספרים ויכלה ללמד אותן כל דבר. בינואר בֶּטִי אמרה סופסוף כן. היא רעדה כל הדרך. אָלְדוֹ לא גילה לה שהוא עצמו מעיז להיכנס אך ורק לאגף בנות. למִישִי ולבֶּטִי היו בת ושני בנים.

חלק מהילדות התייחסו אליה כל כך בחביבות, שכעבור זמן קצר כבר הייתה מסוגלת להישאר איתן למשך כחצי שעה. כשאָלְדוֹ סיים את עיסוקיו ושב לאסוף אותה, הוא הספיק עוד להבחין בהבזק של אושר מימים עברו נסוך לרגע על פניה. בסופו של דבר, אחרי ליל הסדר האחרון הם אימצו שתי אחיות. למרות הדאגות הרבות סביב גידולן הם מעריצים אותן. מאז שהילדות היו אצלם אָלְדוֹ נמנע מלהגיע אליהם, למרות הזמנותיהם הנשנות. הוא רק היה מתעניין מדי פעם בשלומם בטלפון.

במרץ הוא סיפר להם על קיפי. בֶּטִי מייד הזמינה אותם. כתגובה ראשונה אָלְדוֹ עדיין חשש מזה. הוא הסביר ארוכות שקיפי בלתי צפויה. שרק לאחרונה ממש היא "קברה" את הוריה, ואפשר להניח שבית היתומים ברקע עדיין יעורר בה חרדות. והוא לא היה רוצה שהיא תהיה דוקרנית כלפי הבנות.

"הבנות שלנו מאד מבינות" התגאתה בֶּטִי. "לא תהיה שום בעיה! אתה יכול להביא אותה בשקט."

"אני יודע עד כמה מִישִי חס עליהן."

"עכשיו כבר לא עד כדי כך בטירוף!"

לפתע אָלְדוֹ נהיה מודע לתחושת הגאווה הרבה שלו כשהיה מספר על תכונותיה המדהימות של קיפי.

"אני לא זוכר בנות כמה הן?"

"פָּאנִי בת תשע, יוּטְקַה כבר בת שלוש-עשרה. ושלך?"

אָלְדוֹ קיבל באושר את תואר הייחוס הזה של קיפי.

"כבר מלאו לה שש עשרה. אבל אל תצפי למשהו כזה. היא מסוגלת להיות כל דבר בין 5 ל-70. לפי המראה היא בת 12."

"אנחנו מכירים את זה. גם שלנו רק עכשיו מתחילות לחזור לגיל האמיתי שלהן."

"אצל קיפי זה התחיל הפוך. כאשר בדצמבר התחילה לאט-לאט 'להתיישר', היא חזרה להיות ילדה קטנה. וגם היום היא עדיין הרבה פעמים כזו. כשהיא בגיל ההתבגרות היא מסוגלת להיות ממש לא נעימה... אבל זה קורה רק לעיתים רחוקות. ותודה לאל, המרירות הקשה שאופיינית בדרך כלל לזקנים מתחילה כבר להתפוגג אצלה."

מלבד המילים הספורות שסיפר לג'וּלָא בַּרְטָא ולאלוירה, הוא ניהל שיחה על קיפי בפעם הראשונה. בדרך כלל לא מזדמן לו עם מי. הוא פוגש עדיין מספר מכרים ישנים בביקוריו בימי ראשון, במקום ימי שבת בעבר, פעם-פעמיים בחודש. הפעם זה הרגיש לו כל כך נורמאלי, כמו פעם, כשהיה אבא והיה משוחח עם הורים אחרים על הילדים. אז לא העלה אפילו בדעתו שאין זה מצב בלתי מותנה בחיים. עכשיו הוא סיפר בגאווה על התעניינותה משוללת הגבולות בספרות של קיפי וכמובן על התרגומים! וגם על משפחתה.

בסוף הוא ובֶּטִי מצאו פתרון. בשבת הבאה, סתם כך בתירוץ כלשהו, הוא יקפוץ עם קיפי והם יראו איך הדברים מתפתחים בין הבנות.

"מה השם האמיתי שלה?"

"קלרה. כולם קוראים לה ככה. אבל בשבילי היא קיפי."

קלרה תחקרה את אָלְדוֹ ביסודיות על הילדות. נראה היה שרק המספרים מעניינים אותה. זה היה חדש.

"אם עכשיו יש להם הורים חדשים שנה, אז הם היו בבית היתומים שלוש שנים..."

אָלְדוֹ שתק, קלרה המשיכה לספור.

"אם הקטנה עכשיו בת תשע, אז היא ילידת 1939 או..."

"משהו כזה..."

"גם יוּטִיקַה..."

אלוהים אדירים, אחת מהן שמה יוּטְקַה! איזו מהן? הקטנה או הגדולה? מה אמרה בֶּטִי? זה לא ילך... קלרה הבחינה במחשבות הטורדניות של אָלְדוֹ עוד לפני שהוא הצליח לגבש תשובות מרגיעות כלשהן עבורה. היא עשתה עיקוף ברגישות. היא כבר ידעה לעשות דברים כאלה.

"והגדולה באיזו כיתה היא?"

"היא בת שלוש עשרה עכשיו, אז היא צריכה להיות..."

"היא בטח בכיתה ז'... שנאתי את כיתה ז' אחרי המלחמה. אבל בית הספר של הבנים היה צמוד לבית הספר של הבנות וככה כל יום חיכינו האחד לשני עם ג'וּרִי, וזה לפחות, היה מוצלח."

בשיחות מהסוג הזה קלרה נהגה להתכרבל על הספה ליד אָלְדוֹ והניחה לו לחבק אותה. אָלְדוֹ ידע כל כך טוב להאזין... בשקט. אוֹלְגִי הייתה תמיד מתערבת. גם עכשיו שררה שתיקה שלווה ביניהם.

"ולמִישִי פרויד היו ילדים קודם לכן?"

"...היו."

דממה. אחר כך:

"שלושה..."

קלרה הנהנה בראשה ובזרוע אחת חיבקה את אָלְדוֹ במותניו. מאז נובמבר האחרון היא לא שאלה אותו שאלות מהסוג הזה. אבל בנובמבר היא הייתה עדיין בהתכחשות לרגשותיה ולכן השאלות יצאו ללא קושי. גם על אָלְדוֹ היא ידעה רק את מה שאוֹלְגִי סיפרה לה עליו, הוא אמר לה שלא היו לו בנות. כשהגיעו לביקור אצל משפחת פרויד, קלרה נצמדה לאָלְדוֹ כל הדרך עד לכורסה. בשיקול דעת בזק אָלְדוֹ הוביל אותה הלאה, עד לספה, וכך יכלו לשבת אחד ליד השני.

כולם קיבלו אותם בסבר פנים יפות מאד. זה התחיל בשיחה לא משמעותית על הא ועל דא, על בית הספר, על חופשת האביב המתקרבת. בֶּטִי כיבדה בעוגה. ובמיץ פטל-אמיתי, תוצרת בית!

קלרה הנהנה בנימוס מאשרת שהכול טעים לה. בהמשך, פָאנִי, הקטנה, הבחינה בנעלי החצאיות בצבע חום-צהב של קלרה. היא רצה לחדר שלה כדי להראות גם את הנעליים החדשות שלה.

"איזה נעליים יפות יש לך!" אמרה קלרה בקול אימהי שלא השמיעה עד עכשיו אף פעם. פָאנִי הייתה בינתיים היחידה שהשיבה לה במבט ישיר. היא גם התיישבה לצידה.

מִישִׁי היצע לבָּנות לערוך עכשיו ביקור בחדר הילדים. (הוא מעולם לא הצטיין בחוש עיתוי מפותח. במיוחד בזמן ששלח את ילדיהם להסתתר ב'מקום רחוק ובטוח אצל הדודה *מבּוֹנְהַאד*', מקום ממנו איש לא שב) קלרה נותרה במקומה ופָאנִי חזרה שוב לסָפר.

"קיפי, אני יכולה להראות לך גם את החצאית החדשה שלי? אימא שלי תפרה לי אותה והיא תפרה אחת גם לאחותי!"

קלרה הופתעה שלא רק אָלְדוֹ, אלא כולם מכנים אותה קיפי. אבל בֶּטִי ומִישִׁי התאמנו על כך הרבה בימים האחרונים. ויוּטְקַה העירה לאחותה:

"פָאנִי, לא יפה להתרברב..."

"אני אשמח לראות. אחותי הקטנה גם תמיד אהבה להראות כשקיבלה בגדים חדשים."

פניה של קיפי לבשו הבעה בוגרת, כמו אחות גדולה שמעודדת ומפרגנת. אפשר כאילו שהיא מראה דוגמה כששיבחה את החצאיות. שתי הילדות הסתכלו עליה במבט ממושך, שתיהן שמעו במשפטה את הסגירה שבזמן עבר.

"טוב, בסדר..." אמרה יוּטְקַה וחיבקה את אחותה בפיוס.

"את רואה?" ענתה הקטנה בהרגשת ניצחון.

קלרה הסיטה את מבטה ותפסה שוב את המקום לצידו של אָלְדוֹ. הפעם העיתוי של מִישִׁי היה מצוין:

"אַלַדָר סיפר שאת מאד אוהבת את תומאס מאן."

בחשדנות קלרה ניסתה להבין מה הוא מתכוון לשאול.

"זה נכון?"

היא הנידה בראשה.

"אז יש כאן הפתעה עבורך."

קלרה עדיין עגנה על הצלעות של אָלְדוֹ.

"ספר חדש של תוֹמָאס מאן."

"איזה?"

""*דוקטור פאוּסְטוּס*". יצא לאור לפני שנתיים והתרגום הופיע לפני שנה. אבל אנחנו השגנו ממישהו את המקור בגרמנית. האם נכונה השמועה שאת קוראת גם בגרמנית?"

שוב מנוד ראש.

"נשאיל לך אותו ברצון, אם את כזו טורפת של תומאס מאן..."

"זה לא ספר קל לקריאה..." אמרה בֶּטִי בזהירות כי לא רצתה להוציא את הרוח מהמפרשים של קלרה.

"גם האחרים שלו לא קלים. אימא שלי אמרה שאחרי שאעשה בגרות, אבין אותם. אבל אני מבינה אותם כבר. אולי לא הכול בדיוק כפי ש... עכשיו קראתי שוב את *טוניו קרגר*[18], והיו דברים שעכשיו הבנתי אותם אחרת. אבל זה לא נורא, נכון?"

"ממש לא."

"עוד עוגה?"

"כן, תודה. את העוגה הזאת גם סבתא שלי מכינה לפעמים. נכון אָלְדוֹ?"

"כן.

על פָּאנִי מזמן נמאס מהמלל הרב שנשמע לה לגמרי מיותר וניסתה שוב לזכות בתשומת ליבה של קלרה. היא הציעה עכשיו את ספריה לעיונה של קיפי, טוב, זה מסוג הדברים שמעניינים אותה, לא-כן? היא כל כך רצתה שתבוא איתה, שמשכה אותה בידה. קלרה בחנה את פניה של יוּטְקָה. הרשות, בצורה של חיוך נעים, אכן ניתנה, וכך שלושת הבנות נעלמו בבת אחת.

בסלון השתרר שקט. בֶּטִי ניסתה להרגיע את אנחתו של אָלְדוֹ:

---

[18] *Tonio Kröger* - ספרו הראשון של תומאס מאן, שפורסם ב-1903. הסיפור מלווה נער בתהליך התבגרותו.

"ילדה מיוחדת מאד..."

"עבורי, בודאי ובודאי. אבל למה את אומרת את זה?"

"לא יודעת. אבל אני מרגישה את זה. באמת היא חסרת גיל... הבנות שלנו מחליפות את הגילאים בחדות משלוש לשלושים ובחזרה... שתיהן. אבל קיפי, איכשהו... רואים במבט שלה את הקפיצות כשהיא מחליפה גילאים... ובמהירות כזו, קשה להגיב על הבזקים כאלה... לא-כן, מִישִי?"

"היא באמת שונה. אכן. אבל גם אנחנו לא חשבנו פעם שנוכל לעקוב אחרי ההתחלפויות האלה, אבל למדנו! גם עם קיפי זה בטח..."

"כן, אני כבר מבין די טוב את השינויים האלה אצלה... אבל בשורה התחתונה, אני מרגיש שהיא הרבה יותר פגועה מהבנות שלכם."

"כן... אחים נותנים הרבה בטחון. ילדים שנותרו לבד לגמרי קשה להם לעין ארוך. ראיתי את זה גם כאן, בבנין..." בֶּטִי בהתה באוויר.

"הדודה שלה סיפרה שהנסיגה הקשה התרחשה רק אחרי שאחיה הצעיר נסע לפלשתינה. הוא שולח מכתב מדי פעם אבל היא לא עונה לו, רק אוֹלְגִי."

"אוֹלְגִי היא דודה או סבתא?"

"עד עכשיו היא קראה לה דודה, למעשה היא דודה של אביה. עכשיו שמעתי לראשונה שהיא נתנה לה את התואר 'סבתא'.

אָלְדוֹ החל לדבר אחר כך על ההבדל בסוג הדאגות שיש עם בנות, ושהיא כבר מרגישה את עצמה כאן בנינוחות.

"בעבר חשבתי שאין מצב של חוסר שוויון כוחות גדול יותר שבו גבר נדרש להתמודד מאשר העמידה מול קטין, שהוא במקרה גם נערה! אבל לשמחתי, קיפי עד היום אף פעם לא ניצלה את חוסר השוויון הזה. יש לה המון מחוות של רוך שאצל בנים קשה למצוא. למרות העובדה שכיניתי אותה 'קיפוד', כי בהתחלה היא הזכירה לי הכי הרבה את הישות הזואולוגית הזו."

מִישִׁי ובֶּטִי צחקו. הם סיפרו שאצלם יוּטְקַה מתאזנת מאד יפה מאז שבֶּטִי הבינה למה היא הפכה לפתע יותר ילדותית ובכיינית מהקטנה, כשהגיעו אליהם. כי מגיל שמונה יוּטְקַה לא יכלה יותר להיות ילדה. פָּאנִי הייתה תחת אחריותה הבלעדית מגיל זה. עכשיו גם יוּטְקַה יכולה, סוף-סוף, שוב להיות ילדה. מהרגע שהבינו את זה הם מקפידים לנחם קודם את יוּטְקַה כשצריך, וכך התקפי הבכי היומיים פחתו לפעם-פעמיים בשבוע.

אחר-כך בֶּטִי הפתיעה את שלושתם, גם את עצמה, כשהתחילה לספר איך לאט-לאט משתחררת גם השתיקה סביב מתיהם. זה תמיד מסתיים בבכי, אבל אחר כך ההרגשה משתפרת כי 'על ידי כך כל אחד אומר משהו חשוב על עצמו לשני'. מִישִׁי קם באי-נוחות, ניגש לחלון, כשמבטה של בֶּטִי מלווה אותו תוך שהיא מסבירה בהבנה:

"אבל במנות קטנות. הרבה מזה אנחנו עוד לא יכולים עדיין..."

"... אני אפילו לזה לא הגעתי... אבל, כפי שאת רואה, לקיפי זה הולך. כשהכרתי אותה בנובמבר היא דיברה עליהם כאילו שהם עדיין בחיים. כי ככה היא חשבה אז. אחר-כך בדצמבר... היא הבינה... ואני חשבתי שהיא לעולם לא תשוב לדבר עליהם יותר. אבל ראית, היא יכולה. כאילו שהם גרים בתוכה! אני רואה יום-יום איך היא ניזונה מהם... נדמה לי שמבין כולנו היא היחידה שיש בה אמונה. למרות שלא לימדו אותה מעולם. פשוט יש לה את זה."

אחר-כך התחילו לדבר על ענייני הקהילה. גם מִישִׁי חזר לשבת איתם. כעבור זמן מה יוּטְקַה יצאה מחדר הילדים והתיישבה ליד מִישִׁי. היא הסתכלה ממושכות בדלת החדר, כאילו רוצה ללחוש סוד.

"מה רצית, ילדתי?"

"אבא," התחילה יוּטְקַה במבוכה, "אם קיפי הייתה מגיעה אלינו מדי פעם אז זה יהיה כאילו שיש לה קצת אחות... אבל פָּאנִי לא הייתה הולכת איתה מכאן, נכון?"

בדרך הביתה היו לקיפי המון שאלות, פחות על הבנות, יותר על הזוג פרויד.

"נכון שבֶּטִי היא החכמה יותר?"

"... כן. אף פעם לא חשבתי על זה ככה. אבל כן."

קיפי בהתה בהרהור זמן מה, אחר כך הסתכלה בחלון ראווה ואמרה:

"השם של אימאל'ה הוא אנה."

"שם יפה..."

"וכשאבאל'ה היה מאבד את העשתונות ממשהו היא תמיד שמרה על צלילות חשיבה. במצבים כאלה היא תמיד אמרה: 'סבלנות. הוא יירגע. אנחנו נמתין לכך בסבלנות.' נכון שגם בֶּטִי היא כזאת?"

ברגע זה נשמעה קריאה 'אלדר!'. מעברו השני של הרחוב נופף לעברם איש צנום ומקריח.

"זה בן דודי, טַמָאש" הסביר אָלְדוֹ תוך שהוא מנופף לו חזרה."

טַמָאש כבר אץ-רץ לקראתם. הוא העיף מבט חטוף בקלרה והתחיל לדבר בקצב מסחרר.

"הַי מתוקה... אַלְדָר, שמעת שאפשר להגיש בקשות לדירה עכשיו? באותו מטראז' שהיה לך קודם!"

"זאת קלרה, בתי המאומצת..."

"הי! ...אתה גר עכשיו באיזה כוך, נכון?"

"קיבלתי דירת חדר. היא מספיקה לי."

"אתה משוגע אַלְדָר, שוב... סלחי לי ילדה, הוא בדרך כלל חכם מאוד, רק ש... אַלְדָר, תכנס למשרדי הקהילה, רוֹבִּי וויינבאום יסביר לך שם מה צריך לעשות. תבטיח לי שתלך?"

"אני נכנס אליהם כשאני מטפל בענייני בית היתומים... רק שנשמע לא הגיוני שהם מחלקים דירות גדולות כשהם הופכים כל חדר פנוי לתת-שכירות."

"אַלְדָר, אתה חסר תקווה! גם הפיצויים, ככה אומרים, בדרך. כשיהיו לי חדשות על כך אני אודיע לך. ואז יהיה תלוי רק בך

אם תפספס או לא... אַלְדָר, האם אתה באמת לא קולט את חשיבותם של הדברים האלה או שאתה פשוט אוהב לסבול?"

לצדי שפתיו של אָלְדוֹ הופיעו עכשיו שני קווים קשים שקלרה אף פעם לא ראתה קודם.

"כל מה שקשור בפיצויים מעניין אותי ברגע שזו עסקת חבילה עם השבת המשפחות שלנו. תודיע לי כשזה יקרה. אעמוד בראש התור יחד עם הילדה הזאת. לכל אחד מאתנו יהיה מספר!"

יתכן וטַמָאש היה נעלם במהירות גם ללא התוכחה הזאת. נראה היה שריצה היא הקצב ההתחלתי שלו. כשדמותו המתרחקת הייתה כבר קטנה מאד, קיפי עטפה את שתיקתו של אָלְדוֹ במילים חמות:

"אל תשים לב אליו. לאבאל'ה גם הייתה בת-דודה כזו. הכול היא ידעה יותר טוב. והיא חשבה שכולם מטומטמים. אבאל'ה קרא לה *בעסערוויסערקע*[19]."

אחר כך נהייתה שוב שבת, ואָלְדוֹ שוב חיכה לקלרה לפני בית הספר.

"היא הועילה בטובה לתת לי 80!" פתחה בהגיעה.

"וִידַאק? זה טוב לנו... בכימיה?"

"לא, הפעם זה ביולוגיה. ועוד היא אומרת לי כאילו כזה... ואז היא אומרת, 'כנראה שאת מתחילה לקבל שכל!'. אני פשוט שונאת אותה!".

"מותר לך... אנחנו לא לומדים בשבילה. רק אל תעני לה!".

אָלְדוֹ הבחין, לא מכבר, באיזה עונג הוא מורד בכל מוסכמה שהיא, שהייתה בעבר 'קדושה' עבורו, כשמדובר באינטרסים של קלרה. כשבדצמבר הוא הביא לה חבילת צמר גפן מהמרפאה, הוא חש את עצמו ממש גנב. היום - הוא מניח אותה בתיקו כבדרך שיגרה. כשאלוירה לא רואה. בעבר שום תירוץ שהיה נותן לעצמו לא היה עוזר: שאי אפשר להשיג בבית המרקחת, שקלרה גם ככה

---

[19] *BESSERWISSERKE* – כינוי שפירושו 'יודע יותר טוב', 'חוכמולוג'. גרמנית ויידיש.

סובלת כל כך עדיין מהחוק הביולוגי הזה - שלכל הפחות לא תצטרך להתמודד עם סמרטוטיה. ולאחרונה אם היא מקבלת די פינוקים ומשככי כאבים, ביום השלישי היא כבר רגועה לגמרי. כלומר, צמר גפן מגיע לה לא משנה מהיכן. בדיוק כפי שיש לה זכות לכעוס כשמורה מתייחסת אליה בזלזול. היום יותר ויותר אָלְדוֹ כבר מציג לעולם את השאלה: "האם זה שוב רק אנחנו שצריכים לציית לחוקים? למה אחרים לא?". בעבר לא היו לו שאלות כאלה. מורה היה מורה, רכוש היה רכוש.

"אבל אני לא אוהב כשאת אומרת 'כאילו כזה'. יש לך אוצר מילים נפלא."

"רק לא נזכרתי איך אומרים בהונגרית *superiorité*. ואימאל'ה אמרה שלא אערבב מילים בצרפתית ובגרמנית בדיבור שלי, כי אנשים שונאים את זה... ומיד אומרים ש'זאת יהודיה'..."

"זה באמת נכון. אבל *בינינו* את יכולה בשקט להשתמש במילים זרות כי אז אנחנו יכולים למצוא ביחד את התרגום של המילה החסרה. זה מה שייפתח את אוצר המילים שלך בתרגומים שאת עושה. *superiorité* זה התנשאות, אבל כאן הייתי משתמש במילה עליונות. בסדר?... וגם לי יש בשורה עבורך! תארי לך, השכנה של אלוירה היא מורה לצרפתית! אני חשבתי שאולי לא כדאי שתשכחי את הצרפתית שלך... מתחשק לך לקחת שיעורים בצרפתית?"

"יש! צרפתייה אמיתית?"

"היא גדלה שם. אבל היא הונגריה."

"רק שלא יהיה לה מבטא הונגרי... כי אז זה לא אמיתי."

ואז היא הוסיפה, במיומנות החדשה שלמדה לאחרונה, למשוך חזרה ציפורניים שלופות:

"אבל אם היא גדלה בצרפת, אז אולי אין לה. מה שחשוב הוא שלמדה בילדותה ממישהו שזה שפת אימו. המון זמן כבר לא דיברתי צרפתית... אצלנו הייתה שרלוט. כשעדיין הייתה אצלנו, הכול היה כל כך טוב! היא צלעה... מסכנה. בגלל שבגיל 12 היא נדרסה על-ידי רוכב אופנוע בדרך לבית הספר. כל העצמות של

הרגליים שלה נשברו. ואמרו לה שאף אחד לא יתחתן איתה בגלל שהיא צולעת. היא בכתה כי זה אומר שלא יהיו לה ילדים אף פעם. אחר כך היא למדה להיות מורה אבל הילדים לעגו לה בגלל הרגליים שלה. והיא כבר כמעט רצתה למות, אבל אז שמעה שבהונגריה מחפשים מחנכת צרפתייה והיא באה אלינו. אנחנו אהבנו אותה כל כך!"

קלרה פרצה לפתע בצחוק: "ואני התחלתי פתאום לצלוע וההורים שלי נבהלו ולא ידעו מה קרה לרגל שלי. אז אמרתי להם שאני רק רוצה ללכת 'בצרפתית'! אני חשבתי בליבי שכל הצרפתים הולכים ככה. אבל לא בגלל שהייתי טיפשה. פשוט הייתי מאד צעירה עדיין! הייתי רק בת ארבע. שרלוט הייתה כל כך חמודה! לי היא קראה קְלֶרֶט. הפירוש של זה, זה יין ורוד! איך קוראים ליין ורוד בהונגרית?"

"נדמה לי שקורים לו *רוזֶה*. אבל גם זה לא בהונגרית."

"אחר-כך, ב-1943, היא חזרה לבית שלה בצרפת כי אבאל'ה אמר לה שהוא בהחלט יבין אותה אם היא תחליט לחזור[20]. היה לה קשה להיפרד אחרי שבע שנים. אבל למרות זאת היא עזבה. אחרי זה לקחו את אבאל'ה ל'פלוגות העבודה'..."

אָלְדוֹ הביט למרחקים. קלרה משכה אותו חזרה לכאן:

"בת כמה היא?"

"מי?"

"המורה לצרפתית של אלוירה."

"לא שאלתי. אני אשאל ביום ראשון."

קלרה יצאה לדרכה אל גב' וֶונְצֶל בשמחה. היא מצידה תשאלה אותה, בהונגרית, ממתי היא לומדת צרפתית והאם למדה את השפה גם בבית ספר. אחר-כך נתנה לה לקרוא, ובהמשך הכריזה ששפה זרה צריך ללמוד לדבר במודעות. למה שרלוט קיבלה את האופן בו דיברה? למה שתיהן היו מאושרות כשהיו מקריאות ספר

---

[20] מן הסתם, לא מדובר בבחירתה של שרלוט, אלא בכך שבתקופה זו כבר היה אסור ליהודים להעסיק אף אחד. הוריה של קלרה לא סיפרו את זה לילדים.

אחר ספר האחת לשנייה, כל אחת דף אחד בתורה, לסירוגין, ואחר כך היו משוחחות על הסיפורים במשך שעות?

"באיזה כיתה את? שביעית?"

"י'."

"שמינית?! את?!"

"... כן."

קלרה חוותה לראשונה תגובה על רזונה שהיא לא חמלה, התחשבות ויצר הדאגה. למרות שכבר העלתה מספר קילוגרמים... תוך כדי קריאה התברר שלגב' ונצל אין מבטא הונגרי, אבל הוא נשמע לה מלאכותי וזר. היא כמובן לא ידעה לזהות איזה ניב היא שומעת, כפי שלא ידעה שהמבטא של שרלוט הוא לא המבטא הצרפתי האפשרי היחידי. גב' וונצל, שעל קלרה היה לכנות 'דודה מריה', עצרה את קלרה באמצע הקריאה.

"עכשיו תגידי את אותו הדבר בזמן עתיד!"

קלרה הופתעה מהמשימה, אם משהו כבר קרה בעבר אי אפשר להעמיד פנים כאילו הדבר לא קרה?! אבל התחילה בכל זאת לספר את הסיפור מהזיכרון, כפי שהוא היה אמור להתרחש בזמן עתיד.

"אל תדקלמי! תסתכלי בספר ותקראי משפט-משפט!"

גבותיה של קלרה התקרבו האחת לשנייה, היא לא הבינה מה הטעם בכך. בבית הספר זאת הייתה השיטה בשיעורי אנגלית, אבל אז אף אחד עדיין לא יודע כלום באנגלית. אבל בצרפתית?!

"אני הבנתי שאת מעוניינת בשיעורים בצרפתית. אך אני רואה שמודעות דקדוקית לשפות אין בך, לחלוטין."

זה באמת נכון. אבל קלרה אף פעם לא הרגישה בחסרונה של זו. מי צריך את זה...? איכשהו אפשר לסבול אותה. כפי שאפשר לסבול גם את וִידַאק. אבל שאֶלְדוֹ יצטרך לשלם עבור הזוועה הזאת?! כשלבסוף יצאה מגב' ונצל, בדרך היא נזכרה שעד לא מזמן בטח הייתה קמה עוד הרבה לפני סוף השיעור וטורקת את הדלת מאחוריה. היא גם זכרה את תחושת הריקנות אחרי

מהלכים כאלה, היא הצליחה להימלט, אבל לא הגיעה לשום מקום אחר. לא ידעה לאן להימלט.

אימאל'ה! הגב' ונצל הזאת היא בדיוק כמו שהייתה סטרביצקי בבריכה. את זוכרת, כשדחפה אותי למים כדי שאהיה אמיצה? חשבתי שאני מתה והיא התפוצצה מצחוק. את ניסית לבקש ממנה יפה שעדיף שתלמד אותי את הטכניקה של השחייה, את "האופי" שלי אתם כבר תעצבו בבית. ואז היא אמרה שרק יהודיות מופקרות כמונו לא נותנות בה אמון. ואבאל'ה אמר שלעולם לא תיקחי אותי יותר לשם, ולשמחתי באמת לא הלכנו לשם יותר. אני לא הולכת יותר לגב' ונצל! יכול להיות שגם היא אנטישמית. או שרק מטומטמת. עלי רואים שאני יהודיה? אני אשאל אחר כך את אָלְדוֹ. אבל מה הוא יגיד אם אני לא אלך יותר? הוא רצה לשמח אותי, אבל אני לא יכולה לשמוח על הדבר הזה.

"יש לי חדשות רעות בשבילך קיפי! גב' ונצל גם היא יהודייה."

"מה??"

"חשבת שכל היהודים הם אנשים נעימים?" שאל אלדו עם צחוק בפיו.

"לא... אבל..."

" יש אנשים מגעילים בכל מקום... בכל אופן, דקדוק זה גם היגיון. יכול להיות שפעם, בבחינה כלשהי, תדרשי לכך. אבל אם את לא רוצה... זה לא חובה בסופו של דבר..." הסביר אָלְדוֹ, ולקלרה הוקל במעט.

"אבל אלוירה לא תכעס אם אני לא אלך?"

אָלְדוֹ נזכר שאלוירה סיפרה שגב' ונצל מנקה את שטיח הכניסה לפני דלתה שאפשר לאכול מהשטיח. היא גם מניחה

סמרטוט לח מעליו, ואם יש בוץ בחוץ אז היא שמה עוד סמרטוט "מקדים" לפני השטיחון. הוא היה יכול מיד להבין שזה לא "כוס התה" של קלרה.

"לא נראה לי."

"וגם אתה לא כועס?"

"לא."

"אבל אני רואה!"

"רק מרגיז אותי שהעניין לא פטור. את הידע הזה שלך לא כדאי לאבד... היא מגעילה מאד?"

קלרה ידעה כבר שהיא יכולה לסמוך על הסולידאריות של אָלְדוֹ. עיקמה את אפה עם חיוך:

"וִידַאק. כמעט."

אָלְדוֹ נאנח ואחר כך חזר לעיתון.

"אָלְדוֹ, עדיף שתקרא ספר."

"למה?!"

"העיתון איכשהו עושה לך מצב רוח רע."

"אולי לא הקריאה היא הבעיה... נו, תמשיכי ללמוד קיפיל'ה."

ועוד איך קלרה שמעה בקולו. כשסיימה היא טרקה את ספר הגיאוגרפיה בהקלה וכבר טיפסה על הספה, זאת שעליה שכב אָלְדוֹ, הפעם על הבטן, כי שמה עין על אחד הספרים בספרייה הענקית שמאחוריה. היא הייתה עם גרביים, איבדה לרגע את שיווי משקלה ודרכה בטעות על גבו של אָלְדוֹ.

"מעולה! תמשיכי לדרוך עלי עוד!" גנח אָלְדוֹ.

קלרה חששה שהכאיבה לו.

"באמת?"

"באמת!"

"לא כואב?"

"לא, זה מעולה!"

לא להאמין. אבל אם הוא מבקש... קלרה נאחזה ביד אחת בספריה, כדי שלא תכאיב חלילה לאָלְדוֹ עם מלא משקלה. היא לחצה עם כף רגלה לאורך גבו של אָלְדוֹ.

מאותו היום, זה היה הפינוק של אָלְדוֹ. אם היה עייף או עם מצב רוח קודר, קלרה מיד הציעה שהיא תדרוך עליו. לעומת זאת, כאשר כעסה עליו, היא איימה שלא תדרוך עליו, וזה הפך כבר למשהו מצחיק.

אבל עכשיו צלצל הטלפון. ממשפטיו של אָלְדוֹ היה ברור שהשיחה היא לטורח. כשסיים הוא גיחך לעבר קלרה:

"אוי קיפיל'ה, עכשיו היכוני, ג'ורג'י המפלצתית מגיעה לביקור עוד מעט."

"ומיהי זאת?"

"קרובת משפחה רחוקה... היא לא קרובה שלי. היא טוענת שרוצה להודות לי. אני לא מבין למה לא די בשיחת טלפון?"

"מה זאת אומרת 'לא קרובה', אם היא במשפחה?"

"הגיסה של גיסתי היא כבר לא קרובת משפחה שלי."

מלבד טמאש *בעסערוויסער*, זאת הייתה הפעם הראשונה שקלרה שמעה על בן משפחה כלשהו של אָלְדוֹ. היא שמחה מאד שאָלְדוֹ אמר זאת בפשטות כזאת. אחר כך כבר חשבה על משהו אחר ועשתה עם ידה תנועת 'או לכאן או לכאן' באוויר.

"אבל הגיסה של הגיסה זה אותו דבר כמו..."

"לא בטוח. כי שרשרת הגיסות יכולה להימשך עד אין סוף, כל עוד יש אחים. למשל הג'ורג'י הזאת, היא ... אשתי, אחותה הגדולה, בעלה... חכי רגע... או אשתו של אחיה הצעיר או... אני כבר באמת לא יודע. את רואה כמה שהשרשרת הזאת יכולה להיות ארוכה?"

"אהא... ועל מה היא רוצה להודות?"

"היו לנו כל מני חפצים מונחים במרתף אצל אחד השכנים, דברים ממשק הבית, ואמרתי לה שהיא יכולה לקחת אותם, אני לא צריך אותם."

נכון, ג'ורג'י ממש לא נראתה קרובת משפחה של אָלְדוֹ. כשנכנסה היא נשקה-הרטיבה-מרחה באודם לא רק את אָלְדוֹ, אלא גם את קלרה. ואז היא פתחה בדבריה, אבל גם זה לא היה יותר טוב.

"אַלִיקַה, אנחנו מאד-מאד מודים לך... אין לך מושג עד כמה עזרת לנו עם החפצים האלה! מאז 1945 לא הייתה לנו צלחת, כוס נורמאליים, כלום... מערכת האוכל הזו מקסימה, וגם הכוסות..."

"ברצון רב, ג'ורג'יקה, ומה שלומכם אתם?"

"נו, איך אנחנו כבר יכולים להיות... בדלות! כמו היתר שהפציצו להם את הבתים שלהם. אין לנו כלום. אתה בטח יודע שהתחתנתי עם השותף של קארצ'י... יש לו אופי יותר נוח מאשר לקארצ'י, עליו השלום... אבל שלחו אותנו לגור בקצה הכי רחוק של העיר, על איזו דרך עפר, בבתים של הפרולטריון!... אנחנו צריכים לנסוע כל יום שעתיים בחשמלית! אין לנו בגד אחד במצב סביר וגם לבנות אין... אליקה, עכשיו אני נזכרת שוורונקה אמרה שכאשר ארזנו אצלה שמו גם אצלך במרתף כל מיני חפצים מהדברים הישנים שלכם שאתה כבר לא תצטרך למרבה הצער... דברים שהיו של אִילוֹנַה..."

"אני לא יודע. וורונקה ארגנה גם בשבילי את המרתף... אני לא רוצה לנגוע בזה בכלל..."

"אני אעבור ברצון על הדברים, אם..."

הדם קפא בקלרה כשבחנה את פניו של אָלְדוֹ. אבל הצו של אימאל'ה מ-1944 ('כשנכנס זר לבית, אתם שותקים - ויהי מה!'), עדיין לא אפשר לה להגיד לג'ורג'י-עם-הרוק שתניח לאָלְדוֹ במנוחה ושאין לו עניין בזה!

"ג'ורג'יק'ה, אני אודיע לך אם אני אעשה שם סדר."

"לא נורא אם לא מסודר שם!"

קלרה חשבה בליבה שהיא הייתה חונקת במקום את מי שהיה מנסה לקחת את החפצים של אימאל'ה ואבאל'ה. למרות שלא נשאר אף בגד שלהם, כי את זה כבר לקחו אנשים עוד לפני שהם חזרו לבית. רק הספרים, האלבומים ומכונת הכתיבה, הם

האוצר היחיד שנותר. עכשיו היא כבר התחילה להגיד משהו אבל מאד בזהירות:

"בנות כמה בנותיה של דודה ג'ורג'י?"

"אה, הן כבר גדולות. שבע-עשרה ועשרים ואחת."

"גם אני אהיה בת שבע-עשרה..."

קבלת הבשורה לא הייתה נוחה יותר משל גב' ונצל:

"את בטח גם מהטיפוסים האלה שמבשילים מאוחר, קטנטונת. היה רצוי שתתלבשי כבר בסגנון נשי קצת יותר..."

אָלְדוֹ נאחז ברעיון:

"גם קלרה תזדקק לדברים עוד מעט. אני מעוניין לשמור לה את מה ש..."

"טוב! לא אמרתי כלום! רק שלאִילוֹנָה היו המון דברים יפים מאד... חשבתי שגם הבנות שלי היו יכולות ליהנות מחלק... גב' קֶרֶן כל כך אהבה את הבנות שלנו גם!"

אָלְדוֹ קם ממקומו ולקח נשימה עמוקה, ואת זה כבר גם ג'ורג'י הבינה סופסוף. גם היא קמה. אָלְדוֹ השתדל לשוב אל דרך ארץ מקובלת.

"היית רוצה קפה או תה?"

"לא, תודה... אני לא רוצה להפריע יותר" והחלה לסרוק את הדירה במבטה. "נו, גם על הבית שלך אי אפשר להעיד שהוא דומה למה שהיה לך, אבל אתה לפחות גר בלב העיר. יש לך המון מזל!"

"המילה הזאת עדיין לא עלתה בדעתי."

בשבת אחרת, משפחתו של פִּישְׁטָא זָיילְמַן הזמינה אותם להתארח. קלרה ביקשה לדעת גם על המערך המשפחתי שלהם. לדוד פִּישְׁטָא נותרה בת בחיים, עם שני ילדיה, את הבת השנייה יחד עם גב' זָיילְמַן המבוגרת לקחו והן לא שבו. לאחר מספר משפטים קלרה נבהלה מהמידע:

"הדוד פִּישְׁטָא היה מאד חביב אלי. היכן הוא עובד?"

"בבית החולים, במחלקת הילדים."

"...בטח אין לו דעה מי-יודע-מה טובה על בית החולים..."
"למה?"
"שכחת? כשהייתי חולה, הוא אמר שצריך להימנע בכל מחיר מהאפשרות שיאשפזו אותי."
"נכון! אבל בבית חולים תמיד פחות טוב מאשר בבית..."
"כן, אבל אני זוכרת שהוא אפילו עשה פרצוף כזה. ראיתי על הפנים שלו שהוא יודע למה..."
אָלְדוֹ האמין בקלות שקלרה, גם עם חום של 40 מעלות, מבחינה בדיוק בין העיקר לטפל, בדיוק כמוהו.

רק פִּישְׁטַא ואשתו השנייה מַרְגִיט היו המארחים, אבל קלרה הרגישה מאד נוח בחברתם. מַרְגִיט הייתה דמות יוצאת דופן בנוף, מלאת אנרגיה ואופטימית. לבקשתה של קלרה, היא הראתה ברצון את התמונות המשפחתיות שהבן שלה שולח מארה"ב. כל פרט שסופר על בני המשפחה הרחוקים ועל גורלם השפיר עניינו את קלרה באופן מיוחד. ודודה מַרְגִיט אישרה הכול גם באמצעות התצלומים. בזמן שהן הסתכלו בתמונות, פִּישְׁטַא הראה לאָלְדוֹ את המכתב האינטימי בו בנה של מַרְגִיט מודה לו שאימא שלו לא לבד.
אחר כך, ביוזמתה של מַרְגִיט, הוא הוציא איזשהו משחק חברה מהזמנים הישנים. היה צריך לענות על שאלות בתחום הספרות והלשון תוך פרק הזמן ששעון החול התרוקן. קלרה הצטיינה. אָלְדוֹ היה כל כך גאה בה, שלאחר אחת מתשובותיה "המבריקות" הוא שאג בקול רם. קלרה מעולם לא שמעה את קולו רם יותר מאשר הדיבור השקט בתוך הבית. גם קלרה הייתה מאושרת וגאה מאד בעצמה, וכאשר דודה מַרְגִיט שאלה כשנפרדו, האם תבוא שוב לבקר, היא ענתה מיד:
"מתי לבוא שוב?"

גם ממשפחת פרויד הגיעה הזמנה חוזרת וקלרה שמחה מאד גם עליה. החיים הפכו כבר דומים יותר לחיים בזמנים הישנים. שוב היו לה מכרים! היה ממש כיף ללכת עם אָלְדוֹ למקומות שבהם ציפו

להם! נכון שיש שתי משפחות שאליהן הם הולכים מפעם לפעם גם עם אוֹלְגִי ביחד, אבל אלה הם קרובי משפחה מצד בעלה של אוֹלְגִי, וקלרה לא הכירה אותם לפני-כן. למרות שרואים עליהם שהם שמחים מכל הלב למראה ילדים, אבל בסך הכל הזמן עובר תוך כדי אנחות של זקנים בעיקר. מכרה יחידה יש בכל זאת גם לקלרה באופן אישי, אֶמִי, בת גילה של אימאל"ה בערך. הם הכירו בגטו. בעלה לא חזר, ילדים מעולם לא היו להם והיא הייתה מורה לפסנתר. אחרי המלחמה היא הזמינה אותם מספר פעמים, יחד עם ג'וּרִי, כאשר השיגה איזשהו מטעם. מאז שג'וּרִי עזב קלרה קיבלה רק פעם אחת את הזמנתה. הסיבה לכך היא, הסתבר בדיעבד, שאחרי הביקור אצלה היא התקשרה לאוֹלְגִי ואמרה לה שהיא נורא דואגת לילדה. אוֹלְגִי לקחה את זה כביקורת אישית עליה, מאד נעלבה, וגם בכתה. באותה תקופה לא כל כך הבכי של אוֹלְגִי הפריע לקלרה, אלא העובדה שמדברים עליה מאחורי גבה. טוב, אולי היא בכל זאת תתקשר אליה מתישהו. אולי תציג לה גם את אָלְדוֹ. בסופו של דבר זאת הייתה אֶמִי שהציעה אחרי השחרור של הגטו לקבל אותה ואת ג'וּרִי אליה, אבל קלרה בחרה בבית של הצלב האדום כי חשבה שההורים יחפשו אותם בראש ובראשונה שם. אבל בבית של הצלב האדום לא קרה דבר. לא לאט, ולא בכלל עד שאוֹלְגִי הופיעה. ובאותם ימים כבר לקחו את הילדים משם לבתי יתומים.

קלרה התכוננה מאד לביקור אצל משפחת פרויד ותכננה כל השבוע מה היא תלבש. אָלְדוֹ עדיין לא שמע ממנה דברים כאלה וגם אוֹלְגִי לא. היא גם ביקשה מאָלְדוֹ לקנות לה זוג גרבי ברך חדשים. כזה לבן עם דוגמה, כמו של יולי סלאי מהכיתה.

קלרה החזיקה בידה את *דוקטור פאוסטוס* כדי להחזיר אותו. יוּטְקָה ופָאנִי קיבלו את פניה כשל חברה ותיקה. אפילו עוגת הבית לא הייתה כבר כל כך מעניינת, מלבד אולי 'מִנְיוֹן-תפוחי-האדמה', שאָלְדוֹ וקלרה הביאו במתנה. שלוש הבנות נבלעו בחדר הילדים.

אָלְדוֹ סיפר בהתלהבות שקלרה התחילה ללמוד יותר לאחרונה, ומתחילה להביא הביתה ציונים טובים. הוא גם סיפר בגאווה על ההצלחה אצל פִּישְׁטָא זָיילְמַן. אחר כך הוא סיפר על

הניסיון הכושל אצל המורה לצרפתית. מִישִׁי הסכים לגמרי עם עמדתה של קיפי, המורים היום כל כך חסרי רגישות! אין להם מושג עד כמה הילדים האלה זקוקים לתשומת לב ולאהבה... גם אצלם קורה שהאחת או השנייה חוזרות הביתה בבכי. הוא מצידו הולך בעצמו לבית הספר במקרים האלה, אבל בֶּטִי חושבת שצריך כבר להפסיק עם זה כי זה עלול לגרום לנזק... קיפי לא בוכה בגלל זרים, אבל הופכת לקשה מאד וכמובן שגם זה לא טוב, כי בסוף עוד כועסים עליה.

אחר כך הציצו לחדר הילדים, ומצאו את קיפי ופָאנִי משחקות קלפים על הרצפה, ויוּטְקַה קוראת על המיטה. מִישִׁי התייחס למראה בטרוניה קלה:

"בנות, למה אתן לא משחקות במשחק ששלושתכן יכולות להשתתף בו...?"

"ליוּטְקַה נמאס ממשחק הזיכרון, אבל קיפי עוד משחקת איתי." הסבירה פָאנִי.

מִישִׁי לא אהב את המבט שיוּטְקַה שלחה לעברו, אבל בהעדר רעיון הולם יותר הוא השאיר את הבנות לבד. אחר כך הוא התגאה בפני אָלְדוֹ כמה מתנות יפות הבנות הכינו לכבוד יום הולדתה של בֶּטִי. אחר כך סיפר שקיבל הזמנה מאחד מבתי הספר התיכוניים. מאפשרים לו לשוב למקצוע כמורה להיסטוריה. יש בזה יתרון גדול שהוא יוכל לבלות יותר בחברת הבנות, הבעיה היא רק שלאחרונה התחילו לערוך גם עם המורים שיחות בנושאים פוליטיים, והוא מצידו...

"פסיכית מטומטמת!"

"את מטומטמת!"

"זאת אחותי!"

שלושת המבוגרים טסו כולם יחד לעבר חדר הילדים. עדיין התעופפו עלבונות כאלה ואחרים בחדר, שלוש הבנות בכו, קיפי רצה החוצה מהחדר:

"אני רוצה ללכת הביתה!"

אָלְדוֹ מיהר אחריה למסדרון, אל דלת הכניסה הנעולה. קיפי לא נגעה במפתח, רק התכרבלה באחת הפינות ליד הדלת ומיררה בבכי. אָלְדוֹ כרע על ברכיו לידה. קולו של מִישִׁי נשמע מהחדר: "איך אפשר להתנהג כך אל אורחת?!" ויווֹטְקַה בבכי: "תיכוניסטית מטומטמת!". גם קולה של בֶּטִי נשמע: "בואי קטנטונת, ספרי לי..."

"אני רוצה הביתה!"

"קיפיל'ה, מה קרה?"

"אני רוצה הביתה!"

מִישִׁי ופָאנִי הבוכייה מתקרבים, אָלְדוֹ מאותת להם לשוב על עקבותיהם. קיפי עדיין ממררת בבכי, אבל כשהיא מסכימה שהוא יאסוף אותה אל חיכו אָלְדוֹ נרגע. זה אותו בכי כמו אז, כשעלה הביקור בבית היתומים. הם שותקים ארוכות. עכשיו בֶּטִי מתקרבת אך אָלְדוֹ מסמן גם לה להתרחק. היא מבינה.

"קטנטונת שלי, את רוצה לספר לי מה קרה?" לוחש לה אָלְדוֹ.

לאחר זמן מה קיפי מתחילה כבר להגיד משהו, אבל עדיין קשה להבין את דבריה:

"... גם לי יש אח... רק לא כאן..."

11 באפריל, 1949.

היום הוספתי את חתימתי למכתב שאוֹלְגִי כתבה לג'וּרִי. למרות שבמכתביו האחרונים לאוֹלְגִי הוא רק כותב: "דרישת שלום לאחותי". למה הוא כועס אם זה הוא שעזב אותנו?! טוב, לא חשוב, חתמתי. בטח גם לו לא קל שם לבד. גם קראתי את המכתב האחרון שלו. יש לו כבר חברים. גם יש לו את המשפחה הזאת שהוא חי אצלם, אבל הם נורא היסטריים ואנחנו מתעבים היסטריה. זה בטח כמו שהיה אצל דודה מַנְצִי, שמהם היינו תמיד נמלטים עם אימאל'ה ואבאל'ה על נפשותינו. אולי אני אציע לו שבמצבים כאלה, שפשוט ייצא מהחדר. הוא מצפה כבר בקוצר רוח לקבל דרכון צרפתי. אולי עוד ניפגש פעם...

היה זה תחילת יוני, מזג האוויר היה ממש יפה וסוף שנת הלימודים התקרב במהירות. כבר הפך למסורת שלאחר ארוחת הצוהריים של יום שבת אָלְדוֹ נשכב על המיטה של ג'וּרִי ותפס תנומה קצרה, בזמן שקלרה הדיחה את הכלים במטבח. זאת הייתה ההמצאה של אָלְדוֹ, 'שגם לאוֹלְגִי יהיה מדי פעם יום יותר קל'. למעשה, מטרתו הייתה שקלרה תתרגל קצת לעבודות בית, דבר שמעולם, לא אוֹלְגִי ולא הוריה, לא ציפו ממנה. היא אמנם תפרה בכישרון, מאחר ולמדה מסבתא שלה את רזי המקצוע, את המונחים 'המקצועיים' היא ידעה רק בגרמנית, וגם די אהבה לגהץ ואפילו לנקות פה ושם. כשניקתה, היא העדיפה לצחצח באופן יסודי ושיטתי אזור קטן מאשר לנקות חדר שלם. אצל אָלְדוֹ בבית היא בחרה לעצמה את המטלות ואת אלה היא ביצעה במסירות ובדייקנות. למשל, על גיהוץ החולצות לא הייתה מוותרת בשום אופן. בתמורה היא רק ביקשה את הערכתו הנפרדת של אָלְדוֹ על כל חולצה.

"בזאת תיראה ממש יפה!..." הייתה אומרת לפעמים בטון של ילדה בת חמש שמשחקת ב-'אבא-אימא'. זה כמובן לא בא במקום הערה עוקצנית על החולצה הבאה: "החולצה הזאת מיושנת נורא, רק זקנים לובשים כזאת!" והדרישה להיפטר ממנה בדחיפות.

מאוֹלְגִי לא היה ניתן להוציא שמץ של החלטיות בכיוון כזה, כך שנוכחותו של אָלְדוֹ הצליחה להעביר אל קלרה אך ורק את שטיפת הכלים של שבת בצהרים. כשאָלְדוֹ היה מתעורר מתנומת הצהרים הם היו בוחרים באופן אקראי פעילות כלשהי מחוץ לבית. לפעמים הם גם לקחו את אוֹלְגִי איתם. אבל לא היום, כי היום לאוֹלְגִי כאבו הרגליים. קלרה רצתה ללכת לקולנוע, אבל אָלְדוֹ בהתעקשות לא אופיינית לו, עמד על דעתו לערוך טיול ב-*מַרְגִיט*-

סִיגֶט[21]. קלרה חשבה שאולי אין לאָלְדוֹ די כסף בשביל סרט, וברוב טאקט הסירה את הרעיון מסדר היום.

בטיול על שבילי האי היא התחילה לספר על שיעורי האנגלית הפרטיים שאָגִי פלדמן לוקחת. כבר שלוש שנים. היא עצמה למדה רק שנה אחת, בשביעית כשלמדה בביה"ס 'רֶשְׁקַאִי', כי בשמינית תלמידים יהודים כבר לא יכלו ללמוד בבית הספר. לדעתה של אָגִי, קלרה יכולה להצטרף אליה לשיעורי האנגלית. אם היא תדביק את הרמה. ככה זה יעלה לכל אחת מהן רק חצי מחיר כי הן לומדות יחד באותו שיעור. רק היה כדאי לבדוק שהמורה היא לא כמו גב' ונצל. אבל אם זה מתאים, היא הייתה יכולה להשלים את החסר בקיץ והייתה יכולה להתחיל בסתיו.

"תשמעי, זו תוכנית מצוינת!"

"ואתה תוכל לשלם עבור השיעורים?"

"אוכל."

"אבל עדיין לא שאלתי כמה זה עולה."

"זה בכל מקרה שימושי מאד. אנחנו נצטמצם ונסתדר. את יודעת שלבית היתומים..."

"אני יודעת."

"את באמת רוצה ללמוד אנגלית בקיץ? לבד?"

"אָלְדוֹ, אתה לא מאמין לי שאני יכולה ללמוד הכול אם אני מחליטה שאני רוצה?"

"אני 'מת' על הצניעות שלך!", צחק אָלְדוֹ. "יאללה, קדימה!"

"טוב, נכון שאת המבטא קשה ללמוד לבד. אבל אני אאזין ל-BBC ו..."

את אנחותיו של אָלְדוֹ קלרה ידעה לזהות כבר די טוב בתקופה זו, אבל את פירושה של אנחה זו היא לא הבינה. היא

---

[21] *MARGIT SZIGET* - האי מרגיט. האי הגדול, המוכר והחביב ביותר על תושבי הבירה, במרכזה של בודפשט. האי, על שמה של נסיכה הונגריה שהפכה לקדושה, משמש לפעילויות ספורט, טיולים ומפגשי זוגות אוהבים -לדורותיהם.

הביטה בו כשסימן שאלה תלוי על פניה, אבל כבר בלי חרדה. אָלְדוֹ הציע שיישבו על ספסל.

"קיפיל'ה, יש משהו שאני רוצה לשוחח איתך עליו. בגלל זה רציתי שנבוא לכאן."

"למה דווקא לכאן?"

"עדיף שאף אחד לא ישמע... עכשיו, כשהזכרת את ה-BBC... כלומר... את צדקת שאני מקבל מצב רוח רע מהעיתון... אין ברירה, גם את חייבת להבין את זה קצת יותר... עולם קשה התחיל עכשיו..."

"איפה?"

"כאן, במדינה."

"שוב?!"

"בואי נקווה שהפעם זה לא כמו... את זוכרת, גם את סיפרת, שהַרְשָׁאנִי' תחקרה את הילדים על העיסוק של הוריהם..."

"יהיו רדיפות יהודים?"

"לא, אני לא חושב..."

אָלְדוֹ חיבק את כתפיה של קלרה. איך יצליח בעת ובעונה אחת להרגיעה וגם להנחות אותה לזהירות מרבית, חיונית?

"אבל התחילו שוב לחפש 'אויבים'. עד עכשיו נראה היה שרק בעלי רכוש נמצאים על הכוונת. אבל עכשיו נעצרים גם אנשים מהסביבה הקרובה שלהם..."

"מי זה 'הם'?"

"הקומוניסטים."

"הַרְשָׁאנִי' אמרה שהיא קומוניסטית. עכשיו היא נהייתה המנהלת."

אָלְדוֹ קפץ את שפתיו, כדרכם של גברים.

"קיפיל'ה... מעכשיו אנחנו לא פותחים את הפה, את לא מביעה את דעתך, את לא אומרת כלום על אנשים אחרים ואת לא מעצבנת אף מבוגר. את מבטיחה?"

קלרה נראתה לפתע מבוגרת בחמש שנים.

"כי אז ייקחו אותנו? ... כשאנשי 'צלב החץ' הגיעו גם אסור היה לנו לדעת שום דבר, על אף אחד..."

אלוהים, רק שלא תיבהל כל-כך! אבל היא חייבת להבין!

"קטנטונת שלי, אני מניח *שאנחנו* לא חשובים להם. אבל הכרחי לשמור להיות בשקט, כדי שגם בהמשך לא נהפך לחשובים בשבילם. אנחנו נוכרז כ'אויבי האומה' רק אם אנחנו *נראה* כאויבים. אל תגידי שהַרְשָׁאנִ'י, או כל מורה אחר מטומטם, או שבביה"ס 'רָשְׁקַאִי' היה יותר טוב. אל תדברי על הדברים הטובים שהיו בעבר, ובכלל אל תספרי דעה מוצקה על שום דבר. אפילו פרצופים אל תעשי! וגם אל תספרי על שיעורי האנגלית..."

קלרה שותקת, אָלְדוֹ מנסה להקל על המועקה:

"שנה שעברה כל כך היטבת לעשות את עצמך טיפשה כשלא אהבת איזו מורה! עכשיו צריך לעשות בדיוק את אותו הדבר, אם מישהו מנסה להוציא ממך את דעתך על עניין או על אדם כלשהם."

קלרה עדיין שותקת.

"קיפיל'ה... יכול להיות שזה יחלוף מהר... אבל עכשיו, עדיף להישמר."

"אני יודעת לשתוק."

העננים המתהווים על פניה של קלרה סיפרו שהיא דוברת אמת.

"קטנה שלי, ספרי לי או לאוֹלְגִי כל מה שאת רוצה, אבל לא לאף אחד אחר!"

דממה. אחר כך קלרה שואלת:

" ולאָגִי פלדמן?"

"...לה את יכולה לספר. אבל כדבר ראשון תגידי לה שגם היא תשמור על הפה."

"היא לא מדברת עם אף אחד בבית הספר. רק איתי... היא גם יהודיה."

"את זה כבר הבנתי."

"איך?"

"יש לה שם יהודי."

"גם לי?"

"גם לך."

"ושלך?"

"גם. הבעיה היא, שגם של הַרְשָׁאנִּ'י..."

קלרה החווירה.

"הקומוניסטים הם יהודים?"

"יש ביניהם..."

"אבל אנחנו לא קומוניסטים, נכון?"

"נכון."

"לא כל הקומוניסטים יהודים?"

"כפי שאמרתי, לא כולם."

שוב פניה הישנים-ישנים של קלרה... ואָלְדוֹ שוב מנסה להגיד משהו קליל יותר:

"כדי לבלבל את האויב!"

קלרה נצמדת אליו קרוב ממלמלת משהו. אָלְדוֹ לא הבחין אפילו מתי התחילה לבכות.

"מה קורה קיפיל'ה?"

אָלְדוֹ איפשר לה להניח את ראשה בחיקו.

"רוצה הביתה..."

"כולנו."

אוֹלְגִי התקשרה ביום ראשון בבוקר לספר שקלרה לא מרגישה בטוב ומבקשת מאָלְדוֹ שיבוא. אין לה חום. היא רק ביקשה ממנה להתקשר אליו. אָלְדוֹ צפה שזה עלול לקרות. הוא שבר את ראשו בלילה איך יוכל להפיג מעט את חששותיה של קלרה, באיזה תירוץ הוא יוכל לבלות איתה מספר שעות גם היום. ושביום שני הוא ילך לבית הספר וידבר עם גב' שוֹמוֹגִ'י, המנהלת הקודמת. בתקווה שהיא עדיין מלמדת. אולי יהיו לה כמה הארות שיעזרו לקלרה להתמצא במצב. הוא נזכר במחנה הכפייה, ששם תמורת קערית נזיד יותר ויותר אנשים היו מוכנים להלשין על מישהו אחר, והוא רק

התפלל, כבר לא לאלוהים, רק לאבא, שיעזור לו להבחין במי ניתן לבטוח.

"אגיע בקרוב. כואב לה משהו?"

"היה הכרחי... לספר לה?" לחשה אוֹלְגִי.

"כן, אוֹלְגִיקָה. אני כבר יוצא."

אָלְדוֹ התיישב על קצה המיטה ליד קלרה, אוֹלְגִי קרקרה סביבם. היא הייתה בטוחה שעם הופעתו של אָלְדוֹ כל בעיה תיפתר, וגם הפעם זה יהיה כמו בדצמבר - היא רק תצטרך להכין קומפרסים ולבשל מטעמים. זה לא מה שאָלְדוֹ קרא על פניה של קלרה. המחלה בחנוכה נראתה היום כנסיעת תענוגות מאושרת, כפיצוי על המסע בתחתיות שאול. כאן, עכשיו, הרוב עוד לפניהם. הוא החליט בליבו שעל התהום הזה הוא יעביר את קיפי בבטחה, ויהי מה. מהיכן הוא שאב את הביטחון העצמי הזה? אולי מהעובדה שהייתה זקוקה לו.

הוא חש שקלרה מעדיפה להישאר איתו לבד, אז הוא בקש מאוֹלְגִי שתכין להם חלב ציפורים עם איים צפים. קלרה לא התלהבה מהרעיון, היא התלוננה על מחושים בקיבה, אבל אָלְדוֹ התעקש. ככה אוֹלְגִי תהייה עסוקה במטבח די הרבה זמן. אָלְדוֹ הציג מספר שאלות שטוחות לקלרה על הרגשתה הכללית, אבל שניהם ידעו שלא בזה מדובר. היה קשה להתנווט אל העיקר וזה לא הצליח מיד:

"קיפיל'ה, אני רוצה לספר לך קצת היסטוריה..."

"אין צורך..."

"אבל בדרך כלל את אוהבת להבין את הדברים..."

"אין כאן מה להבין... אני לא רוצה ללכת יותר לבית הספר. ובכלל, לשום מקום!"

"בודאי שכן! זה לא כמו 1944! את לא צריכה לעשות כלום מלבד להיות זהירה עם הדיבור שלך."

"לא רוצה להיות זהירה... לא רוצה כלום. אני... גם שנה שעברה הייתי מוכנה למות ברצון, רק בגלל אוֹלְגִי לא... וגם עכשיו אני מוכנה."

"אז עכשיו קומי מהר, תתרחצי ואנחנו נצא לאיזה מקום."

"לאן?"

"אני לא יודע. לאיזשהו מקום שאנחנו מרגישים בו טוב. אנחנו נמצא כבר."

"... אתה היית עצוב אם הייתי מתה?"

"לא, הייתי נותן לך סטירה!"

מתוך העצב העמוק גם קלרה פרצה בצחוק.

"קדימה, למקלחת!"

קלרה לא זזה ממקומה. היה טוב שאָלְדוֹ היה כאן לידה וגם היה טוב שהוא ניסה לדרבן אותה, בדיוק כפי שאבאל'ה היה עושה את זה - אבל הוא לא מבין משהו! היא צריכה לספר לו בצורה אחרת, כדי שגם הוא יבין.

"אני לא רוצה שוב..." הפתיח הזה נאמר בקול רציני אך שליו, אבל אז התחילה לבכות. "אם אצטרך שוב לפחד כל כך כמו אז, אני לא אעמוד בזה! אני לא *רוצה* לעמוד בזה!"

אָלְדוֹ הביט בה בחוסר אונים לזמן מה, ואחר כך התחיל לדבר מאד בשקט.

"אז עכשיו אני אספר לך שאחרי המלחמה, במשך שלוש שנים פניתי אל הכל-יכול רק כדי להגיד לו שוב ושוב על הזעם שלי עליו, בגלל שהוא נטש אותי. אמרתי לו דברים איומים... אבל מאז שאת כאן, אני מודה לו על כך כל ערב ועכשיו אני כבר אפילו מבקש ממנו סליחה. כי הוא ידע מה תוכניותיו לגבי. רק שנורא קשה לשאת הכול לבד. כשיש למען מי - הכול יותר קל."

קלרה הניחה את כפות ידיה, שהיו כבר כמה דקות מכוסות בכפות ידיו של אָלְדוֹ, על כפותיו.

"גם אני מאד אוהבת אותך... נכון שאותך הקומוניסטים לא ייקחו?"

"אין להם סיבה. אני רופא, אני מרפא אנשים ופוליטיקה לא מעניינת אותי."

"גם את אוֹלְגִי אי אפשר לקחת?"

"זקנים לא מעניינים אותם."

"וילדים?"

"גם ילדים לא. אבל את לא תישארי עוד הרבה זמן ילדה. כך שאת גם שומרת על עצמך כאשר את זהירה, לא רק עלי. תתארגני עכשיו מתוקה, אנחנו הולכים להכין תוכנית מבצעית."

"איזה תוכנית מבצעית?"

"אני אספר לך. אבל קודם תאכלי ארוחת בוקר."

המורה לאנגלית של אָגִי פלדמן הייתה יותר מדי 'מורה' כדי שקלרה תוכל לחבב אותה ממבט ראשון, אבל אישיותה המאוזנת ורצונה הטוב הבסיסי התחבבו עליה יותר ויותר. בהתחלה הערתה לגבי השפעתה המצמצמת של הצרפתית על האנגלית צלצלה באוזניה של קלרה כביקורת עליה, אבל כאן לא היה מדובר כלל בדבר כזה. גב' משטרוביץ ביקשה מקלרה לא פעם לשמוע כיצד אומרים מילה כזו-או-אחרת בצרפתית או בגרמנית, והיא הייתה גאה מאד שזכתה ב'תלמידה כל כך משכילה'. באופן כזה הם הגיעו די מהר להסכמה, בניגוד לרצונה המקורי של קלרה, שגם במהלך הקיץ, פעם בשבוע, קלרה תבוא לשיעור. גב' משטרוביץ' התייחסה בהערכה מפורשת לבקשתה של קלרה לקבל יותר ויותר שיעורי בית. באמצע הקיץ היא לחשה על אוזנו של אָלְדוֹ שעד הסתיו קלרה תשיג את אָגִי 'בידיים קשורות מאחורי גבה', ומאחר והיא הרבה יותר כישרונית ממנה, אין שום טעם להגביל אותה לקצב של אָגִי. אָלְדוֹ הנחה בהתאם את קיפי בגאווה, אך לא ללא שמץ דאגה, שהדבר יחבל בקשר החברתי היחידי שהיה לה. הוא ישוחח איתה על כך...

האירוע החשוב הנוסף של הקיץ היה יום הולדתו של אָלְדוֹ. עוד באביב קלרה דפדפה באחד המסמכים הרשמיים של אָלְדוֹ שהיה מונח על שולחנו, את תשומת ליבה משך רק התצלום הישן -

איזה פנים יפים היו לו! ומאז היא שיננה את התאריך. מעניין, אלף תשע מאות ושבע, שביעי לשביעי... למה הוא אמר לה בסתיו שהוא בן ארבעים ושתיים, רק עכשיו ימלאו לו ארבעים ושתיים?... במאי היא לקחה בסתר, ליומיים, את הסוודר הישן והבלוי שלו שהיה ידוע כפריט האהוב עליו ביותר בעבר. אוֹלְגִי העתיקה את הגזרה ואת הדוגמת הסריגה, ואחר כך, יחד עם קלרה, כיתתו רגליים עד שמצאו צמר זהה. במשך שבועות אוֹלְגִי טרחה בכל רגע פנוי על הגרסה המחודשת של הסוודר.

אבאל'ה יקר! ארגנתי עבור אָלְדוֹ את מכתבת העור שלך ליומולדת שלו. נכון שעכשיו הוא יכול להשתמש בה? קניתי עפרונות תואמים, אדומים ושחורים, כמו שמבוגרים משתמשים. קניתי גם נייר חלק ונייר משבצות ומעטפות לשים בתוכה. קניתי גם מחק. נכון שלא איכפת לך? אני אוהבת אותך תמיד כמו בעבר, אבל אני גם מאד אוהבת את אָלְדוֹ. הוא מאד שמח על הסוודר שאוֹלְגִי הכינה לו ונשאר לי מספיק כסף לשתי ממחטות אף. הוא היה גם עצוב וגם שמח, אבל אוֹלְגִי ואני שמרנו שהוא לא יתעצב באמת. אמרתי לו שגם אצלנו ימי ההולדת היו שונים בעבר, אבל גם עכשיו טוב, כי אף אחד לא לבד.

תקופת הכנת השימורים בעונת הקיץ הסבה הנאה עצומה לאָלְדוֹ, עוד בזמנים ההם. מאז ילדותו הוא אהב את הטקס הזה באופן מיוחד. בימים ההם, אפילו כשהיה רק בן חמש, אי אפשר היה להוציא אותו אז מהמטבח. וכשהיה בכיתה א' ויום אחד חזר הביתה וגילה שכל הבישולים הסתיימו, הוא בכה כל כך שבקושי היה אפשר לנחם אותו. מאותו יום אימא וגב' מאיר ארגנו כך את העניינים שמקרה כזה לא יחזור על עצמו. אַלִי, כשהיה כבר תיכוניסט, היה מוכן לקום בחמש בבוקר על מנת להשתתף לפחות בקניית הפירות לפני שהוא הלך לבית הספר. התירוץ כמובן היה

שלגב' מאיר אין כבר כוח לסחוב כל כך הרבה. למרבה המזל, לרוב הפירות יש די הגינות להבשיל בתקופת חופשת הקיץ. בהכירה את ההיסטוריה הרחוקה של אַלִי, גם אִילוֹנָה הקפידה לערוך את הפעילות הזאת בימיו הפנויים. היא אהבה את ההרגלים הילדותיים האלה של אַלִי שלה.

כשבאחת השבתות של חודש יוני הוא פגש בצנצנות ריבת הדובדבנים המכוסות בצלופן על השולחן במטבחה של אוֹלְגִי, הוא חש תחילה את אותו עלבון ותרעומת כמו בימי ילדותו. ומיד אחר כך את אותה ההתמרמרות שעליה כבר אין בפני מי להתרעם. שש שנים לא ראה הכנת שימורים ולא חשב שאי פעם עוד יזכה לכך.

"למה לא ביקשת שאעזור לך להביא הביתה את הדובדבנים? אבוא איתך ברצון לשוק!" אמר לאולגי. גם הם השתמשו כבר בגוף שני ביניהם.

מכאן והלאה: הכנת שימורי ריבת משמש, רסק תפוחי[22] עץ ועגבניות (*קְבוֹדְלִיבֶּט!*[23]), הכול כבר נעשה בהתאם לרצונו. וחיפוש השזיפים המתאימים בעונתם הוא כבר הפך לגמרי לשלו. יומיום היה בוחר בדרך שעוברת בקרבת השוק, עוקב אחר מחירי השזיפים, ולפני הצוהריים מתייעץ עם אולגי האם גם לדעתה כדאי כבר לקנות. גם לה היה כבר ברור שאי אפשר לפסוח עליו באירועים החשבים האלה.

הגיעו ימי סתיו גשומים ורגליה של אוֹלְגִי כאבו לעתים תכופות. במקרים רבים יותר ויותר קלרה החלה לערוך את הקניות בעצמה. בימים של לא-אָלְדוֹ היא כבר חיכתה לרשימת המצרכים שיש לסחוב. אוֹלְגִי אמרה שלא הסחיבה שקשה לה, אלא המדרגות לקומה השלישית. מכיוון שהמעלית לא פעלה מאז המלחמה. אפילו לאדון בראון כבר העיזה לשלוח את קלרה, למרות שסברה שקניית בשר הוא התפקיד הרגיש ביותר של כל עקרת בית. אדון בראון אף

---

22 בשנים אלה קרה שלא היה ניתן להשיג תפוחי עץ אפילו בחורף. לכן, היו משמרים רסק תפוחי עץ למילוי בעוגות.

23 מכשיר להפרדת בשר העגבניות (או פרי דומה) מן הגרעינים והקליפה.

פעם לא "סידר" את קלרה. נהפוך הוא, הוא תמיד מסר לה את העוף היפה ביותר, אולי כדי שאחר כך ישבחו אותו. משם היא חצתה לקרן הרחוב הבא למכולת, שבימים אלה כבר קראו "מרכל".

בזמן שעמדה בתור היא בהתה בשעמום בתסרוקת ובלבוש של האישה, בת גילה של אוֹלְגִי בערך, שעמדה לפניה. היא הייתה מסורקת בקפדנות יתירה מאוֹלְגִי וגם בגדיה היו טובים יותר. אוֹמָא הייתה מתלבשת בסגנון כזה בערך. אחר כך גבר צעיר אחד התחנן להיכנס לתור שלפני הגברת המבוגרת. הוא ידע בדיוק איך לעשות את זה, בחביבות יתירה שתקשה לעמוד בפניו.

"טוב, אם אתה באמת רק רוצה לקנות ממרח גבינה, אז בבקשה..."

קלרה זקפה את אוזניה - זה לא 'ר' הונגרית! זה יותר כמו 'ר' צרפתית... קלרה הישירה מבטה קדימה, ניסתה לראות את פניה של הגברת הזקנה. כמובן שזה לא עזר לה במיוחד, אבל הגברת הרגישה שקלרה בוחנת אותה ולאחר התחבטות של בזק, היא הסתובבה וחייכה אליה. קלרה הרגישה נבוכה, והתארגנה מחדש על מקומה בתור למרות שהתרגשותה לא פגה. הונגרים לא נוהגים לחייך, היא חשבה לעצמה, מקסימום לתינוקות. תכף יגיע תורם. נשימותיה הואצו. היא לא יכולה להפסיד את הרגע! היא הושיטה את צווארה קרוב-קרוב לשיער האסוף ולחשה ברעד:

"[24] *Vous etes francaise?*"

אין מענה. אז היא צריכה לנהוג כאילו שלא אמרה כלום. כעבור זמן קצר הגברת התכופפה לסל שלה, מתקרבת תוך כדי כך אל קלרה:

"[25]*N'en parlons pas ici…*"

קלרה מצמצה בעיניה באושר, הגברת עשתה כמוה. אחר כך יצא הגבר עם הממרח גבינה והגברת מסרה את תווי הקמח שלה וקנתה עוד מספר דברים. הן החליפו שוב מבטים. מה יקרה

---

[24] האם את צרפתייה? - צרפתית

[25] לא מדברים כאן... - צרפתית

עכשיו? היא צריכה להשלים את הקניות שלה ועל הגברת ללכת לדרכה...

"אז אני אראה לך תכף היכן נמצא בית המרקחת..." גלגלה הגברת את ה'ריש'ים שלה, והמתינה לקלרה עד שהיא מלאה את סלה גם.

הן התקדמו אל עבר היציאה. קלרה נמשכה כמו למגנט אל השיער האסוף בשיניון.

"לא אמרו לך בבית לא לדבר עם זרים?" שאלה הגברת, עכשיו כבר בצרפתית.

קלרה נדהמה. האיסור לא חל על גברות כאלה! היא לא טועה בדברים מעין אלה, היא חשבה לעצמה. אחר כך היא כבר חשבה שאולי היא כן עלולה לטעות. אָלְדוֹ הסביר משהו גם על פרובוקאטורים, אבל אז היא כבר לא הקשיבה לו. בפעם הראשונה היא לא בטחה ביכולתה לזהות אנשים. גם ההיגיון שלה לא פעל, הרי היא פנתה ראשונה לגברת.

"רק שמעתי שאינך הונגריה..." היא התנצלה בצרפתית.

כאילו שהשפה עוטה עליה שריון מגן.

"טוב, לא קרה דבר... אבל בפעם אחרת, תהיה זהירה. ואני לא צרפתייה, אני אוסטרית. רק המחנכת שלי הייתה צרפתייה ובבית נהגו לצחוק עלי שלא למדתי לבטא את ה"ר" האוסטרית. אחר כך התחתנתי עם מישהו מכאן. ואת, מאין את יודעת צרפתית?"

קלרה כמעט פרצה בבכי מתוך כעס על עצמה כאשר הרגישה שהזהירות הזאת, שאף הגברת הזאת הזכירה לה, יכולה לשתק לגמרי את הצורך שלה לספר דבר-מה. היא אפילו לא יכולה לספר משהו למישהי שהיא מרגישה קירבה כל כך רבה אליה! היא שתקה. אחר כך היא בכל זאת מצאה נקודה שנראתה לה בטוחה, כי היא הייתה משותפת לשתיהן:

"גם לנו הייתה מטפלת צרפתייה..."

"מהדרום, נדמה לי, לפי המבטא שלך..."

"יתכן" היא ענתה, בזמן שידעה היטב ששרלוט גדלה ליד ליון, ב-*Bourg-en-Bresse*. עד היום היא מסתכלת במפה לא פעם על האזור הזה. הגברת הרגישה גם שיש לה חלק בשתיקתה של קלרה.

"את יודעת ילדה, כאן, עכשיו, זה לא העולם שלנו. עלינו להיזהר כיצד אנחנו נראים בעיני אחרים. הם לא אוהבים שום דבר ואף אחד שהוא ממוצא זר. או ממקומי..."

"ידוע לי."

"הכי אכזרי בכל המצב הזה הוא שאנחנו מלמדים אתכם, ילדים, לא לתת אמון באיש."

"כן, זה נכון."

"נכדיי, לכל הפחות, הם כבר באוסטריה. גם שם החיים לא טובים במיוחד, אבל לפחות מותר להם לדבר."

לקלרה היה חשק גדול להגיד שגם ג'וּרִי נסע, אבל היא לא אמרה.

"ומדאם, למה לא נסעה איתם?"

עכשיו הגברת השתתקה, פניה הפכו חמורים.

"אין הכרח לספר על כך..." נסוגה קלרה.

עכשיו, בפעם הראשונה, הסתכלה הגברת במבט אוהב על קלרה. כן, זה היה סוג המבט של אוֹמָא. קלרה חשה כעת בוודאות שהיא יכולה להתקרב אליה. היא חייכה קלות, בתחושת שמחה המקדימה הפתעה וירתה:

"*Aber mit meinem Grosseltern haben wir deutsch gesprochen!*"[26]

הגברת פערה את פיה, ובפעם הראשונה מאז שהיו ברחוב היא פנתה אליה בהונגרית:

"איזו מין ילדה את!"

אָלְדוֹ האזין בתחושת הקלה לסיפורה של קלרה ועל מידת זהירותה שמתפקדת נכון. ושמדאם גְרֵטְל הראתה לה את הבית בו

---

[26] "אבל עם הסבים שלי דיברנו גרמנית!" - גרמנית.

היא גרה, לאפשר לקלרה להחליט בעצמה אם תהייה מעוניינת לבוא אליה לשוחח בגרמנית או בצרפתית. אבל קלרה לא מסרה לה את כתובתה, הן גרו במרחק של שני קרני רחוב, כי את זה היא רצתה קודם לשאול את אָלְדוֹ. אָלְדוֹ שיבח אותה על הזהירות ואישר את התוכנית.

"אבל קודם גם אתה תראה!"

"אראה מה?"

"את מדאם גְרֶטְל. לדעתי היא מאד נחמדה. אבל אני כבר לא מבינה... אני לא יודעת איך לזהות מלשין..."

"אבל איך אני יכול לראות אותה?"

"אני אלך אליה, ואז אני אשאל אותה אם גם אתה יכול פעם אחת. זה נכון ככה?"

"ומה תגידי, מי אני?"

"...אני... יכולה להגיד שאתה האבא החדש שלי?"

מדאם גְרֶטְל ציפתה להם עם קפה ועוגיות. אָלְדוֹ מהרגע הראשון היה כל כך בוטח בקשר לגברת, כפי שהייתה קלרה לפני שהגברת ערערה את בטחונה העצמי ברחוב. תחילה היו השיחות איתה שיחות נימוסין: מזג האוויר, שירותי בריאות, המצב הכללי, הכול בנימה ניטרלית.

עיניה של קלרה נעצרו במבט מהופנט על הסט בו הוגש הקפה. כן, כזה הוא היה בדיוק! רק עם ציורים שונים. גם הקנקן חינני כזה, עם צוואר של ברבור. אבל על דברים מאין אלה, אסור כבר לדבר. היא המתינה שגְרֶטְל תמזוג גם לה, שסוף סוף תוכל להחזיק בידה את הספל. היא ליטפה בהיחבא את הידית ואת הדופן של הספל. כמה שזה עדין, דקיק... גְרֶטְל חשבה שהיא מבקשת עוד לשתות – אחרת למה להחזיק ספל ריק ביד?

אחר כך עברה מדאם גְרֶטְל לעיקר.

"מה להגיד לך, אדון דוקטור, מצאת לך ילדה מדהימה!"

"היא באמת מדהימה, אבל לא אני מצאתי אותה. היא מצאה אותי."

"כפי שהיא מצאה אותי! זאת היא שפנתה אליי! היא קלטה מהמבטא המדדה שלי איזו שפה דיברתי כשפה ראשונה!"

"אני יודע," חייך אָלְדוֹ, "היא סיפרה לי. היא קולטת בדיוק מי האדם מולה ויודעת בדיוק מה היא רוצה... באביב חיפשנו אדם בשבילה לשיחות בצרפתית, אבל מי שמצאנו היא לא סימפטה. עכשיו היא בחרה. והיא לא טועה, בדרך כלל!"

קלרה בלעה בשקיקה את דברי השבחים. אימאל'ה ואבאל'ה היו ככה מתלהבים ממנה בזמנם. אז היא עדיין חשבה שכך הוא סדרו של עולם.

"תאר לך אָלְדוֹ, מדאם גְרֶטְל תרגמה במשך שנים! אולי היא תוכל ללמד אותי גם לתרגם!"

"אם תרצי - בוודאי שאוכל, ברצון רב!" אמרה גְרֶטְל. "ככה, לכל הפחות, אוכל להעביר לך את מה שאני יודעת."

"אימא שלי כבר לימדה אותי, אבל אז הייתי עדיין קטנה. תרגמתי רק סיפורים לילדים ודברים כאלה... עכשיו אני מתרגמת עבור אָלְדוֹ דברים רציניים יותר, אבל לא ברמה מספיק טובה."

"אבל אני תמיד מבין את הנאמר. והתרגומים שלך הולכים ומשתפרים."

מדאם גְרֶטְל סיפרה עוד מספר סיפורים שמחים על ילדותה באוסטריה, ושב-1910 היא הגיעה להונגריה והחלה ללמוד את השפה, על תקופת היותה עקרת בית צעירה ועל תלת-לשוניותם של ילדיה. ככה היא החזירה את הנושא אל קלרה. אבל על העשורים האחרונים של חייה גם היא שתקה. לאָלְדוֹ היה נדמה שהיא אינה יהודייה, אבל גם לאנשים אחרים היו יכולים להיות די אובדנים משתקים.

אָלְדוֹ שאל בחוסר בטחון-מה האם יוכל לשלם למדאם גְרֶטְל עבור שעות השיחה, אבל שאלתו נתקלה במבט רווי טרוניה במידה כזאת שהוא רק הודה לה והשתתק מיד.

"עבורי זו מתנה אם מדי פעם אני יכולה להיות בחברתה של ילדה כזו..."

אחר כך קיפי שאלה את אָלְדוֹ אם לא יפריע לו שהן תשוחחנה עכשיו קצת בצרפתית. אָלְדוֹ לא יכל לוותר על ההאזנה לקלרה מדברת צרפתית - הוא עצמו, מאז ימי בית הספר לא הייתה לו הזדמנות לכך. אחרי זמן מה, תוך מילות נימוסין מקובלות ומצויד במנה גדושה של גאווה, הוא החל להיפרד - יש לו כמה דברים חשובים לסכם עם אוֹלְגִי, הוא יחכה אצלה לקיפי.

הדאגה הכי גדולה של קלרה הייתה איך לחלק את זמנה בין עיסוקיה הרבים וגם שאוֹלְגִי לא תהיה יותר מדי זמן לבד. כמובן שימי שלישי ורביעי הם ימי-אָלְדוֹ ואת הימים האלה היא השאירה פנויים רק למטרה זו, כך שנשארו לה רק עוד שלושה ימים לכל יתר המטלות. ליום רביעי היא ארגנה את שיעורי האנגלית, והייתה מגיעה הביתה בשעה 4. בתקופה זו לפעמים הייתה משחקת קלפים עם אוֹלְגִי אחרי הלימודים או שהאזינו לרדיו בערבים. הן אהבו הכי הרבה את תסכיתי הצגות התיאטרון שהיו משדרים. בימים כאלה אוֹלְגִי החלה בהכנות כבר בשעות אחר הצוהריים. כאילו שזהו יום חג. היא אפתה קצת עוגיות תה, שהן זולות ולא פגעו בתקציב המזון השבועי. היא קלתה קפה והכינה אספרסו ארוך בהפסקה בין המערכה הראשונה לשנייה. (למרות שבמחווה כזו זכו רק רופא כשהיה מגיע, או שכן שהוזמן.)

אצל מדאם גְרֶטְל הכול היה כל כך טוב שקלרה יכלה לבחור מתי היא הולכת אליה במסגרת היומיים הנותרים של השבוע. ובמסגרת נקיפות המצפון בגלל אוֹלְגִי. העזרה הגיעה מאָלְדוֹ ומחברת המעליות. סופסוף המעלית חזרה לפעול, דבר שהשיב לאוֹלְגִי חלק מניידותה הישנה. ואָלְדוֹ מצידו, יצא עם אותה תוכנית שפעלה גם אצל בֶּטִי - המחסור בסבתות עצום בשני בתי היתומים, הוא סיפר לאוֹלְגִי, ושאילו הייתה באה אחר צוהריים אחד בשבוע, הייתה זו תרומה עצומה. גם לה הוא הציע לעסוק במלאכת יד וגם אוֹלְגִי נזקקה לזמן מה עד שהחליטה לנסות. ואחרי שניסתה, היא המשיכה להגיע בסופו של דבר בתחושת שמחה הולכת וגדלה. בהמשך היא הביאה לבנות את כל שאריות הצמר ואת המסרגות

הרזרביות שעוד נותרו לה בבית. היום שלה היה יום שלישי, אבל לא פעם, כשהרגישה בדידות, היא הגיעה גם ביום רביעי.

הבילוי עם ואצל מדאם גְרֵטְל לא התמצה רק בשיחות בצרפתית ובגרמנית, אלא היא הכינה אצלה גם את שיעורי הבית בגרמנית. וזאת מאחר וגְרֵטְל הבינה בדיוק מה הבעיה של קלרה אצל גב' בֶּכֶר. גם לה היו, בזמנה, מספר מורים בעלי 'מצח צר' (את הביטוי הזה בגרמנית קלרה לא הכירה קודם, אבל אהבה אותו מאד מאחר ומצחה של גב' בכר אכן היה צר באופן יוצא דופן). מדאם גְרֵטְל הייתה לפעמים מכתיבה לקלרה חיבור של שיעורי הבית שגרמו לגב' בכר לחשוב שקלרה תקנה את דרכיה כתלמידה, והיא 'שה טועה ששב לעדר'. ועל כך היא וגְרֵטְל היו צוחקות מכל הלב. וגם על כך שגְרֵטְל השתדלה להחיות אצל קלרה את כל גווני השפה המדוברת, וכך הן שוחחו בגוף שני בשבועות הזוגיים ובגוף שלישי בשבועות הבלתי זוגיים. בימי שני בגרמנית ובימי שישי בצרפתית. היה לא פשוט לזכור את כל הפרטים האלה.

גְרֵטְל לימדה אותה גם קצרנות, תחילה בגרמנית. את הקצרנות בהונגרית היה עליה לרענן מעט תחילה כדי שתוכל ללמד את קלרה. בשבועות הראשונים קלרה הייתה מבקשת מאָלְדוֹ ומאוֹלְגִי הכתבה של מילים בודדות בלבד, אבל תוך מספר חודשים העברת הזמן המועדפת ביותר שלה הפכה להיות רישום טקסטים ארוכים בגרמנית בקצרנות, ואחר כך הקראתם מן הכתב להתפעלותם הרבה של אָלְדוֹ ואוֹלְגִי.

יום הולדתה ה-17 של קלרה התקרב. הדבר צלצל כלא יאומן באוזניו של אָלְדוֹ. למרות שלא רק התנהגותה של קיפי הפכה לבוגרת יותר ויותר, אלא שבקיץ היא אף העלתה שני קילוגרמים נוספים שהשוו לה עכשיו מראה של נערה מתבגרת חיננית.

"השדיים שלי לא גדולים מדי?" שאלה בקוצר רוח.

אָלְדוֹ כמעט פרץ בצחוק, אבל האינסטינקטים המתפתחים שלו כ-'אבא-לבת', עצרו בעדו.

"הכול בסדר גמור כפי שזה..." אמר בחיוך.
"אבל נכון שאני אף פעם לא אהיה 'דֵבָּה'?"
"כנראה שלא."

יום ההולדת היה מוצלח ביותר. ביום ראשון קלרה הזמינה לביתה את אָגִי פלדמן, את יהודית סָלַאִי ואת הֶגֶדִיש ורה. כמובן שגם שאָלְדוֹ חויב להשתתף במסיבה. בהביטו בחבורת הבנות, הוא הבחין שאף אחת מהן לא נראתה בוגרת. בשבתות כשהוא צופה בכיתה המתפזרת ביציאה מבית הספר, רוב בנות כיתתה נראות כבר נשים קטנות לכל דבר. את הרוב האנונימי הזה קלרה מכנה "הגברות", והינה מבלי לפספס, היא בוחרת לעצמה חברות, שבדיוק כמוה, הן בעלות מראה ילדותי. יכול להיות שזהו דבר טבעי לחלוטין?

כל אחת הביאה מתנה: ספר, עט נובע, שוקולד. מה בדיוק היה הדבר שהפך את קלרה למארחת כל כך מוכשרת - רק אימאל"ה הייתה יכולה אולי לומר. את אוֹלְגִי כיכבה על תקן 'סבתא' בזכות חביבותה והעוגיות הטעימות שלה. אָלְדוֹ, שקלרה הייתה זקוקה לנוכחותו כאישור קיומי, השתדל להישאר מחוץ לתמונה, מאחורי אוֹלְגִי, אבל הבנות די מהר הבחינו בו ומינו אותו למנהל משחקים. קלרה הכינה משחק טריוויה-השכלה שלמדה אצל דודה מַרְגִיט זָיילְמַן. היא ערכה והתאימה אותו במהלך השבועות האחרונים לאירוע הזה. אָלְדוֹ הצליח לשכנע אותה להכניס גם שאלות קלות יותר, אחרת הבנות תפרושנה מאוכזבות ולה לא יהיה עם מי לשחק. קלרה מצידה הבטיחה שלא תבדוק בספרים את התשובות לשאלות הקשות לפני המשחק. עם זאת, היה ברור מי תזכה ברוב תווי הזכייה, שכמובן ישפיעו על המתנות בסוף המשחק. בזמן שקלרה ליוותה את חברותיה לשער היציאה מהבניין, אָלְדוֹ ואוֹלְגִי סיכמו ביניהם איזו ילדה מושלמת יש להם. ואוֹלְגִי הוסיפה עוד:

"אבל את ברכת ה' אני מבקשת יומיום גם עליך, כי אתה הוא זה שהביא לכך."

בשבוע שאחרי, לָסְלוֹ רַיְיק[27] ו-'שותפיו לפשע' הוצאו להורג. בבית הספר הקדישו זמן מיוחד להקראת גזר הדין של בית המשפט העממי. באותו יום היו הרבה מריבות, בכי וקטטות - לא מאורע יומיומי בבית ספר לבנות.

כאשר באחת ההפסקות כבר התערבבו לגמרי צעקותיהם ההיסטריות של התלמידות ושל המורים, המנהלת החדשה, גב' הַרְשָׁאנִי, ביקשה מאדון בּוֹקוֹר, המורה למתמטיקה ופיזיקה, לשאת דברים אל התלמידות. בפעם הראשונה קרה לה שהיא נראתה מבולבלת, רועדת ומדברת בקול צרוד. המורה בּוֹקוֹר, המורה הצעיר והחדש לרוסית, היה הגבר היחידי בבית הספר לבנות. אבל לא רק בזכות עובדה זו הוא זכה לכבוד רב. לשלוותו הבלתי ניתנת לערעור היו זקוקים מפעם לפעם. הבנות התאספו בחצר. עמדו שם גם כל המורות, רובן נבלעות בין התלמידות. הן לא עמדו בשורות ולא ניתנה שום הנחייה להתארגנות כלשהי. אף מורה לא שרקה במשרוקית שלה או צעקה בדרישה לשקט בזמן שהמורה בּוֹקוֹר עלה על ארגז ציוד הספורט שעמד שם. למרות זאת, השתררה דממה. ארבע מאות התלמידות והמורות ציפו לדבריו, כפי שאוֹלְגִי הייתה מצפה להופעתו של אָלְדוֹ כשהיו בעיות בבית עם קלרה - שמישהו יגיד משהו...

וקולו של יוֹזֶ'ף בּוֹקוֹר השרה את אותה שלווה בלתי נתפסת שהשרה אז גם קולו של אָלְדוֹ. למילים במילא כבר אף אחד לא באמת האזין. פשוט היה טוב לשמוע אותו.

"אנחנו כולנו מבקשים לחיות בשלום...", "החובה שלנו היא ללמד וללמוד. אם אנחנו נבצע את המוטל עלינו, וכל אחד יבצע את חובתו, אנחנו נוכל לחיות בשלום." "אנחנו כולנו אוהבים את משפחותינו, את הורינו, את ילדינו, נשותינו, בעלינו. איתם, בראש ובראשונה, יש לחיות בשלום... אנחנו - זהו תפקידינו." "כאשר היום תלכו הביתה, ילדות, תנשקו את ידיהן של האמהות שלכן..."

---

[27] שר הפנים בממשלת הונגריה בשנים 1946-1948. קומוניסט, קורבן ראשי של משפטי הראווה הסטליניסטיים בהונגריה. הוצא להורג ב-1949, שמו טוהר ב-1955.

כאן הוא עצר לרגע במבוכה. הוא ידע היטב את המספרים: בבית הספר היו 17 תלמידות שאין להן אימא. "ואם יש מישהי אחרת שממלאה במשפחותיכם את תפקיד האימא, עליכן לאהוב אותה גם, מכל הלב..."

דברים מעין אלה הוא השמיע חזור ושוב, ואת זה כולם אהבו לשמוע. האמינו לו בהיענות בלתי מעורערת, שזהו העניין, שבזה מדובר, שבזה יש להתמקד.

"כעת כשאתן חוזרות... חברותיי, חוזרות לכיתות, תערכו שיחה על החגים, על האהבה, על המשפחה..."

המורה בּוֹקוֹר ירד בגמלוניות בולטת מהבמה המאולתרת והמנהלת הַרְשָׁאנִי ניגשה אליו והודתה לו על הנאום. הקהל החל להתפזר. בּוֹקוֹר החל להסביר שאין זה נכון לערב את הילדים בפוליטיקה כאשר הרוחות סוערות כל כך. הַרְשָׁאנִי הנהנה בראשה בהסכמה. אולי בגלל שורשיה היהודיים לא שמה לב שהנאום היה יכול להיות קטע ממיסה קתולית. בשעתיים שנותרו שררה שלווה בבית הספר, יותר נכון דממת מוות.

יומני היקר!

אָגִי פלדמן אמרה לי בהפסקה שאבא שלה סיכם שאם ייקחו אותו גם, אָגִי תעבור לגור אצל הדודה שלה. שאותה היא שונאת וגם אבא שלה אף פעם לא אמר עליה מילה טובה. היא רק מהנהנת בראשה לדברי אבא שלה, אבל היא יודעת איך מתאבדים. ניסיתי להרגיע אותה. אמרתי לה שלדעתי בטוח לא ייקחו את אבא שלה, אבל אם זה יקרה בכל זאת, היא תוכל לבוא אלינו.

אני יודעת שאוֹלְגִי הייתה מקבלת אותה ברצון, ואצלנו יש שתי מיטות פנויות בחדר הילדים. גם אָלְדוֹ מחבב את אָגִי. איך אפשר לדעת את מי רוצים לקחת? בטוח שאת אָלְדוֹ לא ייקחו? הוא לא היה עשיר, כמו האבא של אגי.

כעבור שבוע, אלוירה קראה לאָלְדוֹ למסדרון. היו כאן טכנאי הטלפון, היא אמרה, ובו בזמן נפנפה לו עם בלוק המרשמים. למרות שלא הייתה שום בעיה עם הטלפון[28]. אחר כך היא הזמינה אותו להתקרב לארון המסמכים שבקצה המסדרון. רואה החשבון של המרפאה נעלם לפני שבוע. בבית הדפוס בו עובד בעלה לקחו כבר שלושה חברים לשעבר במפלגת ה-*סוֹצְ-דֶמ* (סוציאל-דמוקרטית). מהחבורה ההיא נותרו עוד רק בעלה ועוד אדם אחד בתפקיד ניהולי. אָלְדוֹ הנהן בראשו ואלוירה לא ציפתה ליותר מכך. נכון שקיפי לא מפטפטת? לא. כמה טוב שלה אף פעם לא היו ילדים, לפחות עכשיו היא לא צריכה לדאוג גם לכך. הינה, בלוק של טפסי ביקור במרפאה. איזה יופי.

בשבת הם היו מוזמנים שוב למשפחת פרויד. האווירה הדחוסה אצל המשפחה לא הפתיעה אף אחד. מנוכחותן של הילדות היה קשה להיפטר. הן שהו רק מספר דקות מפעם לפעם בחדר הילדים. אחר כך בֶּטִי הצליחה להעסיק אותן במשהו לזמן מה ושני הגברים נותרו לעצמם. מִישִׁי נראה מיוסר, אָלְדוֹ המתין להודעה רעה.

"אַלַדָר... יש משהו שאני רוצה לספר לך... אני לא ישן כל כך טוב בלילות ואני מניח שרבים מאיתנו כך... וכשאני כבר נרדם, אני מתעורר בבהלה בגלל חשבון נפש. אני תמיד רואה את פניך או את פניו של אבי..."

ההמשך בא לאט.

"אני... הצטרפתי."

אָלְדוֹ שתק, אחר כך שאל:

"היה אצלכם לאחרונה טכנאי טלפון?"

"לא. למה?"

"אני שואל ככה סתם. לפעמים הם באים בלי שמזמינים אותם."

---

[28] בתקופה זו הותקנו מכשירי ציטוט באפרכסת הטלפון באופן ידני.

נראה היה שמִישִי לא מבין במה מדובר. השאלה הטרידה אותו לרגע, אבל הנושא שעליו התכוון לספר תבע את מקומו.

"חשבתי על זה עד הסוף. הם אמרו לי את זה. אבא שלי היה בעל מפעל. אני חייב להוכיח להם שאני איתם. לבנות שלי אסור שוב להתייתם! אני חייב לשמור על שלמות משפחתי!"

אָלְדוֹ שתק. מבטו המתחנן של מִישִי הביאה אותו לומר:

"אני מבין."

מִישִי לא השתכנע.

"אני לא אשתתף בשום ציד מכשפות! אני מורה! לא שוטר! והם מבטיחים שלנו, היהודים, לעולם לא יארע רע!"

אָלְדוֹ נזכר שיחד עם רַייק, הוצאו גם שני יהודים להורג. לא משנה אם את אביו של בן אדם רוצחים בגלל שהוא יהודי או שרוצחים אותו סתם, אבל במקרה הוא גם היה יהודי.

"אתה לא דואג לקיפי?"

"אני דואג לה מאד. רק שאני לא מכיר פתרון עם ערבות. אם הייתי מכיר, אני מניח שגם אני הייתי מסכים לעשות הרבה דברים."

"לך יותר קל", התחנן מִישִי שוב. "גם העבודה שלך וגם העבר שלך הם לא כאלה. אין להם סיבה לפגוע בבן של רב."

"אתה מצאת כבר היגיון במי הם פוגעים?"

את המשפט הזה אָלְדוֹ היה מושך חזרה ברצון. אם מרגיע את מִישִי להאמין במה שהוא מאמין, שיהיה רגוע כל עוד הוא יכול להאמין. מִישִי הלך והצטמק. גם קולו נהיה דק:

"אני לא אנטוש את אמונתי באל לעולם! תגיד לי שזה לא חטא!"

יציבתו של אָלְדוֹ כרעה מחמלה:

"אני נטשתי אותו. ובכל זאת הוא סלח לי. בגלל זה הוא שלח את קיפי. בטח גם לך הוא יסלח."

באחד מימי החורף היפים קלרה עשתה דרכה הביתה, מבלי משים לשלג מעורב בגשם שירד. אוֹלְגִי קיבלה את פניה בהודעה

הטלפונית שאָלְדוֹ השאיר עבורה: אחרי המרפאה הוא הולך לרופא שיניים, אי אפשר לדעת כמה זמן יצטרך לחכות, לכן מבקש שקיפי תיקח איתה את המפתחות. נכון, כבר בסוף השבוע הוא התלונן על כאבי שיניים. נכון, לקיפי היה מפתח לדירה של אָלְדוֹ מאז הקיץ, אבל היא אף פעם לא השתמשה בו כי היא לא רצתה להיות לבד אצלו בבית. בדיוק כמו אצל אוֹלְגִי. אבל - למה לא, בעצם. אָלְדוֹ יגיע, והיא בינתיים תכין את שיעורי הבית שלה. אולי היא תגהץ לו גם כמה החולצות בינתיים. היא נכנסה לדירה, ועל השולחן המתין לה מכתב ארוך וחפיסת שוקולד.

קיפיל'ה שלי!
אולי אפילו לא נורא שרופא השיניים מקבל רק אחרי הצוהריים - ככה אני לא אהיה בבית כשאת מגיעה היום. כי יש לי חוב ישן אלייך שאולי היום אוכל להקטין אותו במקצת.

אני יודע שהיית רוצה שאספר לך על משפחתי. אבל אני לא יכול. אז עלה בדעתי שאת יכולה להסתכל באלבומים הישנים. אם זה לא מכביד עלייך, כמובן. אם את רוצה. הם שם, בארון בעל שלוש הדלתות בצד השמאלי, על שני המדפים התחתונים.
את יכולה להסתכל על כל מה שאת מוצאת שם, אין בהם סודות, רק אני לא יכול להסתכל בהם. אני רק מבקש שלא תשאלי ולא תגידי לי שום דבר עליהם. יכול להיות שפעם זה ישתנה, אבל בינתיים זה לא הולך, בוודאות. אני לא חזק כמוך. אני אצלצל בדלת כשאגיע. אני מבקש שתניחי חזרה למקומם את האלבומים לפני שתפתחי לי. אם לא יהיה תור ארוך אצל רופא השיניים, יתכן שאגיע כבר בסביבות ארבע, אבל אם אגיע רק סביבות שש אל תדאגי, כי לפעמים יש אצלו המון אנשים. לעומת זאת, תאכלי אם תהיה רעבה, כי אני בטוח לא אוכל לאכול מספר שעות עם הסתימה הטריה.

שמרי על עצמך בובה, אני ממהר!
אָלְדוֹ

קלרה רצה לארון, פתחה את הדלת השמאלית וכרעה ליד המדף התחתון. והתחילה לבכות. למה? באלבומים שלה היא הייתה מסתכלת מבלי לבכות. הרבה פעמים. ומנהלת איתם שיחות, בלב, עם כולם. כשאוֹלְגִי נכנסת במפתיע, היא אמנם סוגרת מייד את מה שהיא מסתכלת בו, אבל היא לא חשה עצב במקרים האלה. להיפך, זה מרגיש לה כאילו לקחה פסק זמן קצר מ'עמק הבכא' הזה כאן, כך נהוג לומר, בעולם האמיתי. עכשיו היא רק כורעת על ברכיה לפני האלבומים והיא כבר בוכה. ממה שאָלְדוֹ פוחד, צריך להיות מפחיד באמת.

בסוף היא בכל זאת התחילה למשוך החוצה את האלבומים. היא מצאה שמונה. התרגשותה גברה מרגע לרגע. היא הניחה אותם בערימה על השולחן. בהתחלה היא רק בחנה הכריכה של איזה מהם מוצא חן בעיניה ביותר. תחושת המועקה שלה התפוגגה די מהר ואת מקומה תפסה הציפייה המרגשת המוכרת, שחשה תמיד על מפתן הכניסה אל עולם האגדות.

'אַלִי, אִילוֹנָה והצופים של ימי ראשון. 1927'. הם צוחקים. כמה הם יפים... מאד צעירים. כן, אָלְדוֹ בתמונה הזו רק בן עשרים. כתב נשי, יפה, מסודר.

'*הֻווֶשְׁוֶולְגְ*'[29], 1929'. תרמילי גב, מאחוריהם רואים עוד אנשים. הם מחובקים.

'חתונת הכסף של אבא ואימא', 'אַלִי ואימא', 'אבא והבנות רייטהופר', אלה שלוש גברות זקנות, ביניהן אימא, מקיפות איש זקן זקוף-קומה עם זקן היושב בכורסה. אבא חובש בכל התמונות 'כיסוי ראש שבתי'[30], שצריך לכנות על פי אופָּא 'כיפה' ולא 'כיסוי ראש שבתי', כפי שאבאל'ה אומר. הוא נראה כמו הדוד וָוייסְקוֹפְּף, החבר של אופָּא, שהיה רב. איזה סיפור! ואיזה בן נאה יש להם! פניה של אימא עצובים, אבל נסוך עליהם חיוך ידידותי. פניו של אבא חמורים. רק בתמונה או שתיים רואים אותו מחייך. לא נסחף.

---

29 Hűvösvölgy – אזור הררי בבודה, מקום אהוד על צופים ומטיילים רבים.

30 sábesz-dekli – יידיש-הונגרית

רח' מִיקְשַׁא פַּאלְק. אַלִי במרפסת, לומד. הוא לא מגולח, שיערו פרוע ופניו חמורים. בתצלום ליד, באותו מקום, הוא עם מבט מורם קמעה, כמי שרק עכשיו הבחין שמצלמים אותו.

'אִילוֹנָה והכרס'. בבטן שלה! היא כבר מצפה לתינוק? בחורה יפה. מאד.

'אימא ואבא מתארחים אצלנו.' כנראה שהדוד השובב בתמונה הוא אבא של אִילוֹנָה. גם אימהּ עגלגלה וחייכנית. הם מטים את ראשיהם אל ראשה של אִילוֹנָה. בתמונה אחרת אִילוֹנָה מסבירה בלהט משהו לאבא שלה.

'אבא מברך את הרופא!' הם לוחצים ידיים, אבא, סופסוף, מחייך חיוך אמיתי. אָלְדוֹ גם. מסדרון ארוך עם קשתות קמורות, ברקע המון אנשים, מלא שכמיות שחורות. אָלְדוֹ מגחך. כאן הוא רציני. הוא מנפנף בידיו למישהו. הבטן של אִילוֹנָה כבר די גדולה, אָלְדוֹ מחבק בידו האחת את אִילוֹנָה, בשנייה את אימא.

'החגיגה לכבוד אַלִיקַה'. ארוחת ערב מפוארת, שולחן ארוך, בגדים חגיגיים, לפחות עשרים איש.

'אַלִי משוחח עם *הכרס*', אוזניו של אָלְדוֹ על בטנה של אִילוֹנָה, היא מחייכת אליו, הוא מתרכז.

אחר כך 'ברוך בואך גָבּוֹרְקַא!', וגם אותיות עבריות, שקלרה, כמובן, לא יכולה לקרוא. אִילוֹנָה שוכבת במיטה, מחייכת, לידה התינוק, זרועו של אַלִי חובקת את כתפיה. אחר כך התינוק בידיו. אחר כך בידי הסבים.

אין תמונות מהחתונה? קלרה מדפדפת בין האלבומים הנותרים. יש!

כמה שאִילוֹנָה יפה! אבל גם אָלְדוֹ! שניהם ביחד - אין מה להגיד. כמה שהם מאושרים! וכמה אנשים זקנים מסביב! אה, כאן יש גם צעירים... והינה, גם ילדים. הרבה כיפות על ראשים, מפות רקומות מפוארות, שמיכות, מעין כדים, שקלרה לא יודעת את שמם. 'חַסֶענֶע[31]! סוף סוף!' את זה גם קלרה מבינה ביידיש.

---

[31] חתונה – ביידיש.

השעה עוד מעט ארבע, היא צריכה למהר. באיזה מהאלבומים יש עוד תמונות מגָבּוֹרְקַא? הינה... אבל לתינוק בתמונות כאן קורים כבר 'אִישְׁטְוָונְקָא', גָבּוֹר מתכופף אל תוך המיטה הקטנה, הוא בטח כבר בן שלוש. עיניו כמו כפתורים ענקיים. כמו של אָלְדוֹ. קשת שפתיו יפה בדיוק כמו של אָלְדוֹ. הוא דומה לו לגמרי! עיניה של אִילוֹנָה בהירות. יפות. תכולות או ירוקות? אבל גם לה יש שיער כהה. באמת בחורה יפה. או אישה יפה. מעניין שכשאָלְדוֹ סיים את הדוקטורט שלו 'הכרס' הייתה כבר בדרך! אבאל'ה סיפר, שכשהוא ביקש את ידה של אימאל'ה, הוא הראה לאוֹפָּא ולאוֹמָא את המרפאה החדשה שלו, כדי שהם יהיו משוכנעים שהוא יוכל לפרנס את בתם בכבוד.

שוב טיול, אָלְדוֹ מחזיק בכל אחת מזרועותיו ילד. הוא משחק כדורגל עם הבנים. אִילוֹנָה מנקה פצע על ברכיו של אחד הילדים. יש לה שמלה פרחונית יפה, רחבה וארוכה... גם כאן היא נראית לגמרי כמו נערה! אחר כך אָלְדוֹ לוקח את אִילוֹנָה על גבו וששניהם צוחקים. עוד ימי הולדת, חגים, שולחן ארוך, נכדים, סבים. אָלְדוֹ צוחק, עם רגל בגבס על הספה. גבר קטן עם ילקוט גדול על הגב, מותח את החזה בגאווה. שני הבנים עם כלב גדול, אִישְׁטְוָונְקַא' משעין את ראשו בלאות על גבו של הכלב. משפחה ענפה בפתח בית הכנסת - עצב, שמלות שחורות. מי נפטר? כבר אין כיתובים מתחת לכל תמונה.

מצלצלים. קלרה נרתעת. אה, זה בטח אָלְדוֹ. היא טורקת במהירות את האלבומים, כאילו טיילה בשדות אסורים. קולה רועד כשהיא צועקת לעבר הדלת "רגע", וטומנת את האלבומים חזרה למקומם בארון.

בשעה הראשונה הם תרים האחד אחר מבטו של השני, ומי שמבחין שרואים אותו, עוטה מייד הבעה כאילו שזהו עוד יום רגיל מן הימים. קידוח בשן, שיעורים בכימיה, קצרנות הונגרית אצל מדאם גְרֵטְל, לחם מטוגן, הברכיים של אוֹלְגִי, ספרים שאפשר להשאיל ליוּטְקָה פרויד...

כעבור שבוע הם יצאו לקניות - מחפשים שמלה חורפית יפה לקלרה. אָלְדוֹ נהנה לראותה בבגדים החדשים. כשיצאו מן החנות הוא אמר משפט מפתיע:

"כמה שאימא שלי הייתה שמחה בך..."

קלרה היססה - האם אפשר לענות? היא הביטה בו בחשש.

"היא תמיד רצתה בת..."

קלרה שילבה זרוע בזרועו של אָלְדוֹ.

"אבל אחרי שנולדתי, נאסר עליה ללדת עוד ילדים."

הם המשיכו ללכת, בידה של קלרה האריזה עם השמלה הסרוגה היפה החדשה. בתחנה הם חיכו לחשמלית.

"אבא שלי, ז"ל, היה כועס עליה כשהעלתה את העניין הזה. כי בעיניו, הכי טוב זה בנים זכרים... אימא מסכנה, תמיד הסבירה כמתנצלת שהיא מאד שמחה בי, והייתה שמחה גם אילו היו לה עשרה בנים, רק אילו ילדה אחת-יחידה היה שולח לה הכל-יכול..."

החשמלית הגיעה. בתחנה השנייה קלרה אמרה:

"אבא שלך בטח חשב שאימא כועסת עליו בגלל שלא יכלה ללדת יותר. לא?"

אָלְדוֹ נדהם - מאיפה יודעת הילדה הזאת הקשרים כאלה? הוא למד רק מניסיון של שנים רבות כרופא נשים, כמה האשמות הדדיות בין בני זוג יכולות לגרור עקרות.

"נראה לך?" הוא שאל עם אותו חיוך מסוים שהיה מופיע על פניו למשמע הברקות של קיפי.

דווקא לא בתובנה הזאת הייתה החוכמה העמוקה של קיפי. אלא בכך שהיא הובילה את קוו מחשבתה אל העבר הרחוק באופן מרגיע כל כך. היא לא חקרה אותו מה הייתה המשמעות עבור אימא, שגם נכדיה היו בנים. אימא נפטרה באותו חודש שבו יצא 'החוק היהודי השני'[32] ואִילוֹנָה הייתה זה מספר שבועות בהריון

---

[32] משלושת החוקים המכונים "חוקי היהודים", חוק זה הגדיר את – א. היותו של אדם יהודי לפי חוקי הגזע, כלומר, ללא קשר לדתו. אם שנים מהסבים שלו היו יהודים, הוא הוגדר כיהודי. ב. 'נוּמֶרוּס קְלַאוּזוּס' – הגבלה רדיקאלית של מספר היהודים באוניברסיטאות, מסחר, תפקידים פיננסיים ובשירות הציבור וכד', כך שיהודים יכלו להוות לא יותר מ-6% מסה"כ מספר האזרחים במקומות אלה.

בפעם השנייה. הם לא העיזו לקחת על עצמם בתקופה זו להתמודד עם ילד נוסף. כך הם ביכו בעת ובעונה אחת את אימא, ואת ילדתם שלא נולדה.

"נכון שדווקא אפשר?"

"מקרים כאלה קורים. אבל את האמת אני לא יודע. הורי לא דיברו על דברים כאלה אף פעם."

"במאמר ההוא, ב-*Gynaekologische Rundschau*, שתרגמתי לך בפעם שעברה, כתבו על הדברים האלה בקשר לעקרות. אתה יודע, בזה שתיקנו ביסודיות כזו עם מדאם גְרֶטְל..."

באחד הימים, בשעות בין הערביים, מִישִי פרויד צלצל בדלת ביתו של אָלְדוֹ. מִישִי, שהיה מבקש רשות אפילו לשיחת טלפון (בעבר אָלְדוֹ הציע לו פעם בצחוק שכאשר תתחיל הלידה אצל בֶּטִי, שיוותר על הפורמאליות הזו - שירים אליו טלפון...) - עכשיו מִישִי זה, ניגש לטלפון וידיו החלו להחליק לאורך הכבל עד הקצה שלו. אָלְדוֹ הביט בו בתמיהה, אך לא קיבל שום סוג של תגובה. ומישי פשוט הוציא את החיבור מהקיר. הוא התחיל לאחרונה להבין שטלפון לא נועד אך ורק כדי לטלפן. הוא הנהן בראשו וניסה להיראות קליל – דבר שהוא למעשה לא היה מעולם, בחיים.

"חשבתי שאני אקפוץ לראות אותך!"

"עשית טוב..."

"החזרתי חלק מהספרים של קיפי, את אלה שיוּטְקָה כבר סיימה. הילדים האלה כבר לא יזדקקו לספרים כאלה בעתיד", אמר וצחוק מפחיד השתחרר מגרונו.

אָלְדוֹ החל לחשוש. הוא לא הכיר את המִישִי *הזה*.

"מה הבעיה?"

מִישִי התיישב על הספה והחל מתופף עם ידיו על ירכיו. פניו וגופו נראו צנומים יותר מאי פעם. תחת עיניו השחורות היו צללים כהים שלא היו שם בעבר, על פניו הופיעו וחלפו לסירוגין עוויתות.

"הבנות?" שאל אָלְדוֹ.

"הן בסדר, תודה לאל... הדאגה היחידה בקשר אליהן היא שאין לי מושג לְמה לחנך אותן. האם תרצי להיות מלשינה יקירה קטנה, או אולי תושבת מגורשת באיזה מחנה במרחקים? תבחרי, קריירה מדהימה, כל אחת!"

על מצחו של אָלְדוֹ התכווצו קמטים עמוקים. מצבו של מִישִׁי נראה מדאיג, אפילו יותר מאשר אחרי המלחמה. הוא מעולם לא הצטיין באישיות חזקה, אבל תלמידיו האמינו בו ואהבו אותו. כפי שהוא האמין ביופי: בבַּיירון, בשִׁילֶר, ברִימְבּוֹ. עבור בֶּטִי הוא תמיד היה הגדול שבין ילדיה, ורק לעתים רחוקות היו קשיים עם חלוקת התפקידים הזו ביניהם. בזמן לידתם של ילדיהם, בין ציר לציר, בֶּטִי העסיקה את צוות בית החולים (להנאתם הגלויה) בכך שביקשה להעביר הודעות מרגיעות למסדרון אל מִישִׁי: שלא יפחד, הכול יהיה בסדר, לא יהיו בעיות. אכן - אז באמת לא היו עדיין בעיות.

"באתי רק לרגע."

"מִישִׁי, קרה משהו?"

"אני חושש שדברים יקרו רק מכאן והלאה. אלדר, אני נשבע לך, אני כבר באמת לא רציתי לעבור את הדבר הזה עכשיו... אבל הילדים..."

"איזה דבר אתה לא רוצה לעבור?"

"אנחנו זכינו בלפחות כשלושים שנה אנושיות... להם לא תהיה אפילו אחת! לפעמים אני חושב שהקטנים שלנו הלכו בזמן, יחד עם הדודה *מבּוֹנְהַאד*... ושתי הבנות האלה שלנו קיבלו את הקללה הזו כולה... ושאר הילדים שעוד נותרו."

אָלְדוֹ אף פעם לא יודע מה לענות במצב כזה. מִישִׁי המשיך:

"אנחנו צועדים בדיוק אל אותו מקום שבו התחלנו ב-1938! רק מהר יותר. כולם מלשינים על כולם. בשביל מה הם אוספים נתונים אם לא כדי לתפוס את הביצים לכל מי שהם רק ירצו?!"

"לך אין סיבה לפחד, מִישִׁי."

"לדעתך, לך יש?"

"... אין לי."

"כי גם עליך יש להם נתונים. כפי שיש להם גם עלי."

אָלְדוֹ הדף את תדהמתו הלאה מכאן במהירות מרשימה:

"נו אז מה? שיאכלו אותם! כל ההנהגה פרנואידית, לכן הם צריכים לדעת נתונים על כולם. את כל המדינה הם לא יכולים לגרש..."

"אַלַדָר, תן לי להגיד לך את מה שיש לי, ואני עף מכאן. אני כבר לא בן אדם וגם לא חבר. אני חייב לדווח על חמישה אנשים כל שבוע. אבל אתה אף פעם לא תהיה ביניהם. הם יודעים שאני מכיר אותך, והתפקיד שלי הוא לברר יותר פרטים על 'הקשר הלא-ברור שלך עם הקטינה הזו'. הם חולים! אתה מבין את זה?! האנושות חולה! אבל אני הוא זה שאצא מדעתי בגלל זה!"

תוך התהפכויותיו הליליות במיטה, אָלְדוֹ היה יותר ויותר משוכנע שמִישִׁי צודק - האנושות חולה. ושהוא אכן יאבד מזה את שפיותו. אבל הוא, אָלְדוֹ, מה יהיה סופו? וסופם של הילדים שנותרו כאן?

אָלְדוֹ הכין ארוחת ערב במטבח וקלרה גיהצה חולצות. בכל פעם שנזכרה במשהו, היא הרימה את קולה להעברת המסר לעבר המטבח. למשל, גב' וויזמן גילתה שקלרה מסכמת את השיעורים בקצרנות, והיא הייתה מלאת התפעלות מהידע שלה. היא אפילו עשתה לה 'מבחן הכתבה' לניסיון, ועקבה בהתרגשות איך אפשר להעלות על הכתב טקסט בקצב של דיבור שוטף. ודווקא לה זה כבר לא כל כך קשה, כי היא לא צריכה כבר בכלל לשים לב לכתב עצמו. וגב' וויזמן אפילו הגבירה את הקצב והיא הצליחה גם ככה! קלרה הקריאה לה חזרה את הכול, מילה במילה. והדבר הזה מצא מאד חן בעיני המורה לרוסית! אָלְדוֹ שלח חזרה אותות גאווה מן המטבח.

כשקלרה סיימה את גיהוץ החולצות, היא נגשה בזהירות לארון בעל שלוש הדלתות, פתחה את הדלת השמאלית, והציצה פנימה. המכתב שלה היה מונח עדיין על האלבום העליון, בדיוק כפי שהיא הניחה אותו לפני יותר משבוע. הוא לא שם לב...

היא השאירה פתח צר בדלת הארון. אולי ככה הוא ישים לב. אבל מה אם אפילו הדבר הזה יגרום לו לכאב? היא סגרה את

דלת הארון. אחר כך פתחה אותה שוב. והוציאה את המכתב. היא התלבטה זמן מה, ואז היא הכניסה את המכתב לתיק העור של אבאל'ה, שהיה עכשיו של אָלְדוֹ. היא פתחה שוב את התיק והניחה את המכתב במקום פחות בולט, באחד הכיסים. רק את שורת הפתיח היה אפשר לראות. היא עדיין לא הייתה מרוצה, והיא הניחה על גבי התיק את העיתון וגם ספר קטן. שלא יהיה בולט מדי, אבל שבכל זאת אפשר יהיה לראות מה שמתחת. כשהסתובבה, היא הבחינה שאָלְדוֹ עומד כבר בדלת החדר.

"מה מעשייך קיפי הַיַלדה?"

קלרה נבוכה, וחשבה שאולי זוהי ההזדמנות שהגיעה. במכתב הזה היא לא הפרה את בקשתו? היא בדיוק רצתה כבר להגיד, אבל אָלְדוֹ היה כבר מוכן לזינוק:

"בואי, ארוחת הערב מוכנה!"

"אָלְדוֹקַה... כתבתי לך מכתב."

"זה מה ששמת שם?"

"אהא... אל תפחד... זה לא יכאיב... זה מה שרציתי בדיוק, שלא יכאיב לך. אבל אם זה לא ישמח אותך, אז תגיד לי ואני לא אכתוב לך יותר דברים כאלה."

אָלְדוֹ ניגש לשולחן העבודה שלו ובדק לאן מובילות העקבות.

"בנרתיק."

אָלְדוֹ משך את המכתב מתחתית הערימה.

"אולי תקרא אותו כשאני לא כאן! ככה עשיתי גם פעם שעברה, אבל לא גילית את המכתב."

"אני רוצה לראות את זה עכשיו! בסדר? את לא רוצה שאני אענה עליו?"

"זה לא זה... אני רק לא רוצה שתרגיש רע... זו תשובה למכתב שלך. מעין..."

אָלְדוֹ פתח את הנרתיק. הוא הבחין מיד בפינה המבצבצת של המעטפה, שלף אותה והתיישב עם המכתב בידו על הספה. קיפי התיישבה לצידו, כפי שהיו רגילים לעשות את זה, כשני

יתומים. ה'כלור-ים'. כבר במבט ראשון המכתב היה מרגיע, בגלל קוצר היריעה שלו.

> אָלְדוֹ יקר!
> אני לא יותר חזקה ממך. רק שמה שאני עושה זה שאני חושבת רק על הדברים שהיו מאד יפים, ואת אלה אני מספרת לעצמי. נסה גם אתה!
> אוהבת אותך מאד,
> קיפי

בחיבוק שהתחבקו הייתה בפעם הראשונה נגיעה בגב של אחד לשני. כמו שני מבוגרים. אָלְדוֹ נזקק למספר שניות כדי לתקן את הטעות, ולהחביא את קיפי המקופלת תחת בית שחייו - כתמיד. כי קיפי היא ילדה.

במפגש הבא שלהם קלרה סיפרה איך אבאל'ה ביקש את ידה של אימאל'ה. היא סיפרה על המרפאה, ועל כך שאבאל'ה התגאה בפני כל מי שרק היה ניתן שכבר מעל עשר שנים הוא לא היה זקוק להשתמש בנדוניה של אימאל'ה, והוא גם לא יגע בה בעתיד. לא הגיעה תשובה, אבל פניו של אָלְדוֹ נותרו מחויכים. בדיוק כמו הסיפור. קלרה דיברה בפעם הראשונה בביקורת, אם כי בסלחנות אוהבת, על אביה.

"אצלנו לא זה בדיוק היה סדר ההשתלשלות של הדברים..." אמר אָלְדוֹ.

קלרה חייכה חיוך רחב - היא יודעת את זה! וחיכתה. אָלְדוֹ בהה קצת לפניו ואז הציע הצעה מפתיעה:

"אם את רוצה... אכתוב לך את זה. אנסה."

כעשרה ימים מאוחר יותר, לאחר ארוחת הצוהריים של יום שבת ולפני שהלך לנמנם, אָלְדוֹ הניח מעטפה עבה על שולחן הכתיבה של קלרה.

"תפתחי אחרי שהלכתי."

במוצאי שבת זו היא ציפתה בפעם הראשונה בחייה בקוצר רוח ללכתו של אָלְדוֹ. כשנפרדו, היא שאלה:

"ועל זה אוכל לשאול אותך?"

"בסדר... אני לא יודע...נו כבר, חלומות פז, בובה."

"מחר אתה בא רק לארוחת צוהריים?"

"כן, כי לפני הצוהריים אני אמשיך לכתוב את המאמר. אבל אחר כך ניקח גם את אוֹלְגִי ונלך לסרט."

קלרה התכרבלה יחד עם המעטפה שלה על המיטה. כמה טוב שיש כל כך הרבה עמודים! אוֹלְגִי, שתשכב לנוח בשקט, אחר-כך גם היא תלך לנוח, אבל עכשיו היא עסוקה.

> קיפיל'ה שלי!
> סופסוף סיימתי את המבצע שלקחתי על עצמי. זוהי הגרסה הסופית (מספר בלתי ידוע), שבה הצלחתי למלא בשלמות את עצתך. לא הקפדתי שגם הרקע והנסיבות המקדימות של כל אירוע יהיו ברורים ומדויקים, אלא כתבתי רק דברים שהמחשבה עליהם גורמת לי הרגשה טובה.
>
> אולי יפליא אותך שאני כותב בגוף שלישי על עצמי. במחשבותיי בערב, הסיפור 'פנה אליי' באופן כזה, חשבתי בהתחלה שזהו סוג של בריחה, כאילו ש"הסיפור בכלל לא עליי". אבל את מה שאני כותב כאן אכן לא אני חוויתי, אלא **הם** סיפרו לי אותו. אִילוֹנָה יקירתי סיפרה את מה שהיא שוחחה עם אביה, וחמי את מה שהוא שוחח עם אבי. הם שניהם ידעו לספר בצורה כזו שהמאזין היה מרגיש כאילו שהוא בקולנוע, בהקרנה של הסרט הכי מבדר שקיים. לשניהם היה כישרון סיפורי. לי אין את זה, אבל למענך אני מנסה, ואולי אצליח להעביר לך משהו מסיפוריהם.
>
> את החלקים המחברים לקחתי מהפירורים שהצלחתי לאסוף במהלך השנים על הנושאים עליהם הם סיפרו. אבי היקר, עליו השלום, אני מקווה שיסלח לי. כפי שתוכלי לראות, מפעם לפעם, דמיון מהתל השתלט עלי, אבל הפרטים השונים של הסיפור באמת נאמרו, איפשהו, מתישהו, על ידם.

אני חושב שנוח לי לכתוב בצורה כזו, כי דרך הסיפור שלהם אני יכול שוב לחוות את אהבתם. ואני גם יכול קצת לספר כפי שהם נהגו לספר.

אני מוסיף כמה הערות שוליים, כדי שיהיה לך קל יותר להתמצא:
משפ' קֶרֶן: משפחתה של אִילוֹנָה
אמוש, אבוש: כינוי החיבה של הוריה של אִילוֹנָה
אַלִי: שם החיבה שלי אצלם
הבקתה: בית הקיץ של משפ' קרן בהוושולג'
הדוד ווגנר (ומשפחתו): זוג הגננים ו"כולבויניקים" ששמרו על תקינות הביתן בקיץ. (שהיתי אצלם במשך חודשיים כשחזרתי ממחנה הריכוז. השם יברך אותם על כך.)
הרב קֶרֶנֶר: אבי
אֵוֹדֶיאֶנְציה: "תשאול, תחקור" - במובן המילולי. (חמי השתמש כאן במילה באופן אירוני.)
אָלְדוֹ

הוספתי עבורך בסוף עוד משהו שאני חוויתי וגם נעים להיזכר בו. זה כתוב בעמוד האחרון.

אדון קֶרֶן ישב מאחורי שולחן הכתיבה שלו, וכהרגלו התעמק בפנים מודאגים בכתב יד כלשהו. הוא עשה את עצמו כלא מבחין באִילוֹנָה, הרוצה ממנו דבר מה. הוא סבר שבאמת שמע כבר היום די והותר על אַלִי ועל כל "החלומות הוורודים" של בתו. אִילוֹנָה התיישבה בכורסה שלצד השולחן והישירה מבט מאיים אל אביה, עד שהוא הועיל להרים את מבטו.

"אבוש, אם אתה לא מסכים שנתחתן, אנחנו עושים מחר ילד!"

אדון קֶרֶן נדהם מההתבטאות הישירה של "בתו הקטנה", אבל הוא לא הצטער באמת.
הוא התלבט לרגע ואז שאל:

"אתמול - עדיין לא עשיתם?"
"לא." חייכה אִילוֹנָה.
"טוב. אז היום אני עדיין יכול להרוג אותך. כי על נכדי הייתי חס."
"אנחנו כל כך היינו רוצים... אתה יכול לראות שהוא סיים יפה גם את שנת הלימודים הזאת ונשארה לו רק השנה של הסטאג'!"
"אבל **נשארה** לו עדיין שנה זו, ועד כמה שידוע לי, הוא גם לא ביקש את ידך עדיין."
"הוא לא מעיז! בדיוק מהסיבה הזאת!..."
"הוא צודק. גבר צריך להתחתן רק כאשר הוא כבר מסוגל לפרנס את משפחתו."

עמוד חדש:

"אבל אנחנו לא צריכים כל כך הרבה כסף... אנחנו יכולים לגור בבקתה!"
"אני מבין שכבר תכננתם עד הסוף כל שטות אפשרית! אֲלִי ייסע יומיום לעיר וישאיר אותך שם לבד כל היום. רעיון גאוני!"
"דוֹד ווגנר ואשתו בוודאי יישארו שם ברצון גם אחרי הקיץ. אבוש, אני מבקשת נורא..."
אדון קֶרֶן שתק שתיקה רבת משמעות.
"כשאתה ואמוש הייתם צעירים, אתם לא רציתם בכל מחיר...?"
"בטח שרצינו. אבל לאף אחד מאתנו לא היה אבא רך-לבב כזה!"
אִילוֹנָה רתמה את כל החן והקסם שבת יכלה להפעיל על אביה, חיבקה את צווארו ואמרה:
"אבל לי יש כזה... נכון?"

אדון קֶרֶן התקשר למחרת לרב קֶרֶנֶר וביקש ממנו

'אוֹדְיֶאנְצְיָה'. באופן 'רשמי' לא נפגשו עד אז, אם-כי החליפו מספר מילים בבית התפילה לאחר שהרב קרנר סיים את 'הקדיש' האחרון של יום שישי בערב לקהילה. משפחת קֶרֶן הגיעה לבית התפילה הזה רק מהסיבה שאִילוֹנָה רצתה שהוריה יתרשמו ממשפחתו של אַלִי. הקֶרֶן-ים לא התלהבו במיוחד מהרב, ששמו יצא לפניו כאחד המחמירים במרכז אירופה. על הבן שלו, תודה לאל, הם לא גילו עקבות כאלה. ולא רק בשל צניעותו 'המוגזמת'. אדון קֶרֶן אהב 'להצית' את אַלִי למעט יותר העזה, ותמיד שמח כשהצליח לשכנע אותו להישאר לארוחת ערב. מהערות אקראיות ניתן היה ללמוד עד כמה חורה לאדון קֶרֶן שכבר אינו מהווה בן-שיחה מסעיר עבור בניו, ולאט-לאט גם בנותיו אינן מעריצות אותו כבעבר.

הרב קֶרְנֶר יכול היה לפנות זמן עבור האדון קֶרֶן רק לאחר ארבעה ימים. הוא ביקש שלא ישמרו לו טינה על כך. אדון קֶרֶן אמנם שמר לו גם שמר, אך למרות זאת הגיע בשעה הנקובה. אם לא היה מדובר בצאצאתו הצעירה ביותר ובאַלִי, הוא היה חושב שזה ממש אבסורד שהוא הולך "לבקש את יד החתן"! בנוסף לכל, הרב קֶרְנֶר התנהג כל העת כאילו שאין לו מושג מה לו ולמשפחת קֶרֶן...

על אף העובדה שאדון קֶרֶן היה בעל מעמד ורכוש מכובדים: בזכות ההוצאה לאור שלו הוא עמד בקשר יומיומי עם האליטה האינטלקטואלית של בודפשט, וחנויות הספרים שלו הבטיחו פרנסה ראויה לקנאה למשפחתו. בעיני הרב קֶרְנֶר הוא היה, כמובן, ליבראלי מדי, אך על אף זאת, נראה היה שאין לרב בעיה עם המשפחה. הבעיה נבעה ממקור שונה, הוא לא יכול היה להתעלם מכך שלאחרים, לבנו ולמשפחת קרנר היה משהו, שנעדר כמעט לחלוטין אצלו, אפילו עבור בני משפחתו: אינטימיות.

"הילדים האלה כל כך היו רוצים לכרוך בברית את חייהם..."

"אם זהו גם רצונו של האל לגביהם, הזמן לכך יגיע."

לאדון קֶרֶן לא היה שום רעיון כיצד אפשר לעקוף את 'רצון האל' בעיני הרב. לפתע הוא חש את עצמו כל כך חסר

אונים, וגם שהזעם מציף אותו בדיוק כמו שהרגיש כלפי אביו בזמנו כשאמר לו דברים דומים בילדותו. הוא פתח אם כן את תשובתו בהתאם, ואחר-כך התאים את שנאמר בתוספת הולמת יותר:

"למרות זאת, איך אנחנו כהורים, נוכל לזהות את רצונו של הכל-יכול... אם לא באמצעות העובדה שלאורך זמן רב כל כך הם אוהבים אחד את השני בעוצמה כזאת?

כנראה שחוכמתו של הרב בענייני אהבה היו מצומצמים יותר. אדון קֶרֶן ניצל את השתיקה שהשתררה:

"אם הכל-יכול היה מפקיד בידינו את נושא העיתוי, אני מצידי כבר הייתי מסכים."

"בני עדיין לא איש בוגר. אין לו הסמכה ואין לו פרנסה."

"בעוד שנה יהיו לו. עד אז הייתי לוקח על עצמי את ההוצאות שלהם."

"דברים כאלה משפחתי לא יכולה לקבל."

דממה. הבעתו של אדון קֶרֶן התקשחה, למרות שתווי פניו לא מאפשרים בקלות הבעה כזו. אם כבר, אז התפרצות זעם הולמת אותו יותר. עכשיו הרב מיתן קצת.

"אל תבין אותי לא נכון, אדון קֶרֶן. עבורי זו לא שאלה כלכלית. מדובר כאן בעקרונות. גבר חייב קודם כל להוכיח את עצמו."

"לי הוא כבר הוכיח."

"איך?"

"על ידי מה שהוא. לאחר ארבע שנות הכרות הוא כבר יכול לזכות אצלי לאשראי כזה! אבל אם במהלך עשרים השנים שלפני הוא עורר בכבודו את הרושם של עובר-בטל, אז או שאני טועה בטיפשותי, או שהוא השתנה באופן יסודי."

הרב שתק. אולי היה נבוך, אולי ליבו החל להתרכך. אדון קֶרֶן הוסיף עוד לקח לשיעור:

"עליך לדעת גם זאת, אני עורך מאות התקשרויות מדי שנה. רוב רובם מתבססים על אמון - על כך שאני מאמין בכישרונו של הסופר, ואני מאמין שהוא יעמוד בהבטחתו לקיים את ההסכם. אני משלם ברצון באשראי שלי. אף פעם לא רימו

אותי עד היום. אם הייתי מעמיד בחוזה כתנאי מקדים את פרס הנובל עבור עבודותיהם, לא הייתי יכול להיות היום "מו"ל הבית" של השמות שהפכו בהמשך לגדולים."

הדף האחרון:

ליום השנה הראשון לנישואינו נולד בננו הראשון. במשך חודשים הסתרנו מהורינו שאנחנו מצפים לו, כי הייתה לנו סיבה להניח שהדבר יתווסף לרשימת 'קלות הדעת' שלנו. בשנת הלימודים ההיא עדיין לא הייתה לי הכנסה והיה לי מאד לא נעים לחשוב על כך שחמי יצטרך לכלכל גם את בני. למרות שאת יכולה לתאר לעצמך עד כמה הם שמחו מועמק ליבם כשהדבר נודע להם.

אבל בראשון באוגוסט קיבלתי את המשרה במחלקת הלידות בבית החולים "סנט אִישְׁטְוָואן", שהובטחה לי אמנם כבר באמצע השנה, אך לא יכולתי להתייחס לכך בביטחון. מנהל המחלקה חיבב אותי ככל הנראה, וכשנודע לו שאנחנו מצפים ללידה בשבוע האחרון של אוגוסט, הוא העביר לי את משכורת הראשונה מספטמבר ל-23 באוגוסט.

כמובן שגם חמי הגיע לבית החולים לראות את בננו. אני זוכר שרצתי אחריו במסדרון כדי למסור לידיו את המעטפה עם ההחזר הראשון של חובי מהשנה שחלפה. הוא תקף אותי בקול מתחכם: "אני כבר אגיד לך איזה חוב עליך להחזיר!... לך, תוציא את זה על אשתך ועל בנך!". "את השאר אני במילא מוציא עליהם", עניתי אני. "אתה תוציא עליהם את הכול! הבנת?!"

הכרתי מעט מאד גברים בעלי טוב לב כזה בחיי.

ביום שלישי קלרה דחפה מכתב עוד יותר קצר לנרתיק של אָלְדוֹ.

אָלְדוֹ המתוק!
תודה על הסיפורים! אם אתה יכול, ספר לי עוד על הדוד קֶרֶן, כי הוא כזה נחמד!
מה היה שם ההוצאה שלו?
אוהבת, קיפי

ביום רביעי התשובה הייתה כבר מונחת בנרתיק: קורות הוצאת 'אָלְבַּטְרוֹס' וכיצד אדון קֶרֶן סינן את הלקוחות שבכל זאת תכננו לרמות אותו. אלה מעולם לא היו הסופרים. ההתכתבות הלכה והתמסדה. עכשיו כבר גם קיפי הייתה מספרת בדרך זו על חייה הקודמים. על אף העובדה שהיא יכלה כבר לספר עליהם גם ללא עזרת נייר ועפרון. על כך למשל, כיצד הוענק לה בלידתה שמה של סבתא-רבא שלה שנפטרה לא הרבה לפני שנולדה, ועל איך שזחלה בגיל כעשרים חודשים אל תוך מיטתו של ג'וּרִי והציעה שבהמשך היא תהיה התינוק. כי היא כבר דיברה באופן שותף בגיל זה.

(אָלְדוֹ פרץ בצחוק כשקרא את המכתב הזה: "מה, כבר אז?!..." "למה אתה מתכוון?" - שאלה קלרה צוחקת אף היא, למרות שלא ידעה על מה הם צוחקים. "כבר אז זחלת אל תוך מיטותיהם של כל מיני גברים? חשבתי שאני הייתי הראשון!")

אָלְדוֹ אף פעם לא כתב על ילדיו, אבל תמיד מצא משהו שאפשר היה לספר. בעיקר על משפחת קֶרֶן שאצלם הוא הרגיש מאד בנוח - לא רק בגלל שמספר האורחים בחגים אף פעם לא היה פחות מעשרים, אלא גם מהקולניות, מהצחוקים ומכך שמותר היה להגיד הכול. כל אלה פעלו כחוויה מתקנת למחסור שחש בילדותו.

נרתיק העור הפך לתיבת הדואר ששניהם בדקו באופן סדיר ושמחו בכל פעם כשמצאו בו משלוח חדש. עצתה של קיפי הוכחה

כיעילה. אָלְדוֹ הצליח להחיות ולהשיב לתודעתו הרבה זיכרונות שמחים. כמובן שלא את הכול יכול היה לספר לקיפי. אבל היה נעים ולו רק להיזכר בהם. בשלב זה, רוב הסיפורים לא היו עדיין על חוויותיו האישיים, אלא סיפורי-לוּצָה (כך הוא כינה את אִילוֹנָה, אבל רק בארבע עיניים). כי לאלה היה תמיד סוף טוב. כמו למשל אחד הסיפורים על גב' ווגנר. כי ההכרות עם הזוג ווגנר לא החלה עם חתונתם. הוא ולוּצָה היו נפגשים בסתר בבקתה כבר שנים. בימים שונים, בהתאם למערכת השעות המשתנה מטרימסטר לטרימסטר של אָלְדוֹ. לאחר מספר מפגשים כאלה, דודה ווגנר חיפשה בדאגה בולטת הזדמנות להחליף מספר מילים בארבע עיניים עם אִילוֹנָה.

"גברתי הצעירה... אל תכעסי עלי... אבל את בטוחה שהאדון דוקטור הצעיר יודע את מה שהוא עושה?"

"הוא יודע, גב' ווגנר! ... חוץ מזה, אין שום דבר ל..."

"כמובן. אני חשבתי רק, לכל מקרה..."

"דודה ווגנר, נכון שאתם לא תגלו עלינו?"

"אנחנו בטח שלא, גברתי! רק תקפידו שגם הטבע לא יגלה שום דבר! בכל היתר - אתם יכולים לסמוך עלינו. אבל אני מתחננת מאד, אל תשכחו שאם לא תיזהרו, האדון העורך יחד עם כבוד הרב יחתנו אתכם, אבל אותנו הוא בטח יפטר בבושת פנים, ואז אפילו הכומר שלנו לא יוכל להושיע אותנו!"

זיכרונותיו של אָלְדוֹ לא תמיד תאמו את הנחיותיה של קיפי. למשל, הסיפור הזה הזכיר לו באופן בלתי מחיק את אותה התקופה שבה הווָגנרים קיבלו אותו אליהם, ביוני 1945. לפני כן הוא סרק כל מקום בעיר בו הייתה תקווה לשמוע חדשות אודות משפחתו, ובכוחות אחרונים הוא הלך *להֶווֶשְׁווֶלְגְ'*, לבקתה. בבקתה התגוררו זרים. הוא לא שאל אותם דבר והחל להתקדם לעבר ביתם של הווגנרים. הוא זוכר שדודה ווגנר חיבקה אותו בדמעות - למרות שבוודאות הוא היה מלוכלך ומסריח נורא! וצעקה אל בעלה: "יוֹזְ'י! האדון דוקטור חזר! בטח יגיעו גם האחרים!" הוא עצמו היה כבר בטוח אז שאף אחד לא ישוב, למרות השנה הנוספת שהוא הקציב

להשלות את עצמו. ובכך הוא נטש את הסצנה ואת ההווה באופן מיידי. הוא התעורר במיטה כלשהי לקול חיזוריה של דודה ווגנר: "תשתה, תשתה כבר משהו!"

הקיץ היה חם מאד. הוא שכב כל היום על הספה שעמדה על המרפסת. מהתקופה הראשונה הזו הוא רק זכר את דודה ווגנר ניגשת אליו עם צלחת או ספל מלאים במשהו, האכילה אותו ודיברה אליו. בערב דוד ווגנר היה בא ללוות אותו למקלחת, שם המים היו כבר מוכנים, ועזר לו להתרחץ. כי הרעידות בכל גופו נרגעו הכי טוב במים פושרים. בימים החמים ביותר דוד ווגנר היה מוציא בבוקר חבית לשמש, ממלא אותה במים ובצוהריים כבר אפשר היה לשבת בתוכה בצורה די נעימה. זה הרגיע, לעיתים לשעות, את שריריו, דבר שאפשר לו לנוח. כאילו שעצר והפסיק ריצה שלא נפסקה כל היום. דוד ווגנר היה גם מגלח אותו כל כמה ימים. בזה הוא לא מצא שום הגיון, אבל הוא הניח לו לעשות גם את זה.

כאשר צבעם של השזיפים על ענף העץ שנגע במרפסת החלו להעמיק, מצבו השתפר עד כדי כך שבמוחו החלו להיוולד מחשבות הגיוניות למדי על התאבדות. הוא כבר למד להבחין שדוד ווגנר נעלם בבוקר, וכשהוא חוזר בצהרים הוא מתלחש עם דודה ווגנר במטבח כשפניה למרפסת: "אין לי יותר רעיונות!", "אבל אני הרי לא יכול לקפוץ לדנובה ולשחות בעקבותיהם!", "לא, גם שם לא ראו אותם...", "אין רשימות, בשום מקום", ודודה ווגנר: "כשאני נשארת לידו הוא כבר אוכל משהו בכוחות עצמו...", או: "היום הוא אמר כמה מילים..."

ככל הנראה זה היה כבר בתקופתו של קוֹרְמוֹש. קוֹרְמוֹש הופיע יום אחד כשהוא שוכב על מרצפות המרפסת מול הספה, תר את מבטו של אָלְדוֹ שהיה סוקר כבר נצח נצחים את עיטורי המרצפות, לאורכן ולרוחבן. בין עיטורים אלה הוא גילה תחילה את עיניו של קוֹרְמוֹש, ואחר כך את כל כדור-הצמר השחור. כאשר הוא הושיט כלפיו את ידו כדי לוודא האם הוא אמיתי, קוֹרְמוֹש קם ממקומו, ניגש אליו והתחיל ללקק את ידו שהשתפלה כלפי מטה.

מאוחר יותר, הוא היה נרדם הכי טוב כאשר היה אוחז בידיו את טלפיו של קוֹרְמוּש. לא היה לו מושג על גודל הקורבן והוויתור של הזוג וגנר בעניין זה, שבעבר לא הרשו אפילו לכלב של השכן להיכנס לביתם כי הוא "מוזנח ומלא פרעושים". אולי הם חשבו לעצמם שאם כבר הכניסו אותו במצבו העלוב, זה כבר באמת לא ישנה...

קוֹרְמוּש היה הראשון שאיתו הוא דיבר. יותר נכון כאילו דיבר, בלי קול. היתרון בכך היה שבזמן הזה השתתקו הקולות הזרים בראשו. על קוֹרְמוּש הוא ידע בוודאות שהוא בא מן העבר השני ההוא של החיים, ושהוא נמצא כאן רק באופן ארעי בתוך הפרווה הזו שלו. זאת הייתה מחשבה מרגיעה. הם התפלספו יחדיו ארוכות. היה זה גם קוֹרְמוּש שהצליח, בפעם הראשונה, לקחת אותו לטיול בגינה.

יותר מאוחר, כאשר השזיפים החלו כבר לנשור, דוד וגנר הופיע אחר הצהריים אחד בחברת יהודי זקן אשר התיישב לצד הספה שלו. הוא לא שאל דבר, רק מלמל "שמע ישראל". הוא המשיך להביט בפניו של אָלְדוֹ שעדיין לא שידרו דבר והתחיל בתפילת "שמונה עשרה". לאחר הברכה התשע-עשר הוא שוב הביט באָלְדוֹ ואז המשיך לאמירת תהילים. אָלְדוֹ שמע אך לא פצה פה. ככה היה מקשיב לסיפורים שלפני השינה בילדותו, חצי בחלום כבר. לאחר זמן קצר הוא עצם את עיניו. כעבור זמן מה הוא חש כאילו אבא מנסה לקרוא אותו לסדר בדרכו החמורה: "תתנהג כיאה לגבר יהודי!" אבל הוא כבר לא היה מסוגל. אבל סיפורי הערב של אימא היו מאד נעימים...

כבר התחיל להחשיך כאשר הזקן קם על רגליו. "תודה" - אמר לו אַלְדוֹ לפרידה. מר רוזנברג שאל אותו האם להביא לו תפילין. הוא לא ענה, אבל חשב שרואים על הפנים שלו שהוא לא מעוניין. הזקן השיב לו: "אני אביא, ואתה תחליט אחר כך." אבא לא היה מסוגל להגיד דבר כזה. זה העלה עוד "תודה" חרישית על שפתיו.

מר רוזנברג הגיע פעם ביומיים. איש לא האמין שכעבור כשבועיים הוא כבר ישוחח איתו, ולאחר שבוע נוסף הוא ילך איתו העירה. אפילו שזה היה יותר הליווי של אֲלְדוֹ את הזקן כדי שהוא יוכל לסדר את ענייניו. את התפילין הוא שמר לעצמו, אבל מעולם לא הניח אותו.

הדוד ווגנר סיפר, אחרי שנתיים, כיצד מצא את מר רוזנברג. כאשר הוא וגב' ווגנר הרגישו שהם כבר עשו כל מה שביכולתם ולמרות זאת התוצאות עלובות, הם נזכרו שבמצבים דומים נוצרים נוהגים לקרוא לכומר. הדוד ווגנר אכן הלך אל הקהילה היהודית, ושם הוא התחיל להסביר לשוער (!) איזה סוג של עזרה הוא היה רוצה לקבל. השוער היה חשדן ומתנכר. הוא שאל אותו האם הגיע כי הוא מעוניין להיפטר מהמכר היהודי שהכניס אל ביתו. ולמה הוא לא לוקח אותו לבית חולים אם הוא חולה. כאילו שהיו בכלל בתי חולים מתפקדים כסדרם בתקופה זו! הדוד ווגנר הגיע לשלב כה רחוק שהוא סיפר כבר כי אביו של הרופא היה רב, בשם קֶרְנֶר, אבל את שמו הפרטי שקיבל 'עם כניסתו למרעית צאנו של ישוע' הוא לא מכיר, ועל כך השוער התחיל ללמד אותו שליהודים 'אין נותנים שם עם הכניסה למרעית צאנו של ישוע'. סבלנותו של אדון ווגנר פגה בשלב זה והחל לצרוח על השוער. שהוא מבין שעכשיו, ללא שום הבחנה, הם שונאים את כל מי שהוא נוצרי, אבל איך הוא מסוגל למנוע סיוע מבן הקהילה שלו כאשר כל בקשתו היא שמישהו יבוא להתפלל למענו ואיתו?!

השוער, במהירות מעוררת חמלה 'קיפל את זנבו בין רגליו' בעקבות הצעקות, ניגש לטלפון, הסביר במספר מילים משהו למישהו, וכעבור זמן לא רב מר רוזנברג ירד גורר רגליים במדרגות. גם הוא האזין לסיפורו של דוד ווגנר. הוא הכיר אישית את הרב קֶרְנֶר. שיחכה רגע, הוא אמר לו, נעלם שוב במדרגות והופיע מחדש כעבור מספר דקות. "אפשר לצאת לדרך", הוא נד בראשו, "רק חזרתי להביא את סידור התפילה." "ואותך אדוני, שהשם שלנו יברך על טוב לבך!"

הדוד ווגנר, בזכות השפעה מיטיבה של לגימת כמות כלשהי של יין, עזר אומץ וסיפר לאָלְדוֹ שנעמה לו הפנייה לאלוהי היהודי הזקן כדי שיברך אותו. בייחוד ככה, אחרי האירועים עם השוער. אבל במחשבה נוספת, כשהוא רואה את מצבו העגום של הדוקטור ואת הקעקוע על זרועו, יתכן והוא לא היה מפקיד דווקא בידיו של אלוה זה את שיפור גורלו.

אגב, אָלְדוֹ, על פי בקשתה של קיפי, עבר הסרה של המספרים מעל זרועו. כמעט ולא רואים כלום. הוא כמובן רואה אותם.

מעולם הם לא שוחחו על אותו קיץ, למרות שהוא מבקר אצל הזקנים בכל חודש. עכשיו כבר רק את הזקנה. בזמנו אמרה דודה ווגנר גם ש"בהתחלה הלילות היו מאד קשים". והוא, נדמה לו, שזכר כאילו היה שם עוד מישהו שנוכחותו מיתנה במידת מה את חלומות הבלהות. הוא שאל אותה. נכון, אמרה דודה ווגנר. הייתה שם המיילדת הזקנה מהרחוב השני. כי לא היה כסף לרופא, ובכל מקרה הרופא האזורי לא היה ידוע דווקא בזכות אהבתו ליהודים, ודודה ווגנר רצתה להשיג איזושהי משחה לפצעיו של הדוקטור.

המיילדת אכן הגיעה, וסברה שעדיף שתגיע במשך מספר שבועות באותן השעות המאוחרות של הערב, בהן הגיהינום איים שוב ושוב להתפרץ בראשו של אַלְדוֹ. היא הייתה עושה לו רק עיסוי וליטפה, למטופל הזכר הראשון בחייה, בעיקר את עמוד השדרה, את הגולגולת ואת הגפיים. והיא דיברה איתו, מסבירה כל מה היא עושה, כפי שעושים לילד קטן. הייתה עוזבת סביבות חצות ואחרי זה בני הזוג ווגנר היו יכולים כבר לישון עד הבוקר. לפעמים הייתה מביא גם בקבוקון חלב לחולה שלה, דבר שנחשב באותם ימים כנכס בל ישוער. דודה ווגנר אפילו שאלה אותה פעם מאין היא משיגה אותו. המיילדת ענתה בהסתייגות מסוימת, "מאיזו אימא אחת." אָלְדוֹ לא זכר את זה בכלל.

אחרי הסיפור הזה, בעזרתה של דודה ווגנר, הוא חיפש את המיילדת. הכי הרבה הוא רצה להביט בה תחילה מרחוק.

הוא רק ידע עליה שבצעירות הייתה נזירה. אבל לא הייתה אפשרות לתצפת עליה והיה צריך להיכנס אל תוך הבית. הגברת בעלת הפנים החמורים התנהגה כאילו היא לא מבינה את סיבת הביקור ("אה, כן, נכנסתי כמה פעמים כי היו צריכים את המשחה..."). בנימוס, ללא מעורבות רגשית, היא הציעה להם מקום לשבת ועוגה. כמעט לכל אורך הביקור היא שתקה, על אף שגם לאָלְדוֹ ולדודה ווגנר הדיבור לא בא בקלות. מבטה היה נעוץ ברצפה אך הגניבה מבטים רבים אל פניו של אָלְדוֹ. לשברירי שניות. לא היה ניתן לדעת מה עובר בראשה. בדרכם החוצה היא החליקה את ידה לאורך גבו של אָלְדוֹ. לאָלְדוֹ היה נדמה שהוא מזהה את היד.

הדוד ווגנר נפטר בשנה שעברה. גם קוֹרְמוֹש... מאז היא לא יודעת מראש מתי אָלְדוֹ מגיע. קוֹרְמוֹש היה תמיד מסמן להם: כבר בשעות הבוקר היה מתיישב לפני השער של הגינה כשהגעתו הייתה צפויה. אז היו מכניסים אותו מיד הביתה ודודה ווגנר, לא רק שטיגנה מנת בשר נוספת עבור אַלְדוֹ, אלא הייתה נותנת גם לקוֹרְמוֹש מנה. אחרי הארוחה אָלְדוֹ תמיד היה לוקח אותו לטיול. כשקוֹרְמוֹש כבר היה חולה מאד, אָלְדוֹ רצה להשאיר כסף אצל השכנים עבור וטרינר, אבל לדעתו של השכן היה עדיף לתת למות למי שרוצה למות. בסופו של דבר גם אָלְדוֹ וגם קוֹרְמוֹש הסכימו עם זה. הם כבר מזמן סיכמו זאת ביניהם. זה בדיוק מה שקרה גם לדוד ווגנר, לא הועילו כל התרופות שאָלְדוֹ הביא.

אבל הדודה עדיין מצפה לו. על קיפי הוא עדיין לא סיפר לה, למרות שהוא ביקר אותה כבר מספר פעמים מאז שהיא נכנסה לחייו. אולי בגלל שדודה ווגנר הייתה העדה החשובה היחידה לאמונים שהוא שומר. היא הכירה את אִילוֹנָה וכנראה שתפגוש אותה בקרוב שוב. לא! בביקור הבא הוא יביא איתו את הילדה. לוּצָה יודעת במילא הכול! למה שייתן לדודה ווגנר להמשיך לרחם עליו כשהיא כל כך הייתה רוצה שתהיה לו שוב משפחה...

3 בינואר, 1950
היינו עם אָלְדוֹ אצל גב' ווגנר, בהוושוולג'. היא מתוקה מאד. מעניין שהיא דואגת לאָלְדוֹ כפי שאוֹלְגִי דואגת לי. האם הוא אוכל כמו שצריך, האם הוא קנה לעצמו שאל, ואם נוכל לבוא שוב בעוד שבועיים (גם אני!), כי אז נוכל לקבל הביתה ברווז שישחטו עבורנו. היא אמרה ש"בטח סבתא תוכל להכין את כולו", ומסתבר שהיא התכוונה לאוֹלְגִי. אָלְדוֹ סיפר לה עלינו. בשנה שעברה, דודה ווגנר צלתה את הברווז עבור אָלְדוֹ כדי שיאכל אותו בבית. זכור לי שגם אני אכלתי ממנו, רק לא ידעתי מה מקורו.

דודה ווגנר שאלה, אם אנחנו מוכנים לבוא איתה לקבר של הדוד ווגנר. אָלְדוֹ הלך איתה כבר מספר פעמים. ראיתי שאָלְדוֹ לוחש לה משהו. הבנתי מיד שהוא לא רוצה שאני אלך לבית הקברות. אבל אני אמרתי להם שאני לא מפחדת מהמתים. לאימאל'ה ואבאל'ה במילא אין כאן קבר. וגם לא לאִילוֹנָה וגם לבנים אין. לדוד ווגנר אוכל לפחות להביא פרחים.

פרק 3

ציד-שועלים
(ינואר - מרץ 1950)

הגיעה התקופה בחייה של קיפי בה החלו להזמין אותה למסיבות שהיו בהן גם בנים. בקושי חלפה שנה מאז שיש לה בכלל חברות וההזמנות למסיבות ימי הולדת עם בנות החלו לזרום. רק עבור אַלְדוֹ היו אלה חדשות, איזו הכרה רחבה הצליחה הילדה הזו לגייס לעצמה. קיפי זכרה שגם בבית הספר הישן היא הייתה בין נותני הטון. היא השיגה זאת לא רק באמצעות שכלה הטוב, אלא גם בעזרת זקיפות קומה פנימית, שגם בתקופות הקשות ביותר בחייה הייתה רוויה בביטחון בלתי מעורער, באופן ראוי לקנאה. אם היא העירה למישהו או על משהו, היה לכך משקל בעיני הילדים האחרים, ואם היא לקחה תחת הגנתה מישהי (מלבד אָגִי פלדמן הייתה זו גם אִיצָה לַקָטוֹש, למשל), אי אפשר היה יותר ככה סתם לעשות לאותה אחת כל דבר.

על אַלְדוֹ נפלו שתי מטלות בתקופה חדשה זו: לקנות לקיפי נעלי עקב, תיק של גברות וגרביים (גרבי ניילון!) שיתאימו לשמלה הסרוגה החדשה, וכן לדאוג האם תוכל במסיבות בנים אלה לדאוג לעצמה - בכל המובנים. לאַלְדוֹ לא היה מושג לכמה הדרכה מינית נזקקה קיפי - כי הוא, למרות המקצוע שלו, הרגיש את עצמו לא מתאים לתפקיד בעליל, אפילו במידה הקטנה ביותר. כפי שגם הוריו לא היו מסוגלים במשך כל ימיהם להוציא מילה אחת מפיהם בקשר למיניות. אַלְדוֹ זכר, למרות היותו בן, עד כמה הדבר הזה הכביד עליו. אילולא חינוכה הפתוח של אִילוֹנָה - הקשר שלהם היה, ככל הנראה, עולה על שרטון. לא רק בתחום האהבה, אלא בכל הקשר אחר, יכולתה של אִילוֹנָה להיות מאושרת הייתה מקור כוחם החשוב ביותר. במשפחתו של אַלְדוֹ, כאילו באופן גנטי - חסרה יכולת זו. אצלו, רק חוויותיו המתקנות לצידה של לוּצָה

פיתחו את היכולת הזאת. נכון גם שלוּצָה אמרה שהוא תלמיד מוכשר וחרוץ. ללא זאת, סביר להניח שגם לא היו יכולים לצאת מהמשבר שתקף אותם לאחר לידתו של גָאבּוֹרְקַ'א, ורק היו הולכות ומעמיקות תחושת הפגיעה והדחייה אצל שניהם. לאחר לידתו של אִישְׁטְוָונְקַ'א, שום תחושות דומות כבר לא עלו אצל איש מהם.

המטלה השנייה של אַלְדוֹ הייתה קשורה בזהירות הפוליטית במסיבות אלה. לא פעם הם שמעו שגם במסיבות של בני נוער שתלו מלשינים. את הסוגיה הזו הוא העלה בקלות רבה יותר בפני קיפי, אבל כאן הוא הופתע שהיא, בפעם הראשונה, התמרדה נגד הנחיות הזהירות:

"אתה לא חושב שבין הבנים האלה... ?! הבנים האלה הם תלמידי תיכון בעצמם!"

"הדברים אינם תלויים, קטנטונת שלי, במה שאני חושב. אומרים שבאוניברסיטה יש כבר בכל קבוצה 'מודיע'. והם מבוגרים מכם רק בשנתיים-שלוש... הלוואי ואטעה! אבל בכל מקרה: על מה שלא תגידי - לעולם לא תתחרטי."

קלרה שתקה. ראו על פניה שהיא במרחקים.

"אבל..." אמרה באיטיות, "לא להגיד דברים... למי שאוהבים..."

אַלְדוֹ יכול היה לדמיין לעצמו על מה היא חושבת. הוא נזכר איך בשנות הבדידות הראשונות שלו, מדי ערב לפני שהיה נרדם, היום רק מפעם לפעם, היה מוכן לעשות הכול רק כדי להגיד דברים יפים שלא נאמרו אז לגָבּוֹר, לאִישְׁטְוָונְקַ'א או ללוּצָה... כשלא הלך למשחק כדור רגל עם גָבּוֹר, כשלא הקשיב עד הסוף לסיפור של אִישְׁטְוָונְקַ'א ולא ניסה לצחוק על בדיחות, שחוברו במיוחד למענו, של לוּצָה. הוא לא פעם נזכר גם, כשבלילה שלפני גיוסו לפלוגות העבודה הוא רצה לשכב עם לוּצָה, אבל עניין העברת הילדים למקום בטוח לא היה עדיין סגור ולוּצָה דחתה אותו. 'הראש שלי עמוס. אל תכעס.' אמרה. למרות שעבור אַלְי, זה היה הדבר היחיד שהיה יכול להשכיח ממנו לזמן קצר את העובדה שהם נמצאים על גשר המשחטה. הוא חשב לא פעם, שאילו לוּצָה הייתה יודעת

שזוהי ההזדמנות האחרונה בה יכלו להתנות אהבים, ודאי הייתה מחליטה אחרת.

הוא התקרב לקיפי כדי ללטף את ראשה, אבל היא נסוגה אחורנית.

"את כועסת..."

"כן, כי אתה מקלקל לי את המצב רוח."

עכשיו אַלְדוֹ היה עצוב. בעוד רגע קיפי החלה לפייס אותו.

"אתה יודע שאני לא אומרת שום דבר שעלול לסבך אותנו..."

"לא התכוונתי לבקש יותר."

"אז תבוא לקחת אותי בעשר? רשמתי לך את הכתובת, זה על השולחן שם. תחכה לי למטה שלא יצחקו עלי. אבל אני דייקנית, אתה יודע..."

בסוף ינואר קיפי כבר חרשה את מסיבת הבנים השלישית, ואַלְדוֹ היה צריך להבחין כבר כי מולו 'אישה כובשת בפוטנציאל'. הוא חש אמנם גאווה, אבל הדאגה שבו הייתה חזקה יותר. לעומת נושא ההיגיינה האישית, אליו התייחסותו הייתה עניינית, בריאה ונטולת בושה, ואף הצליח לספק עצות שימושיות עבור נערה מתבגרת - נושא המיניות נותר עדיין תחום מרוחק ובלתי ניתן להתמודדות. לכן החליט שהוא לוקח מהספרייה איזשהו ספר יעודי למתבגרים. הוא הניח אותו במבוכה על הספה ליד קיפי. הוא חיפש את המילים, אבל קיפי הקדימה אותו:

"זה ספר דבילי. דפדפתי בו בספריה של בית הספר. לדעתי, זה בכלל לא ככה... אבל אַלְדוֹקֵ'ה, אני לא רוצה לשכב עם אף אחד. אם זה מה שמדאיג אותך... הבנים מטומטמים באופן מדהים."

אַלְדוֹ פרץ בצחוק.

"אני אהיה האחרון שאאיץ בך בעניין זה! רציתי רק שתדעי את הצד הביולוגי של העניין. וגם הייתי מוסיף שאהבה היא הרבה יותר מזה. אבל את זה אי אפשר ללמוד משום ספר. רציתי, שיהיה לך ברור, שאם בחור מבקש ממך דבר כזה..."

"וֶרָה כבר התנשקה עם איזה טמבל אחד. אחד גם ניסה להתחכך בי. אני אמרתי לו שאם הוא יגע בי, אני לא אטעה לגבי המקום שצריך לבעוט בו. אז הוא נעלב."

מזמן אַלְדוֹ לא נהנה כל כך. ההפתעות החדשות על קיפי...

"אַלְדוֹ, אתם לא הייתם מטומטמים כאלה, נכון? לדעתי גם אבאל'ה לא. אלה... כאלה... מלאי רוק... והידיים שלהם מזיעות... ואין להם ריח טוב... למה הם לא משתמשים בדאודורנט, כמוך... וכמוני? אני בחיים לא ארצה אחד כזה!"

אחר כך הוסיפה, צוחקת:

"אני הייתי מורידה את כל הבנים מהכביש עד שלא ייהפכו ל...גברים נורמאליים."

22 בפברואר, 1950

לכל השדים והרוחות, אַלְדוֹ צדק! יש מלשין בכיתה!

הרשאנ'י אמרה בתחילת השיעור לרוסית, שהיא מזועזעת שכמה מהכיתה משתתפים בבילויים בערבים בהם מושמעות עמדות "שלחלוטין לא תואמות את הרעיון הסוציאליסטי". אמרה "בורגני", ומה אני יודעת מה עוד. מה הבעיה? ושיש כאלה שמשבחים את האימפריאליזם האמריקאי, ומתנענעים לקצב מוסיקה אמריקאית שמשתקת את השכל. דבר כזה היה יכול להיות רק במסיבה אצל קטי וורש. למזלי, אני לא אמרתי שום דבר כזה. לדעתה של יולי סלאי, רק הנובק הזו, שיש לה קש בראש, יכלה להיות המלשינה. ושגם יולי לא רוצה יותר ללכת לאף אחד! ואָגִי פלדמן התחילה לבכות. אין לי מושג למה, אבל הרשאנ'י אמרה שבטח המצפון שלה לא נקי. למרות שאָגִי המסכנה בקושי פותחת את הפה, ורק בגללי מזמינים אותה בכלל למסיבות. טוב, עכשיו לפעמים היא כבר אומרת משהו, אבל לא דברים כאלה. היא... באמת שלא. בקיצור, אנחנו לא נלך יותר לאף אחד! אני לא יודעת אם לספר לאַלְדוֹ או לא. הוא רק ידאג יותר. למרות שהוא צריך לדעת שאני באמת שומרת על הפה שלי.

אחת המטופלות של אַלְדוֹ התלוננה שהם לא מרוצים מרופא הילדים שלהם ויש צורך לערוך בדיקות יסודיות. אַלְדוֹ התקשר לפִּישְׁטַא זיילמן בבית החולים וביקש ממנו לקבל את המשפחה. אחר כך הוא שאל אותו מה נשמע בבית. פִּישְׁטַא נתן תשובות רזות וסתמיות. הוא בטח לא לבד במרפאה, חשב אַלְדוֹ בליבו.

"אתה ממהר? "הוא שאל, כי נזכר שעדיין לא סיפר לו איך הוא וקיפי הצליחו להתאים את טריוויה של מַרְגִּיט ליום ההולדת של קיפי.

"יש לך עוד שאלות מקצועיות?"

"לא משהו דחוף. אבל הייתי רוצה לשוחח איתך על מספר נושאים בתהליכי התבגרות."

"אתקשר אליך ברגע שיהיה לי קצת זמן פנוי."

פִּישְׁטַא התקשר למחרת, בשעות אחר הצוהריים המאוחרות. קיפי בדיוק הייתה בביתו של אַלְדוֹ. נשמעו רעשים של המולה ברקע. אפשר להבין שהוא מתקשר מהרחוב. פִּישְׁטַא הזדהה רק בשמו הפרטי. הוא רוצה להחזיר את הספר שהם השאילו לו - האם הוא יכול לבוא עכשיו? כעבור זמן קצר הוא צלצל בדלת. קיפי רצה לפתוח.

"גם הבונבון הזו כאן!"

אַלְדוֹ כמובן לא האמין שעד כדי כך הכול בסדר. כשפִּישְׁטַא התיישב, הוא ניגש לשולחן הכתיבה והוציא את תקע הטלפון מהקיר. הוא אותת בשתי ידיו משהו כמו 'מה שבטוח, בטוח'. קלרה התיישבה בין שניהם. פִּישְׁטַא ניסה עוד לאורך מספר משפטים להיות הדוד החביב, אבל מהר מאד גם קיפי הבינה שלא זה נושא הביקור. במשך הדקות שחלפו באמירות הסתמיות היא חישבה בליבה את הסיכויים - אם לא יתחילו לדבר על האמת בנוכחותה, הוא לא ימסור שום מידע. לעומת זאת, אם היא תצא מהחדר, לפחות אַלְדוֹ יוכל לדעת מה הבעיה, ואז יש סיכוי שהוא גם ייספר לה אחר כך.

"אני אלך להכין לכם תה..." אמרה, ובפעם הראשונה בחייה הציעה כיבוד למישהו.

היא השתדלה להתנהל בשקט במטבח, אולי תוכל לשמוע משהו חשוב. אבל לא הצליחה. אם כך, היא התיישבה מול הכיריים ועקבה אחר המים מתי ירתחו. בסוף היא לא שמה לב כי הרגשה מוכרת השתלטה עליה - עצב ללא תקווה.

אַלְדוֹ המתין ללא מילים שפִּישְׁטָא יתחיל:

"אני כאן בפעם האחרונה אַלְדָר... כי אני לא מעוניין לגרום לכם צרות... אף אחד לא ראה שבאתי. הבת שלי גם ניתקה איתי את הקשר."

"מה?!"

"בעלה עובד במשרד הפנים... הם הכינו שם רשימות של כל מי שיש לו משפחה במערב. שמה של מַרְגִיט מופיע גם ברשימה הזאת. חתני שלח לי הודעה שלא כדאי שנפגש כי זה עלול גם לסבך אותם... וצריך לחשוב על הילדים."

"לא יתכן..."

"יתכן. ועוד איך. חייהם של נכדיי חשובים מחיינו שלנו. הם עוד לא הספיקו לחיות..."

"חייבים לבחור?!"

"יותר טוב בדרגה אחת מ-1944! אז אי אפשר היה אפילו לבחור."

את תחושת החידלון של אַלְדוֹ החליפה לפתע שאלה של פקפוק בריא:

"ואם לא תפגשו, אז לא ידעו במשרד הפנים שאתה אבא שלה ושמַרְגִיט היא אשתך?!"

"אני לא יודע... זה מה שרוּדִי ביקש. קַאטוּש באה בכל זאת, בסוד... היא בכתה נורא... גם אני... היא אמרה שהיא בטוחה שהדברים ישתפרו. בכל זאת, כשיצאה היא קרעה קרע קטן בשמלה שלה... אַלְדוֹ, העולם הזה לא מוכן להכיל אותנו. אבל אם לפחות הילדים יוכלו לשרוד, אז אל לנו להתלונן."

דממה. אַלְדוֹ פתח שוב מתוך המחצית הבריאה שלו:

"לא... אני לא רוצה להאמין. הרודי הזה הוא ראש-תחת. זה לא מה שאמרת עליו כבר מזמן?"

"בסדר, הוא לא גאון. אבל הוא לא מצץ את זה מהאצבע. ואני לא רוצה לסבך אף אחד... הבן של מַרְגִיט שלח לנו הודעה שהוא ינסה להוציא אותנו מכאן... אני חושש שזה גם לא יועיל במיוחד למשפחה של קאטוּש... אבל אין לי עם מי להתייעץ."

"פִּישְׁטַא, אני כבר מסוגל לדמיין כל כך הרבה זוועות... אבל לא את זה! כל העסק הזה הוא אבסורד אחד גדול!"

"אני מקווה שהצדק יהיה לצדך. אבל אנחנו צריכים להמתין כדי להיווכח בזה..."

"ולמה שאני לא אוכל לבוא לבקר אצלכם?"

"אתה גם חייב לחשוב על קיפי. וגם על עצמך. אם יקרה נס ויבטלו את מלחמת המספרים, אני אופיע אצלך למחרת עם זר פרחים! אבל עד אז עלינו לתפוס מחסה. זה מה שרציתי לומר."

אַלְדוֹ ניסה למלמל משהו, אבל פִּישְׁטַא הפסיק אותו:

"נדחה את הדיונים הערכיים לאחרי מלחמת המספרים! אתה לא תעזור לנו בכלום אם תערוך אצלנו ביקורי סולידאריות... אבל יש עוד משהו שאני רוצה להגיד לך."

"תגיד."

"לא הסמכת אותי... אני לא יודע מתי נפגש שוב. תרשה לי... אני רוצה להגיד ש... אני, ללא מַרְגִיט, אולי לא הייתי שורד בכלל בכל השנים האחרונות. האהבה מרפאה ורק היא... חפש לך שותפה..."

"אני, יש לי את הילדה... אני מקבל ממנה המון אהבה... שמרפאה..."

"אדם צריך גם שותף. תאמין לי."

"אִילוֹנָה איתי."

"כן... אבל אם הכל-יכול יישלח לך בכל זאת מישהי, תחשוב על המילים שלי. ...קיפיל'ה, התה הזה עדיין לא מוכן?"

קלרה הכניסה את המגש הגדול, חילקה את ספלי התה על השולחן ובאמצע הניחה את הקערית עם העוגיות.

"תראי מה הבאתי לך!" חייך אליה הדוד פִּישְׁטָא. "דודה מַרְגִּיט שולחת לך..."

אז הוא הוציא מהתיק שלו קופסה שטוחה וגדולה. הוא הסיר את נייר העיתון והתגלתה קופסת קרטון צבעונית יפה. היא נראתה מוכרת. הטריוויה! על פניה של קיפי הופיעה אותה חשדנות מבוהלת כמו על פניו של אַלְדוֹ.

"אנחנו כבר לא כל כך משחקים... אבל את כל כך אהבת אותו. לא כן?"

"כן! אבל אני כבר העתקתי אותו... וכשאנחנו באים לבקר אצלכם אז אנחנו יכולים שם לשחק בזה."

"שכפלת? איך?"

"חיברנו 120 שאלות עם אַלְדוֹ! בזה שיחקנו עם הילדות במסיבת יום ההולדת שלי... תודה רבה, אבל עדיף שתחזיר אותו הביתה ונשחק אצלכם כשנבוא! ואני אראה לכם את מה שהכנו עם אַלְדוֹ!"

"נו טוב, קטנטונת..."

אַלְדוֹ חש שהם צריכים להחזיק במשחק. לא היה לו מושג למה.

"אבל אם תשאיר אותו כאן, אנחנו נוכל לעשות השוואה ולמצוא בו עוד רעיונות... ואחר כך..."

"בטח!" התלהב פִּישְׁטָא מהרעיון והניח את הקופסה כאילו שהצליח להיפטר מדבר מה.

הוא נפרד בהבטחה שאם יהיה לו מה להגיד, הוא יודיע. בדלת הוא חיבק את אַלְדוֹ לרגע, אחר כך טפח שתי טפיחות על כתפו כדרכם של גברים.

"ותשמור על הילדה הזאת!"

ובלחש:

"וגם על עצמך..."

בזמן שקיפי התקלחה, אַלְדוֹ פתח את המשחק. הוא עבר עם קלפי השאלות. הוא הוציא את חתיכת הקרטון שהפריד בין ערימות הקלפים, הרים את הבסיס הפנימי של הקופסה וגם את

ריפוד הלבד של שעון החול והוציא כל מה שרק אפשר היה להוציא מהקופסה. הוא לא מצא שום דבר לא שגרתי. היה זה רק תעתועי דמיונו.

למחרת הגיע חוזר למרפאה שלפיו פועל יעביר כל מאמר לפרסום אל ועדת המפלגה לאישור. מוצע לקולגות, לפני הכתיבה, להשיג במשרדי הועדה את הדף המנחה המכיל רעיונות מומלצים להכנת פרסומים.

כעבור שלושה שבועות, ביום ראשון, בשעות הערב המקודמות היה צלצול בדלת. אַלְדוֹ ניגש לפתוח בהרגשה לא טובה מאחר ודרך זכוכית הקתדראלה הצטייר מתאר של דמות גדולה בהרבה מזו של קלרה. בכל אופן הבזיקה במוחו המחשבה שאנשי ה-AVO[33] מגיעים לרוב בלילה ולא בשבע וחצי בערב. יהודי כבן שישים בעל פנים עצובים עמד בדלת.

"אפשר להיכנס?" לחש.

אַלְדוֹ נד לחיוב מתוך תחושת בטן וסגר את הדלת מאחורי האיש.

"יש לי מכתב עבורך מ... פִּישְׁטַא זיילמן."

פניו לא אמרו שום דבר טוב. מהכיס הפנימי של מעילו הוא הוציא מעטפה. רק כתובתו של אַלְדוֹ הופיעה עליה, אך ללא צל של ספק בכתב ידו היפה והברור של פִּישְׁטַא. הגבר הושיט את המכתב מבלי לזוז ממקומו. באופן נראה לעין ביקש להתיישב. אַלְדוֹ קרא לו להיכנס והציע לו לשבת. ואז פתח את המעטפה.

---

33 שירותי הביטחון החשאי הידועים לשמצה.

חברי הטוב, החביב, היקר!
מ. ואנוכי החלטנו על הסיום. אנחנו עושים זאת בלב קל כי בכך אנחנו עוזרים לאחרים. וזה הדבר החשוב ביותר. אפשרויות הבחירה היו מצומצמות: יכולנו להסכים לעשות מעשה שלא היינו מוכנים שיקרה, לא בפני האל ולא בפני אף אדם, ולא ניתן לנו לקחת עליו אחריות - או לעבור, בוודאות מובטחת, שוב את הגיהינום. ואת הדבר הזה, אנחנו מבחינתנו, לא מסוגלים שוב לעבור; ובכל מקרה, אין בו גם שום הגנה, ולו המזערית ביותר, על אהובינו. אנחנו רק מצטערים שבהחלטה הזו שלנו אנחנו גורמים כאב לך ולעוד מספר אנשים, אותם אנחנו אוהבים.
אנחנו בוטחים באל שישמור בעתיד עליך ועל הילדה, ולנו - שיסלח על לקיחת הדין לידינו. נשק בשמי את ראשה הנבון של ק. אני מודה לך שבמשך שבע-עשרה שנה ידעתיך כחברי.
יברכך האל.

נ.ב. אני מבקש ממך, שתשרוף את המכתב הזה בנוכחותו של השליח, כדי שהוא לא יביא עליך ועל עצמו שום נזק.

אַלְדוֹ ישב עם המכתב בידו. הוא קרא אותו שוב. ואחר כך עוד פעם. יכול להיות שכבר קרא אותו בפעם העשרים, כשדמעותיו החלו לזלוג. הזר ישב עטוף במעילו ללא נוע. הוא הביט ללא הרף באַלְדוֹ אשר ראה רק את המכתב.

הוא זכר היטב שבחוץ האור החל להפציע. אחר כך התעורר והבחין שהשעה רבע לשמונה. אחוז תזזית הוא התחיל להתארגן. אבל אז הוא עצר את עצמו. הוא כבר יגיע. מתישהו. הוא נכנס למרפאה כמה דקות לפני תשע.

הוא חשב שמלבד קיפי, אין כבר דבר או אדם שהיה יכול להניע אותו להרגיש, להתלהב, או אפילו להיבהל או להיות נדהם. למרות זאת, אלוירה הצליחה לייצר דבר מה מתערובת של רגשות

אלה. אותה אלוירה, שאיתה בשנת עבודתם המשותפת הראשונה, ב-1946, לא החליפו אפילו מילה אחת מלבד ענייני עבודה ואדמיניסטרציה. שאמרה ב-1947, בנוגע להתנהגות היסטרית של איזו מטופלת, כי היא מתעבת שימוש בכל צורה שהיא של רחמים עצמיים - בלי קשר אם זה אדם יחיד או קבוצת אנשים שמשתמשים בו. אמירה שבעקבותיה אַלְדוֹ האריך בשנה נוספת את השתיקתו. למעשה, הייתה זו התעניינותה של אלוירה בקיפי שהביאה לריכוך מה במצב עניינים זה ביניהם. מלבד מקרה אחד, שבזכותו אַלְדוֹ ראה לראשונה ייצור בעל רגישות נשית אמיתית באלוירה, למרות שהצטער שהיה צורך בכך. הדבר קרה זמן לא רב לאחר הערתה בנושא הרחמים העצמיים.

למרפאה נכנסה אישה צעירה ויפה, עם עיניים תכולות בדיוק בגוון עיניה של אִילוֹנָה ועם אותו מבט! זרם הכה באַלְדוֹ, וכמובן התחיל לרעוד. זה זמן ממושך יכול היה כבר לעצור את הרעד באופן מיידי, שאגב הופיע רק כאשר מחשבותיו יצאו מגבולות המרפאה. אבל עכשיו הוא מיאן להיעצר. אַלְדוֹ הלך לכיוון החלון, בדרך עוקפת, כדי שלא יצטרך לראות את הבחורה. אך אז הוא נתקל בפניה המבוהלות של אלוירה.

"אני מבקש שתגיעי לקבלה של שעות אחר הצוהריים... יש לי הרבה מאד מטופלות. אני לא יכול לקבל יותר מטופלות היום."

"אבל אני חיכיתי לתור שלי..."

"אני מבקש ממך ללכת..."

"למה דווקא אותי אתה שולח?! ועוד עליך אמרו כמה שאתה רופא טוב!"

"אני מבקש, לכי..."

כאן אלוירה קיבלה על עצמה את הפיקוד. היא חשה כמובן שיש בעיה. בעמל רב היא לוותה את הגברת הצעירה החוצה, אבל

עוד היה אפשר לשמוע מהמסדרון את חילופי הדברים. היא שבה בהתרגשות.

"דוקטור, היא רוצה להגיש תלונה... מה עלי לעשות?"

זה היה המשפט הראשון מפיה של אלוירה שאַלְדוֹ ייזכר בו בהכרת תודה - היא רצתה לעזור, למרות שידעה במה מדובר.

"תקראי לה בחזרה." ענה אַלְדוֹ, עדיין בוהה ברחוב.

כשהאישה נכנסה שוב, הוא אמר לה:

"את לא תגישי תלונה נגדי לעולם. לא בגלל זה קראתי לך לחזור. אלא כדי שלא תחשבי שהבעיה קשורה בך... אני מבקש זאת מסיבות אישיות לגמרי."

"במקום העבודה שלא יהיו לאנשים סיבות אישיות!" רטנה האישה, ואם כי אַלְדוֹ לא שמע יותר אמינות בהטפת המוסר מאשר קודם לכן באיום שלה, הוא שמח שלמרות הכול, לא רק מידת האגרסיביות של הבחורה, אלא גם גוון קולה נשמעו לו זרים.

"אני מבקש את סליחתך..." הוא עוד אמר לה.

הוא לא רצה להגיד יותר. אבל מאחר והוא לא שמע שום רחש מאחורי גבו, הוא הגניב מבט לאחור. ושוב נתקל בעיניה. איך אפשר לדבר כל כך הרבה שטויות עם העיניים של לוּצָה? הוא האמין לעיניים. לא למילים. לכן התוודה בכל זאת. אבל שוב עם הגב אליה.

"לפני עשרים שנה פגשתי בזוג עיניים כזה... היא הפכה לתכלית חיי. היא ושני הילדים שלנו... אף אחד מהם כבר לא בחיים."

"... אל תכעס עלי..." אמר הקול הנוכרי, עם צליל מנוכר קצת פחות.

"אני לא כועס על איש. בכעס יש כוח. בי אין."

שקט. אַלְדוֹ שוב מציץ אחורה. האישה בוכה, מכסה את פניה. לה מותר. המגנט שוב שואב את אַלְדוֹ. הוא ניגש אליה

ונעמד לפניה, עובר מרגל לרגל. אחר כך ידיו נוגעות בידיה, מנשק אותן ושב במהירות לחלון.

"בבקשה, תלכי..." לוחשת אלוירה.

אַלְדוֹ מסתכל על עגלה רתומה לסוסים. הסוסים נלחמים באספלט הקפוא.

כשהוא נכנס לחדר ההמתנה אלוירה מזנקת ממקומה, ממהרת אליו ותופסת את זרועותיו, כאילו מנסה לנער אותן ואומרת בקול שלא מכאן:

"אין לך טלפון?!"

לשבריר שנייה הטיחה את ראשה בחזה של אַלְדוֹ. אַלְדוֹ חיכה באדישות שאלוירה תיפרם ממנו, אחר כך שאל בקול שקט:

"שֶאנִ'י מרגיש טוב?"

עד לרגע זה, הוא מעולם לא קרא בשמו הפרטי של בעלה של אלוירה, וגם לא בשום שם אחר. אלוירה הנהנה בראשה כדרך שעושים סוסים והסתכלה באַלְדוֹ במבט שואל. אַלְדוֹ קפץ את שפתיו. הוא לא זע.

"אחרי שתחליף את בגדיך, כדאי שנבדוק אם חסר דבר מה מהתכשירים שמחזיקים בארון בחוץ."

אַלְדוֹ הנהן. אבל עדיין לא זז. הוא התפלא על כך בעצמו. הוא המשיך לעמוד במקומו במעיל ובכובע. אלוירה כרכרה סביבו:

"דוקטור... לך תחליף בגדים..."

"... אין לי מושג..."

מעיניה המרצדות של אלוירה השתקף אותו ניסיון מחשבתי שבאמצעותו ניסתה לעקוב אחר מסדרונות חשיבתה הבלתי עקיבים של קיפי, במטרה לגבש תוכנית אופרטיבית, לפני קצת יותר משנה. ההבדל היה לכל היותר בכך שמאז, ההיסטוריה לימדה אותה לחוש קצת יותר אמפטיה כלפי הזולת.

"אם אתה לא מרגיש טוב, גם אתה יכול לקחת חופשת מחלה."

תנועות ההתלבטות של ראשו של אַלְדוֹ הפכו במהרה להנהון.

"אלווה אותך למרפאת רפואת הפנים, טוב?"

"אין צורך..."

"כן, יהיה עדיף." אמרה אלוירה, ואַלְדוֹ הבין שלא ליווי הפציינט הוא הרעיון המרכזי כאן.

"אָגִיד לחולים, שלמי שדחוף שיחזור לקבלה אחרי הצוהריים."

אחר כך יצאו יחד למסדרון.

"מה קרה למען השם? זוועה איך שאתה נראה... קיפי?"

"היא, אני מקווה שהיא בסדר."

"לא איתה נפגשת עכשיו?"

"היא תבוא אחרי הצוהריים. איתה, אני מקווה, אין בעיה."

"אולי תרצה לספר מה קרה?"

"מה שלא יודעים, אף אחד לא יוכל להוציא מאיתנו."

"שוב לקחו מישהו?"

"לא. יש מי שלא נותן שייקחו אותו... שהולך מיוזמתו באופן מכובד... סופית."

למה הוא מספר לאלוירה כל כך הרבה? לא טוב... אבל אלוירה הפתיעה בפעם השנייה.

"בך כבר אי אפשר לפגוע יותר! לא בך! אל תפחד!..."

אַלְדוֹ רק מביט בה. ארוכות. זה מה שעולה בדעתה?! היא חוששת לו, באמת? לא רק לבעלה, לחברי מפלגת ה-*'סוצ-דמ'*, לפקידת המפלגה שלקחו בשבוע שעבר? ולמה שלא יוכלו לפגוע בו?

"אם קיפי לא הייתה, אז כבר באמת לא היה אפשר לפגוע בי. והייתי הולך גם כן ברצון."

"אתה לא יכול להתנהג ככה, דווקא בגלל שיש לך את קיפי!"

זהו הדבר הטוב ביותר שקרה מאז אמש.

"את צודקת, אלוירה יקרה, אני באמת לא צריך... רק שקשה..."

"הם עוד יתחרטו!... אי אפשר לחסל חצי מדינה!... הם לא יצליחו..."

בינתיים הגיעו למחלקה הפנימית. הם התיישבו דוממים ונשמרים על ספסל המתנה פנוי.

"כבר קרה במהלך ההיסטוריה שהצליחו..."

בעיקול הסמוך של המסדרון הופיע מנהל המחלקה החדש. בינתיים הכירו אותו רק במראה. אבל הוא ידע מי הם.

"דוקטור קֶרְנֶר, אתה מחכה לי?"

"הייתי מבקש רק משהו להרגעה של הקיבה מהקולגה."

"אתה נראה לא טוב, בוא תיכנס אליי!"

"אני אחכה לך כאן דוקטור... יש לו גם סחרחורת!" הוסיפה אלוירה למנהל המחלקה.

רק זה מה שהיה חסר היום. מנהל המחלקה, בן גילו לערך של אַלְדוֹ, ניסה להיות חביב והציג, רק כדרך אגב, מספר שאלות על ה"אוירה הכללית" וכדומה. אַלְדוֹ באמת הרגיש זוועה עד כדי כך שלא נמצאה בו שמץ של רוח קרב לנושא שהועלה, ורק החזיק את ידו על קיבתו. במשך שלוש שנים מערכת העיכול שלו הייתה משותקת באותו אופן מייאש ומייסר כמו הבוקר. למרות שמאז שהייתה לו את קיפי, הדאגה הזאת נשכחה בליבו לגמרי, כי החיים הפכו לברי עיכול עבורו. מנהל המחלקה לחץ פה ושם על בטנו, רשם לו שתי תרופות ושחרר אותו בהערה 'ההומוריסטית', שקודם עלינו לסדר את הבטן של עצמנו לפני שנוכל לשים לב לבטן של מישהו אחר.

"הוא רשם לי שלושה ימי מחלה, לכל הרוחות. כך שגם מחר אאלץ להישאר בבית..."

"לפחות תוכל לישון ולנוח... ואל תכעס עלי שהבאתי אותך לכאן. אגב, אין לי מושג אם יש עוד בכלל מקום כלשהו שאליו ניתן לגשת."

"עכשיו זה כבר לא חשוב. אבל העניין של קלקול הקיבה תקף גם לאחר הצהרים. קיפי מגיעה, אז אני צריך לאסוף את עצמי."

השעות נקפו, אַלְדוֹ שכב בבגדיו על המיטה שלו. מפעם לפעם היה מנמנם עד שחלומות בלהות העירו אותו, ואז היה מסתכל בשעון כדי לבדוק כמה זמן הוא עוד יכול להרשות לעצמו להיות 'שפוך'. במחנה הריכוז היה ישן ככה. שינה כזו שמטשטשת הכול. כשהניחו להם לישון. מעניין מי גילה את הזיילמנים? איך הגיע המכתב לידיו של ה'דוור'? איך תשרוד את זה בתו של פִּישְׁטַא? אולי צריך לטלפן? ואז - מה? שוב נרדם. ההלוויה של פִּישְׁטַא ומַרְגִיט. אבל פִּישְׁטַא עומד שם מאחורי אַלְדוֹ בין הציבור האבל. הוא שם את אצבעו על שפתיו - ששש, כאומר: "אל תגלה לאיש שגם אני כאן". אַלְדוֹ מאותת בעיניו - מה פתאום שאגלה!

גם מהחלום הזה הוא יצא כמו ממים רדודים, והבחין בדאגה שהגפיים שלו עדיין לא נשמעים לו. למרות שבאופן בלתי הפיך מתקרבת שעת הגעתה של קיפי. שקוראת את פניו, למרבה הצער, מבלי להחטיא. למרות שכרגע הוא לא מסגול אפילו לאלפית של אותה העמדת הפנים הדרושה להטעייתה של קיפי.

"יש לי קלקול קיבה..." הוא פתח.

קלרה בחנה אותו.

"בערב עוד לא אמרת כלום."

"זה התחיל אחרי ששוחחנו. בלילה זה החמיר... אפילו לא עבדתי היום."

"אציע לך את המיטה... למה סידרת אותה? ולמה אתה עם בגדים, אַלְדוֹקַ'ה?"

"כי בבוקר עוד הלכתי לעבודה. אבל אחר כך חזרתי די מהר."

"ולא היה כדאי שיראה אותך רופא? רופא טוב שמבין בדברים כאלה?"

"רשמו לי משהו במחלקה הפנימית... אה, שכחתי להוציא את התרופה."

"אני אגש תכף לבית המרקחת, רק אציע לך קודם את המיטה. תעבור בבקשה ושב בינתיים על הספה. כבר היית יכול לקחת את התרופה אם היית מוציא אותה בדרך הביתה... או שהרגשת כל כך רע? טוב, לא משנה כבר... הקאת?"

הכול טוב, קלרה לא חושדת, רק הולכת ובאה, דואגת, כמו אימא קטנה. כמו אוֹלְגִי. אחרי סידור המיטה היא מחפשת את המרשם וכסף עבור התרופה, ואז נעצרת:

"חכה רגע, אתקשר קודם לאוֹלְגִי לשאול אותה איך מכינים את המרק הזה שהיא מבשלת בדרך כלל כשאני חולה. אולי אצטרך לקנות עוד משהו בחנות בשביל להכין אותו... תלבש בינתיים פיג'מה... אוי, אוֹלְגִי הלכה היום לבית היתומים! אז אני אתקשר למדאם גְרֶטְל, בטוח היא יודעת גם להכין מרק קימל.

אַלְדוֹ הניח לקלרה בלב חפץ לגרור אותו לתוך ההצגה. בערך כפי שבית הספר לבנות נכנס לתרדמה לתקופה מסוימת לאחר נאום הפיוס של המורה בּוֹקוֹר. הוגשו לו מרק והרבה תה, ובערב תפוחי אדמה מבושלים. קלרה הקפידה על לקיחת התרופות והוא מצידו אפילו הסכים למדוד חום. אַלְדוֹ ציית בכל. בערב קלרה זכתה במיקוח עם אוֹלְגִי - לא ללכת לבית הספר למחרת. היא כבר המון זמן לא נעדרה! ועכשיו אַלְדוֹ צריך אותה!

את התנגדותו של אַלְדוֹ לא היה קשה לטאטא הצידה. אוֹלְגִי גם רצתה לדבר איתו. היא תשאלה אותו על כל פרט ופרט. בסוף אפילו אַלְדוֹ האמין לכל ההמצאות שהמציא. קלרה ביקשה שוב את השפופרת והתגאתה במרק שבישלה - יצא לגמרי לא רע. "היה מאד טעים!" שרבב אַלְדוֹ לתוך דבריה, כך שיישמע גם באפרכסת. "טוב, אם כן, הוא כבר מרגיש יותר טוב אם האוכל טעים לו!" פרשנה אוֹלְגִי וקלרה תיווכה. אַלְדוֹ כעס שכל כך בקלות נחשף. אם הוא מבין נכון את מהלך ההיסטוריה, עדיף יהיה ללמוד מחדש את כללי פתיחת הפה הספרטניים הישנים.

בתשע בבוקר צלצלו בדלת. לא נכון! זאת הייתה אוֹלְגִי. עם סל מלא מצרכים. היא תכין לו מרק עוף עם ירקות. הביאה גם תפוחים בשביל להכין קומפוט, וגם תאפה עוגת בישקוטים. וגם מצאה בבית קצת אורז, זה מועיל מאד להפסקת שלשול. חס וחלילה! חשב אַלְדוֹ.

"אני מעדיף תפוחי אדמה..."

"תפוחי אדמה לא הבאתי אַלְדוֹקַ'ה, אבל אני ארד לחנות אחר כך."

"יש בבית."

אוֹלְגִי הייתה עסוקה כל הבוקר במטבח. קיפי הקריאה לאַלְדוֹ, אחר כך שיחקו שח והניחה לו להירדם כשנראה לה שהוא עייף. היא קמה מאד בזהירות, אבל אַלְדוֹ פקח את עיניו למרות זאת.

"תישן בשקט אַלְדוֹקַ'ה... אני לא עוזבת אותך. אני הולכת תכף לבטל גם את השיעור באנגלית."

"אותו אל תבטלי!"

"אני לא רוצה שתישאר לבד. חכה רגע... אוֹלְגִיצַה! יש לך עיסוקים אחרי הצוהריים?"

"לא, אימאל'ה, אין לי. למה?"

"תוכלי להשגיח על אַלְדוֹ עד שאלך לשיעור אנגלית?"

"בוודאי."

באוזניו של אַלְדוֹ נשמעה שיחתן של הגברות שלו מן המטבח כזמזום דבורים עדין וערב לאוזן. הוא חייך בעיניים עצומות למחצה: לוּצַה יקירתי, את שולחת לי מלאכים אחת אחרי השנייה כדי שאוכל לחטוף נשימה קצרה בתוך המחראה הזו כאן שמגיעה לגובה הראש? או שלדעתך, אולי רק הראש חשוב, כי שם ממוקמים הפה, האף והעיניים? ואני חשבתי שלא יזרקו אותי שוב למחראה... טוב, אני אשתדל לשמוח שזה מגיע רק עד צוואר.

גם אחר הצוהריים לא בא לו לקום עדיין. לא רגיל שגופו כל כך מתעקש. מאז שהתחיל לעבוד בתחילת 1946, הוא לא לקח אפילו יום מחלה אחד. וגם לא היה חולה. לפחות לא יותר מבכל

הימים האחרים... כשקיפי חזרה משיעור האנגלית שלה, היא התחילה לארגן את הגעתה של אוֹלְגִי למחרת בבוקר, כדי שתשהה עם אַלְדוֹ, כי היא יוצאת כבר בשבע ורבע לבית הספר.

"מחר אני רוצה כבר ללכת לעבוד..." שיקר אַלְדוֹ.

קיפי הסירה את התוכנית באותה הקלות שבה אימהות זוכות במשחקונים מול רצונם הרפה של ילדיהם הקטנטנים.

"אַלְדוֹקַ'ה, זה טיפשי! אתה לא מרגיש טוב, ואפילו הרופא רשם לך שלושה ימים! מחר אתה לא הולך לשום מקום! החולים שלך יחכו לך. עדיף שתכתוב את המאמר שלך, את זה אפשר לעשות גם במיטה... איך אתה מתקדם איתו? אני כבר רוצה להתחיל להקליד אותו בשבילך..."

אימא קטנה מושלמת! כנראה שלא רק אוֹלְגִי וקיפי אוהבות לקבל הנחיות במצבי חולשה, אלא גם הוא עצמו. כי מי שאוהב אותנו נותן במצבים האלה בדיוק את אותן עצות שאנחנו לא מעיזים לתת לעצמנו. גם אַלְדוֹ לא גילה לעצמו, שבאופן הכי פשוט הוא מעוניין 'לשכשך'. לשכשך באותו משהו שחסר אצלו כבר כל כך הרבה שנים בתוך הסבל התמשך, אותו משהו שבגלל היעדרו, בקיץ 1948, גם קיפי החלה כבר להתפרק. 'לשכשך' באותו משהו שמכנים 'משפחה', שלעולם הוא יותר ממולקולת כלור אחת. היכן שאפשר למשל רק לשתוק ולהאזין לדיבורם שסביבנו.

בגלל זה הוא ויתר ברוב חסדו ללחציה של קיפי. ועלה בדעתו שגם אלוירה זכאית לשיחת טלפון. שלא תצפה לו מחר לחינם. הוא אף פעם לא התקשר לביתה לפני כן, אבל ידע שיש להם טלפון. בספר הטלפונים הוא באמת מצא את המספר שלהם. אלוירה נשמעה מודאגת. כמי שסבורה שאם הדוקטור לא יגיע גם מחר, אז כנראה שיש כבר בעיה חמורה. בסוף היא "קנתה" את טיעוניו של אַלְדוֹ לפיו מדובר רק בדאגנות יתר של קיפי. וסיימה את השיחה בטון הצבאי הרגיל שלה מקדמת דנא - תודה על הטלפון.
בערב אַלְדוֹ דיווח לעצמו, תוך נקיפות מצפון, שמאז הצוהריים ועד לרגע זה הוא לא חשב בכלל על פִּישְׁטַא ועל מַרְגִּיט.

אבל בלילה הוא בכל זאת הצליח לחלום שהוא יושב עם פִּישְׁטַא על ספסל בקצה מחנה הריכוז, ממתינים להוצאתם להורג. הוצאה להורג רגילה, בתליה. אסור להם לשוחח. הם רק מביטים האחד בשני, ובשלווה מוחלטת הם חווים את האושר האחרון של חייהם: חילופי המחשבות האילמים האלה - וכמה שזה נעים! כשהוא התעורר מזה, בדיוק התהפכה קיפי במיטה. אַלְדוֹ יישר את השמיכה מעליה והסתכל בה ממושכות. כמה טוב שהיא נשארה כאן גם הלילה!

למחרת בבוקר אוֹלְגִי התקשרה עוד לפני שקיפי יצאה לדרכה: היא תגיע בעוד חצי שעה, היא רק עושה קניות. אַלְדוֹ הזדרז במקלחת וכבר התלבש כרגיל. בו בזמן חיוכה הנעים ותנועותיה הקלות של מַרְגִיט זיילמן הופיעו לפניו. כמה מעט זמן הם הכירו... על פִּישְׁטַא הוא לא העיז לחשוב. מאז יום ראשון הוא שקל מספר פעמים מה יאמר אם קיפי תשאל מה איתם. היא מאד שומרת על האנשים המעטים שקרובים לה. לפתע עלה בליבו הרעיון, שהם נסעו לאמריקה לבן של מַרְגִיט! אבל אסור להגיד לאיש! זה טוב. לא *מספיק* טוב, אבל האל לא מסר לו רעיון יותר טוב. ההקלה הבלתי-פרופורציונאלית שחש אותתה לו שהוא בעצמו מאמין בסיפור הזה, בדיוק כפי שהאמין בסיפור של קלקול הקיבה.

אוֹלְגִי הגיעה שוב עמוסה. אַלְדוֹ התיישב לידה במטבח. הוא עזר, קילף תפוחי אדמה. שוחחו על קיפי. אחר כך אוֹלְגִי הכתיבה לו מתכונים של מספר תבשילים שאַלְדוֹ רצה ללמוד, כי קיפי אוהבת לאכול מהם גם לארוחת הערב. בסביבות הצוהריים צלצלו בדלת. הפעם אַלְדוֹ נבהל פחות מאשר מצלצולה של אוֹלְגִי אתמול. זו הייתה אלוירה!

"רק רציתי לבדוק אם לא מדובר בהתפנקות!" היא פתחה.

גם היא יודעת כבר לשקר לא רע, האנושיות מתחילה לבצבץ אצלה גם.

"בוודאי שכן! מבחינתי כבר הייתי יכול לעבוד היום. זה רק הדאגנות-יתר של הילדה-הקיפי הזאת. אתמול אפילו לבית הספר היא לא הלכה. ועכשיו אולְגִיקה כאן לשמור עליי!"

"אם כך, יש לך שתי מטפלות, אדוני הדוקטור! במצב כזה, גם אני הייתי שמחה להישאר בבית!"

אַלְדוֹ מעולם לא ראה את פניה של אלווירה חביבים כל כך.

"אבל התוצאות - בהתאם! אני רואה שאתה כבר ממש מרגיש טוב! אני לא מבינה למה קיפי צריכה לדאוג כל כך! אני בטח הייתי כבר עוצרת בעדה..."

"למנוע מאדם את הזכות לדאוג לאדם אחר, אכזרי לא פחות מאשר למנוע את הדאגה לו."

בשבת שיחקו שח בביתה של אולְגִי בניחותא ואולְגִי עסקה בתפירה בחדר השני. שתקו רוב הזמן. אחר כך בכל זאת חלפה במוחו של אַלְדוֹ המחשבה שאינו יודע את הסיבה לשתיקתה של קיפי.

"אין לך מצב רוח, בובה?"

"לא... רק ש... בדיוק עכשיו המסיבה אצל נובאק שגם אנחנו הוזמנו אליה, אבל אנחנו עם יוּלִי ועם אָגִי החלטנו לא ללכת. בטוח שהיא היא המלשינה, היא כל הזמן מכרכרת סביב הרשאנ'י."

"אם... נזהרים מה אומרים, אז אולי בכל זאת אפשר ללכת... יש שם עוד חבר'ה שאותם אתן כן מחבבות."

"אנחנו לא הולכות. כי בפעם שעברה היא שיקרה גם. הרשאנ'י אמרה שעיני המפלגה מונחות על כל אחד, ושמַּרִי סנטפטרי 'מסיתה'. רק נובאק הייתה יכולה להגיד לה דבר כזה. אַלְדוֹ, מה זה 'להסית'? לא רק כלבים אפשר 'להסית'?"

אולְגִי נכנסה:

"קלרה בובה, אפשר כבר למדוד את החצאית. אתם יכולה לעצור לרגע את המשחק?"

לא מזמן אולְגִי מצאה בבית איזה בד פרחוני יפה שמתאים בדיוק לילדה כזאת. היא לא זוכרת אפילו מאיפה הבד. כבר

שבועות הן מתכננות יחד עם קלרה את הגזרה המתאימה לחליפה שהיא תתפור לה ממנו.

"אין טעם, אוֹלְגִיקה. אני במילא לא יוצאת כבר לשום מקום..."

"באמת, איך את יכולה להגיד דבר כזה?! רק בגלל שיש כמה ילדים שלא צריך להתחבר איתם, עדיין לא אומר שאת לא יכולה ללכת לעוד הרבה מקומות שבהם כדאי להיות לבושים יפה!"

"לי זה כבר לא חסר אפילו. טוב לי כאן בבית... רק שאתכם הקומוניסטים לא ייקחו! אנחנו מסתדרים כאן יופי שלושתנו, לא?"

נכון שלא על 'הקולב' הזה ציפו שתתלה את הדְבֵקוּת הילדותית, הזקנים של קלרה, עכשיו כשמלאו לה כבר שמונה עשרה.

העיתונים היו מלאים בידיעות על כיבוש מרחב המחייה המפואר של מעמד הפועלים וניקוי השטח 'לרווחת כולם'. אַלְדוֹ כבר לא התעקש שקיפי תנצל את הזדמנויות הבילוי המוצעות, במקום זאת, הוא ניסה בעצמו לדאוג למראית העין של חיים נורמאליים כביכול. הם הלכו שניהם, למשל, לקונצרטים, כשקיפי בחליפה היפה החדשה שלה. לאַלְדוֹ זה היה קצת קשה, כי הוא מעולם לא ביקר קודם לכן באקדמיה למוזיקה (*'אתה רואה אַלִיקָה, שהשמיעה שלך יותר טובה ממה שחשבת!'*), אבל למצבים האלה הייתה לו מילות קסם: עכשיו החיים הם סיפורה של קיפי, כי בדיוק מהסיבה הזאת שלחו לוּצָה והכל-יכול את קיפי אליו. גם קלרה לא גילתה לו אלו דברים הזכירה לה האקדמיה למוזיקה.

למחרת בבוקר אלווירה סיפרה לאַלְדוֹ במסדרון, שגם ממחלקות הדרמטולוגיה והכירורגיה נעלמו מפעם לפעם מספר רופאים. למשל הכירורג, שבמבט ראשון אפשר היה לזהותו כבן-איכרים הגון, שלפי מקורותיה של אלווירה היה בעבר פונקציונר כלשהו במפלגת החקלאים. על היעלמו של הדרמטולוג לא ידעו אפילו הסבר קל שבקלים.

באותו שבוע עצמו לחשה גב' באואר השכנה על אוזנו של אַלְדוֹ, בזמן שהמתינו שניהם לשוער על מנת לשלם לו את התשלום החודשי, האם הוא שמע כבר: "את אדון פרנצי מקומה ארבע, ה-AVO לקחו הבוקר. והיא, יש לבעלה שתי חנויות..."

ביום רביעי אחרי הצהרים קלרה התדפקה על הדלת אצל אַלְדוֹ במרפאה. אלוירה הביטה בה בדאגה, יצאה למסדרון ואמרה שתגיד לדוקטור לבוא החוצה כשיסיים עם החולה שאצלו כרגע. על השאלה "מה הבעיה?" קלרה רק נענעה את ראשה. שום תו בפניה לא היה רגוע. אַלְדוֹ יצא די מהר, שילב זרוע בזרועה והם החלו לטייל במסדרון הלוך ושוב.

"אָגִי נמצאת ב'ליפּוֹט!'[34] גברת משטרוביץ' אמרה. הדודה שלה טלפנה אליה שאָגִי בלעה המון כדורים והיא לקחה אותה לשם. כבר אתמול היא לא באה לבית הספר, טלפנתי אליה, אבל אף אחד לא ענה. וייזמן אמרה שאָגִי חולה. בטח לקחו את אבא שלה... והיא אמרה שלא תהיה אפילו יום אחד עם הדודה שלה. אַלְדוֹ, בו נלך לבקר אותה! אני מפחדת ללכת לבד..."

אַלְדוֹ התיישב על ספסל ומשך אליו את קיפי, מהנהן בראשו. 'בטח נִגְמַר פעם...', הוא הרהר, במילותיה של קלרה מלפני שנה וחצי. זה מתקדם אפילו יותר מהר ממה שהם תכננו! קיפי הייתה מודאגת שלאַלְדוֹ אין תגובה מרגיעה יותר. היא זכרה ממתישהו את הבעת הפנים החמורה הזאת, שמתחתיה בהלה.

"נכון שבטוח שתחייה? גברת משטרוביץ' רוצה ללכת לבקר אותה. אבל היא לא יודעת לאיזה מחלקה לקחו אותה, ובמרכזיה לא רוצים להגיד כלום... והיא אמרה שגם אנחנו צריכים להיזהר... אבל למה? מה לא בסדר אם אני מבקרת את בת כיתתי?! נכון שתבוא איתי?"

"כן. אם אפשר. אבל כרגע אל תלכי לשום מקום..." הוא קם מהספסל וסימן לקיפי לזוז משם גם. הם טיילו שוב. "אני אנסה לקבל מידע... מהבית אל תתקשרי לאיש בקשר לאָגִי. ואם מישהו מתקשר בעניין זה, פשוט תסיטי את הנושא. את מבינה, נכון

---

34 בית חולים לחולי נפש ידוע.

קיפיל'ה? אלה לא זמנים של גבורה... אפשר למות כאן אם נחיה רק למען ההגינות... אבל אנחנו נמצא תחבולה. אני מבטיח שאבדוק את העניין. אם אפשר, כבר היום. לכי עכשיו בובה ותהיה חכמה! אל תעשי שום דבר מטופש!"

אַלְדוֹ גמע בריצה את המרחק בין תחנת החשמלית לבין הבית של קיפי ואוֹלְגִי, מרחק של מספר קרני רחוב כדי שיגיע לפני נעילת השער. היה רבע לעשר בערב.

"מי זה?" שמע את קולה המבוהל של אוֹלְגִי.

"אַלְדוֹ."

גם קיפי עמדה בדלת. איזו אנחה עמוקה נאנחו שתיהן!

"יש לי בשורות" אמר בקוצר נשימה.

וסימן שייכנסו למקלחת. הוא פתח את הברזים.

"הלכנו לבקר את אָגִי עם קולגה שלי, פסיכיאטר... שעובד עם בית היתומים, ויש לו קשרים ב'ליפּוֹט'... כבר בדרך לשם הוא המציא ש'לפי המידע שבידינו אָגִי התאבדה על רקע רומנטי!' שום פוליטיקה! את אבא שלה כנראה באמת לקחו, אבל שום דבר שכזה לא אמר הרופא התורן. הם רק יודעים שהדודה שלה הביאה אותה והיא לא הייתה חביבה בכלל. אָגִי יצאה כבר מכלל סכנה. והיא אכן הודיעה שבשום אופן לא רוצה ללכת לדודה שלה. יָאנוֹש... הקולגה שלי, סיכם איתם שברגע שתצא מהמצב המעורפל שבו היא נמצאת כרגע, הם יעבירו אותה לבית היתומים... מזל שרק בסוף השנה ימלאו לה שמונה עשרה... אי אפשר היה להוציא משהו טוב יותר מהמצב. את לא שמחה?"

" דיברת איתה?"

"לא... היא ישנה. אבל ראיתי אותה."

"ואני יכולה מחר לבקר אותה?"

"את זה לא שאלתי... קיפיל'ה, זה פחות חשוב מהעובדה שאנחנו יכולים לעזור מבלי להסתכן, להוציא אותה משם בהקדם... במקום כזה אסור לשהות אפילו רגע אחד יותר מההכרחי. מחר היה כדאי שתלכי לגב' משטרוביץ' ותנסי לברר את מספר הטלפון

של הדודה שלה. אם יש לה. שכחתי לבקש את זה שם. כי כמובן שצריך גם איתה לסכם את העניין הזה."

אַלְדוֹ הסתכל בשעון שלו.

"אני רץ עכשיו, שלא אתקל בשוער."

הוא נישק את שתיהן, דבר שלא היה רגיל בפרידות שגרתיות. הוא עוד הוסיף:

"תתעודדי בובה! ביחס למה שציפינו, המצב טוב מאד! את השאר... צעד-צעד... הלוואי שלשאר הדברים היינו מוצאים פתרונות בקלות כזו... אבל בטלפון אנחנו לא מדברים על זה!"

הוא הביט שוב בשעון, יצא בריצה ונופף להן לפרידה. אחר כך נעלם בעיקול המדרגות.

"אַלְדוֹ!"

הוא רץ חזרה, וקיפי לקראתו:

"תודה רבה... אתה ה... אבא הכי טוב בעולם."

קלרה חזרה מותשת מהביקור ב'ליפּוֹט'. אַלְדוֹ עשה מספר ניסיונות להניא אותה מהתוכנית. אם כי מדי פעם הרושם היה שהדבר יעלה יפה, הוא ראה את הפחד בעיניה של קיפי. למרות שלא יכלה לדעת עד כמה המקום הזה מדכא, וגם מצבה של אָגִי, מסכנה... הם יבקרו אותה אחר כך, כדאי לחכות קצת, הציע אַלְדוֹ ברגעים שהייתה נואשת בין לבין ההחלטיות שלה. אבל כשקיפי מלמלה משהו כמו "צריך להיות שם כשזקוקים לך", אַלְדוֹ קיבל סופית את החלטתה. כך היה נוהג, כנראה, גם אילו ידע שקיפי נזכרה בימיה האחרונים של יוּטִיקַה, אחותה הקטנה. בגטו. היא, בת 12, ישבה לצד הקטנה, כבר לא מנסה אפילו לנקות אותה מהקקי כשכבר בעצם לא היה אפילו קקי, רק סירחון וגניחות. וג'וּרִי כבר יומיים לא נראה בשטח.

בימי הססנות אלה, אַלְדוֹ דיבר כבר פעמיים עם אָגִי, יותר נכון אל אָגִי. גם יָאנוֹש צִ'ילַּאג הלך לראות את הילדה. רופא המחלקה דיבר על 'מצב פרה-פסיכוטי קל', אבל לדעתו של יאנוש בכל משבר עלולים להופיע תגובות פסיכוטיות. אם ב-1945 היו

שולחים את כל הילדים במצב כזה ל'ליפוט', לא היו נשארים ילדים בבית היתומים! הוא מוכן לקחת אחריות, רק שישחררו אותה! הם ישחררו אותה, אמרו, ברגע שתחתום שהיא לא תחזור על ניסיון ההתאבדות. הרופא המטפל ידע מהדודה שלה שאדון פלדמן אכן נשלח למחנה עבודה. ומאחר והרופא נראה דכאוני לא פחות מכל הסביבה שלו, גם אַלְדוֹ לא מצא טעם להמציא הצגה שונה.

הוא סיפר לאָגִי עד כמה הבנות בכיתה מצפות לה, בייחוד קלרה, ושבטוח שיימצא פתרון טוב עבורה, אם גם היא תרצה בכך. תחת השפעתן של תרופות הרגעה, אָגִי האזינה לו באדישות מה על הספסל במסדרון. לאחר שתיקה של כעשרים דקות, היא אמרה בקצב דיבור כמעט רגיל לגמרי:

"עדיף שתשקיע את מאמציך בקלרה. בה כדאי להשקיע."

בשבת הלכו יחד לבקר את אָגִי. אַלְדוֹ התהלך הלוך ושוב לאורך המסדרון על מנת לאפשר לשתי הבנות לשוחח ללא הפרעה. כאשר היה בקטע של ה'שוב', הוא הבחין מרחוק שכמעט רק קיפי מדברת ללא הפסקה, עם המון תנועות ידיים, מנסה לשכנע, ואָגִי מאזינה לדבריה באותה אדישות כמו לדבריו שלו בשיחה האחרונה ביניהם. אבל ברור שזה יכול להיות בגלל התרופות.

בדרכם הביתה קלרה ביקשה לשבת כבר בגינה של הבית הצהוב. רק שהספסלים שם היו בשלבי ריקבון מתקדמים. אולי ימצאו ספסל בהמשך הדרך, ניסה אַלְדוֹ לעודד, אבל קלרה האטה את צעדיה עוד יותר. כמו מישהו שלא מסוגל להמשיך ללכת. אַלְדוֹ השעין את גבו על עץ אלון ומשך אליו את הילדה שלו. קיפי פתחה די מהר:

"גם אני אמרתי פעם שאני לא רוצה לחיות... אבל זה לא היה נכון. רק שלא היה עבור מי... אבל אָגִי באמת לא רוצה! מה אעשה?"

"אנחנו נחפש גם לה מישהו שכדאי לחיות עבורו. טוב? רק צריך להחזיק מעמד בינתיים."

מאז ההצלחה הסוחפת ביום רביעי בערב בעניינה של אָגִי, הוא לא חשב על האפשרות מה יקרה עם קיפי במקרה וגם אותו ייקחו. למרות שתחינותיו אל הכל-יכול מדברות כל ערב על כך שלא יפריד בין האוהבים אחד את השני.

נראה היה שדעתה של קיפי הייתה נוחה מהפתרון הפשוט לכאורה. בכל זאת במהלך היכרותם בת השנה וחצי, פעם הראשונה היא צעקה בחלום. אַלְדוֹ ידע מתוך ניסיון, שבמצב הזה צריך להדליק אור, לקום, לשתות, לאכול או לעשות כל דבר אחר שקשור לכאן ועכשיו. קיפי לא הופתעה, והתאים לה שאַלְדוֹ לא שואל אותה מה היא חלמה. לכן היא הצליחה אף לספר לו. זה היה בגטו, חייל קשר את אָגִי לעץ כדי שתגווע ברעב, ואף אחד לא נתן לה להתקרב אליה כדי שתשחרר אותה. אַלְדוֹ ניסה להרגיע אותה, אבל היא כבר לא שמעה אותו.

"להכין לך כוס תה?"

"אימאל'ה אמרה לי על המרפסת שאשמור על הקטנים עד שהיא תחזור. היא רימתה אותי... כשאימאל'ה ירדה במדרגות עם יתר הנשים התכופפתי החוצה מעל המעקה וראיתי איך שאנשי 'צלבי החץ' צרחו עליהן בחצר. אמרתי לעצמי כל הזמן שבטח בהמשך ייקחו אותן חיילים נחמדים יותר לעבודה, ולא יקרה לה כלום. אז בא אלי אדון שוורץ ושאל אותי, 'בת כמה את?' אמרתי לו 'שתיים עשרה.' 'לא, את בת תשע!' 'אני נמוכה, אבל אני כבר בת שתים עשרה!' הוא רק סינן מבין שיניו: 'בת תשע! הבנת?! או שאת רוצה למות?' וגם לא היה נכון שהבית היה 'מוגן'[35]. הוא לא היה מוגן. לכן הגענו, יחד עם אדון שוורץ, לגטו. אימאל'ה אמרה לי לשמור על ג'וּרִי, כי יש לו 'ראש עצמאי' נורא, ועל יוּטִיקָה, כי היא עדיין קטנה מאד והיא מפחדת. לא הצלחתי לשמור על אף אחד מהם..."

---

[35] לאחר הפלישה הגרמנית לבודפשט, בחודשים הראשונים הוחזקו בתים, לרוב ע"י נציגויות זרות, שנקראו וסומנו כ"בית מוגן", עבור מעט היהודים שיכלו לשלם תמורת השהייה 'הבטוחה' כביכול, בהם. בהמשך, הנאצים פלשו גם אל תוך בתים אלה וגררו מהם את תושביהם.

כל גופה של קיפי טולטל בבכי, כמו באותו יום בדצמבר, כשאַלְדוֹ ביקש ממנה בפעם הראשונה שתתלווה אליו לבית היתומים. גם עכשיו הוא אסף אותה אל חיקו. כבר לא היה לו איכפת שקיפי חשה את הרעד שלו.

"איך היית יכולה לשמור עליהם?"

"לא הייתה לי אפשרות אלא לדעת! ... כשליוּטִיקַה לא עבר השלשול, גברת שוורץ אמרה לי לזוז ממנה. הם חששו מהידבקות. אבל נשארתי לידה. וגברת שוורץ הניחה לי... אבל הוא, אדון שוורץ, זה הספיק לו עד הערב והוא גרר אותי ממנה. אותה השכיבו על הרצפה, כדי שלא תתפוס את כל הספסל. הרבה אנשים עמדו. צרחתי שיתנו לי, שאני לא משאירה את יוּטִיקַה לבד, שאימאל'ה אמרה לי לשמור עליה... למחרת היא איבדה את ההכרה ואמרתי לעצמי שהיא נרדמה, בגלל זה היא לא גונחת... למרות שידעתי שזה לא נכון... אז כבר נתנו לי לשבת לידה, ואדון שוורץ אמר שאסור לי לנגוע בה... ולא ראיתי את ג'וּרִי בשום מקום. הוא התחבא. כבר יומיים. לפעמים הייתי רואה אותו מציץ מבין כל המון האנשים, אבל הוא כל הזמן נעלם מחדש. אפילו לא ניסיתי כבר לקרוא לו... אחרי שיוּטִיקַה מתה, גב' שוורץ בכל זאת משכה אותי אל חיקה כדי להרגיע אותי, ואני עשיתי עליה פיפי. אפילו שאמרו שאני נראית כמו בת תשע, גם בת תשע כבר לא עושה פיפי במכנסיים... אבל על זה היא כעסה פחות מאשר על זה שלא רציתי לאכול והעפתי מהיד שלה את הפח עם האוכל... שהתפזר, ואנשים אספו אותו מהרצפה..."

קיפי פתרה את המשוואות שאַלְדוֹ נתן לה, אחת אחרי השנייה. היא הייתה פחות נלהבת מההצלחה מאשר בפעמים קודמות.

"לא מצליחה? "שאל אַלְדוֹ בהפתעה.

"כן, ... רק רציתי לשאול משהו."

"שאלי."

"אני לא מעיזה. למרות שכל כך הייתי רוצה..."

"בואי נסתער!"

קיפי התלבטה עוד רגע, ואז הוציאה את זה:

"אם אני לא הייתי, אז הייתה לך כבר אישה חדשה?"

"לא."

"אבל לאחרים יש... גם לדוד פִּישְׁטָא זיילמן, וגם לאבא של פאראגו, וגם לאימא של בירו ושל קבארי יש נישואים חדשים. רק לאבא של אָגִי אין... אני לא הייתי רוצה שתהייה לך אחת, למרות שאני יודעת שלך היה אז יותר טוב."

"לא היה לי יותר טוב. תירגעי."

"אבל למה?"

זמן ממושך לא באה תשובה.

"כי ככה טוב, כפי שזה."

כעבור שבוע:

"אַלְדוֹקַ'ה, סיימת כבר את המאמר החדש שלך? כבר הרבה זמן אתה אומר שיש רק עוד כמה שעות עבודה עליו, כדי לסיים..."

"נתקעתי קצת..."

"אז תן לי אותו כפי שהוא, כדי שאקליד לך אותו. כשיהיה מודפס, תוכל לראות יותר בבהירות. למרות שבינתיים אולי גם היית יכול להמשיך..."

וכשסיימה לגהץ את החולצות:

"אגהץ גם את המצעים, טוב?"

"מה פתאום תגהצי! תראי כמה זמן את כבר מגהצת. שבי לקרוא את הספר החדש שלך או שבואי נלך קצת לטייל. מה את בוחרת?"

"אילו הייתה לך אישה..."

"קיפיל'ה, בואי נעזוב את זה!"

"לך אין מי שתגהץ אותם."

"אני יכול לגהץ בעצמי."

"אמרת שאתה שמח שאני מגהצת את החולצות שלך."

"... כי זה ביטוי של האהבה..." והוסיף, כמעט בלחש: "את המצעים גם אישתי לא גיהצה."

קלרה התכרבלה אצל אַלְדוֹ:

"אני הייתי רוצה לתת לך הכול, מה שאהבה... כי אין לך מישהי אחרת. אבל אני לא יודעת איך... כי אני לא אשתך."

אַלְדוֹ נבהל מהעלאתו מחדש של הנושא, מהניסוח הישיר יותר שעלול מעתה להטיל צל על ההתכרבלות שלהם הבטוחה, כפי שהייתה עד היום. מרוב בהלה הוא לא הבחין שקיפי מדברת על הנושא באותה רצינות כמו על משאלת המוות של אָגִי פלדמן, או על המעצרים. הוא קם מההתכרבלות שלה.

"קיפיל'ה, יכול להיות שאת קוראת לאחרונה יותר מדי ספרי 'הרומן הרומנטי'?"

מבלי להשמיע הגה קיפי יצאה למטבח. מעולם לפני כן לא הזכירה לו יותר אישה בוגרת כמו בתגובה הזו. אַלְדוֹ הניח למספר דקות לחלוף לפני שהצטרף אליה במטבח. קלרה עשתה את עצמה קוראת בעיתון.

"קיפיל'ה..."

קלרה לא רצתה להתפייס במחיר נמוך כל כך, כך שלא הרימה את מבטה.

"נו... קיפי... תגידי לי מילה!"

"לא רציתי לפגוע בך."

דממה. אַלְדוֹ המתין. עדיין קיפי החזיקה מעמד.

"את יודעת שאין לי שום דבר חשוב עלי אדמות מאשר האהבה שלך... אבל הקשר שלנו הוא לא כמו..." הוא ניסה נימה מבודחת יותר, ושלף את הביטוי שלהם הישן והחביב: "אני האבא המאומץ שלך, לא-כן?"

קלרה, עדיין מפרצפת, השמיעה צחקוק. ואז שוב הרצינה:

"כן, אבל למה אתה לועג לי כאשר אני רק..."

"לא לעגתי לך!"

"כן לעגת! זה נקרא ללעוג! כאשר כל מה שאני רוצה זה שאם כבר לך לא תהיה שוב אישה משלך וגם לי לא יהיה בעל, אז שאוכל לטפל בך כמו..."

"בובה קיפי, דבר ראשון, לך יהיה בעל ודבר שני..."

"לא יהיה! אני גם שונאת אותם, וגם, במילא, אסור להתיידד עם אף אחד!"

אַלְדוֹ היה רגוע כשבערב הרגיש שקיפי מתכרבלת במיטתו עם שמיכתה בתמימות, כבימים ימימה. הוא התבייש קצת אפילו. הוא בטח הבין לא נכון איזה משפט או פירש לא נכון איזו תנועה, וכל החשש נובע רק מהדמיון שלו. הלא, אין בקיפי תשוקה גופנית, הרעיון בטח נובע מהרגלו לחשוב 'חשיבה אסטרטגית'. ציפורת מסכנה...

שכנועה של אָגִי לעבור לבית היתומים עלה יפה, אך למרות זאת איש לא היה עדיין רגוע. יאנוש צ'ילאג אמר שזו עדיין מסכה כדי שישחררו אותה מהפסיכיאטרית. ישמרו עליה מאד ב'בית', ובשלב זה לא יאפשרו לה ללכת לבית הספר. את קלרה תקפו נקיפות מצפון, כי כשהוציאו להורג את רַייק, היא אמרה לה שתוכל לבוא אליהם בשעת הצורך. בימי האשפוז היא אמנם לא חיזקה את האמירה הזאת, אך לדעתה לא היה ספק שאָגִי זוכרת את זה והיא חשה פחדנות בלתי נסלחת.

דוקטור צ'ילאג, על פי בקשתו המוקדמת של אַלְדוֹ, הסביר לאָגִי בפרטי פרטים, שמהלך כזה, גם מבחינתה של אָגִי, לא יהיה בטיחותי די הצורך. לכשתרגיש די טוב כדי שתחליט בעצמה מה מתאים לה, יהיה אפשר לדון ברעיון מחדש. בהנחה שכל המעורבים מעוניינים. אוֹלְגִי, אגב, לא הסתירה את חששותיה מפני האחריות הזאת.

דוקטור צ'ילאג זימן אישה פצפונת, בעלת יד קשה, חדורה דת ואמונה עד עומקי נשמתה, להשגיח על אָגִי. דודה וולנשטיין, במקסימום כבת חמישים ובכל זאת "דודה" בפי כל, כבר שלפה

בשנים האחרונות מספר לא מבוטל של ילדים במצבה של אָגִי החוצה מן התהומות. בהתחלה, במשך תקופה די ארוכה, היא שוהה בחברתם עשרים וארבע שעות ביממה. כאשר שואלים אותה על התקופות האינטנסיביות האלה, היא משיבה שהקדוש-ברוך-הוא תמיד נותן את הכוח הדרוש להשלמת המלאכה שצריך לבצע. את השקפתה זו לא חלקו אמנם כל בני עדת המאמינים, אך בכל מקרה קינאו בה. את דודה וולנשטיין לא העסיקו שני הקצוות האלה. כמובן שדוקטור צ'ילאג הכיר גם אידיאולוגיה מציאותית הרבה יותר של דודה וולנשטיין: "לא יתכן שייכחדו עוד ילדים יהודים ככה סתם!". וקלרה, בפעם הראשונה בחייה, חצתה את סף בית היתומים.

תוך מספר שבועות אפשר היה להתחיל להירגע ממצבה של אָגִי. לא יותר מדי, אך בכל זאת, אָגִי לומדת קצת עם דודה וולנשטיין, כבר כמעט לא לוקחת תרופות, ומאז שקיבלה מאבא שלה גלויה ממחנה העבודה, היא הפסיקה לצעוק על דודה וולנשטיין בכל פעם שהיא דיברה על "חובתה המוסרית כלפי אבא שלה לשוב לעמוד על רגליה". נכון שהצעקות והתנהגויות אגרסיביות אחרות הן תכונות חדשות אצל אָגִי, אבל דר' צ'ילאג היה מרוצה מכך באופן חד משמעי. ולדעתה של דודה וולנשטיין, כלפיה לא רק שמותר אלא הכרחי "שהילד" ימרוד, כי רק כך הוא ייהפך לבר-חיים.

באחד הלילות אַלְדוֹ התעורר למשמע צעקות. הוא ניגש עם דפיקות לב עזות לחלון וראה שמעבר לרחוב שלושה גברים מתגוששים ליד מכונית. אחד מהם, מוקף על ידי שני האחרים, צועק לעבר הקומות העליונות, ומהמרפסת בקומה השלישית אישה צועקת צעקות שבר. שני הגברים דוחסים את השלישי אל תוך הרכב. אַלְדוֹ לא העז לזוז כדי לפתוח את החלון, אך בכל זאת קלט מילה בודדת: "תתחרטו!" השעה הייתה שתיים לפנות בוקר.

למחרת קיפי שאלה למה הוא משאיר סדק פתוח בחלון בעזרת קופסת גפרורים, כאשר כל כך קר. היא קיבלה תשובה

שלא יזיק אם ייכנס קצת אויר צח. הוא הוציא שמיכה נוספת וכיסה בה את קיפי.

כעבור מספר ימים קיפי חזרה מאושרת מבית הספר, ובפיה הבשורה על ייסוד *'מפלגת האמינים הסודית'*: "מ.א.ס." בינתיים הן שלוש, היא, יוּלִי וורה, אבל כשישחררו את אָגִי מבית היתומים, היא כמובן תתקבל מיד. הן יגדילו את מספר החברים כל פעם רק בחבר אחד נוסף, וכך יוכלו לעקוב בצורה יעילה אחר הלשנות. גאוני, לא? כבר ביום ראשון הקרוב תהיה הפגישה הראשונה, אצל יוּלִי. אחיה של יוּלִי ושני חבריו, גם סטודנטים, יהיו גם, כולם "מהימנים כסלע". קיפי ראתה על פניו של אַלְדוֹ שלא ממש הצליחה להדביק אותו בשמחתה.

"מה עכשיו הבעיה עם זה, אַלְדוֹקַ'ה?"

"איך אפשר לדעת שהם 'מהימנים כסלע'?"

"הם מכירים אחד את השני... כי גם הם ממשפחות כאלה!"

"מאיזה משפחות?"

"נו..."

"נו, זה העניין. אין שום דבר חד משמעי להיאחז בו. בשנה הבאה אתן מתחילות שמינית, ואם יירשם בגיליון של מישהו שהוא 'מתנגד' או 'עוין', לא יקבלו אותו לשום מקום.

קיפי התחבאה מאחורי ספר הפיזיקה שלה במצב רוח מובס. ואַלְדוֹ חש, כרגיל, רגשות אשם על הערותיו המכבות שמחה.

"טוב נו. אם לא תדברו על פוליטיקה, לא יכול לקרות נזק גדול. אפשר לדבר על כל כך הרבה דברים אחרים."

"ואני כבר התחלתי לחשוב," השיבה קלרה בחיוך שובב "שתזהיר אותי עכשיו מפני התעסקות עם בנים."

"את זה אני כבר לא מעיז בכלל להגיד."

אַלְדוֹ ידע כבר בעל פה את הכתובת של יוּלִי סַלַאִי, ובשעה עשר הוא שוב חיכה לקיפי לפני ביתה.

"כולם עדיין שם, רק אני הייתי צריכה לצאת כל כך מוקדם!" התלוננה קלרה, על אף שהיא זאת שקבעה את השעה.

"לפני מספר חודשים הייתי אומר לך שבמצבים כאלה תתקשרי כדי שאָגִיע יותר מאוחר. אבל עכשיו, כבר... בלילות ה-AVO מסתובב ברחובות ועדיף לא להסתובב בחוץ בלילה... נו, ספרי בובה, היה טוב?"

"ה-AVO לוקחים אנשים גם מהרחוב?"

"אולי לא, אני לפחות לא שמעתי על מקרים כאלה עדיין... אבל כדאי להימנע גם מבדיקת תעודת הזהות על ידם. טוב, בואי נעזוב את זה. אנחנו נשמור על עצמנו... ספרי!"

"כולם היו נורא נחמדים... חברה מאד נבונים. לא 'תינוקים' כאלה, כמו התיכוניסטים.

אוי ווי, חשב אַלְדוֹ. אתמול נזכר, שלוּצָה הייתה מבוגרת מקיפי רק בשנה כשבפעם הראשונה הרשתה לו להתקרב אליה. והוא, בשנתיים יותר. הוא קיווה עכשיו שקיפי תסתפק עוד זמן מה בגרסת 'הבעיטה בביצים' שלה, ואחר כך כבר יקרה איזשהו נס, ועד שיגיע זמנה אולי היא תצליח איכשהו להבין איך היא צריכה לשמור על עצמה. כי הבחורים האלה בטח לא ישמרו על נערה - כפי שהוא שמר, בזמנו.

אַלְדוֹ חיכה שקיפי תירדם, הוא חזר בליבו על תפילת הערב שלו, מבקש שוב את דאגתו המיטיבה של אלוהים לקיפי, אוֹלְגִי ולעצמו. אחר כך נזכר בחבילה הזעירה שניתן לשים בכיס, שהכין לעצמו למקרה הכי גרוע, ובתוכה תמונתה של קיפי, נייר, עפרון, גלויה מבוילת, כסף ונייר טואלט. הוא עוד הביט זמן מה בקיפי ואחר כך נרדם גם כן.

הוא התעורר לאותם קולות כמו בפעם הקודמת בשבוע שעבר - כיבוי המנוע של מכונית.

"קיפי!"

קיפי ערה בשבריר שנייה בעקבות הקול המבוהל שלא שמעה עד כה, ורואה שאַלְדוֹ רץ לחלון. והיא אחריו. היא כבר

מבינה את קופסת הגפרורים. אַלְדוֹ מביט במדרכה משני אגפי החלון, ולא מבחין בשום מכונית. אם כך, היא כנראה עומדת במרכז, בחזית הבית, מתחת למרפסת של הקומה הראשונה. מול הכניסה לבית. אַלְדוֹ מזהה עכשיו גם צליל חלש של פעמון. נשימותיהם מואצות בהתאמה מלאה. הם מסתכלים אחד על השני, אַלְדוֹ מושך את קיפי לספה, ממנה אפשר לראות את דלת הכניסה. הם מחבקים אחד את השני ומסתכלים קפואים על הדלת, שדרך זכוכית הקתדראלה שלה ניתן להבחין ברגע זה באור הנדלק בחדר המדרגות. קיפי לא מעיזה להמשיך להסתכל, עוברת לחיקו של אַלְדוֹ, אוחזת בו בעווית, וחופרת את ראשה אל תוך צווארו. אַלְדוֹ לא מסיר מבט מהדלת.

תדם, תדם, תדם, תדם, פועם העורק בצווארו של אַלְדוֹ, והוא שומע את אותו הדבר מליבה של קיפי.

"כתבתי הכול, בובה, זה אצל אוֹלְגִי..." הוא לוחש.

"אל..." מתייפחת קיפי.

אַלְדוֹ מניח את ידו על פיה של קיפי. כאילו שזה משנה לאיזה מרחק שומעים את קולה. כאילו שאפשר להתחבא. צלליות לפני הדלת! בבם, בבם, בבם, בבנם. הם נעלמים!... הם המשיכו הלאה!... וצליל הפעמון של משפחת באואר נשמע.

קיפי לא מבחינה שגם אַלְדוֹ בוכה, קולו המרוסק נשמע כל כך טבעי:

"אלוקים! מה אתה מלמד אותי - לשמוח כשעוצרים אדם אחר?!"

קיפי לא מבינה, מסתכלת באפלולית על פניו של אַלְדוֹ.

"אדון באואר... ה..."

הם לא משחררים את אחיזותיהם ובוכים.

אדון באואר לא מתווכח כמו האיש מהבניין ממול. שום קול לא נשמע כאשר הצלליות חולפות שוב לפני זכוכית הקתדראלה.

לאט, מאולפים למחצה, הם חוזרים למיטה. קיפי מניחה את ראשה על זרועו המושטת של אַלְדוֹ, הוא מחבק אותה. הם אף

פעם לא שוכבים ככה, כמו זוג... רק בנפרד, כל אחד מתחת לשמיכה שלו. אבל עכשיו אי אפשר אחרת.

לפני שאבאל'ה עזב, הוא נפרד מהם וכיבה את האור בחדרם. והיא וג'וּרִי עשו את עצמם ישנים. אחרי זה התגנבו למסדרון ורק יוּטִיקַה ישנה. בחדר של אימאל'ה ואבאל'ה היה שקט, אבל האור דלק. הם פתחו חרישית את הדלת. אימאל'ה ואבאל'ה שכבו עם בגדיהם על המיטה הלא-מוצעת, על העוקם, כמי שהחליק ממצב ישיבה, אימאל'ה מלטפת את ראשו הטמון בשמיכה העבה של אבאל'ה. ושניהם, היא וג'וּרִי, סוגרים חרישית את הדלת. זאת הייתה הפעם האחרונה שראתה את אבאל'ה. אם ייקחו את אַלְדוֹ, היא הולכת איתו. שימותו ביחד. אבל מה עם הלילות בהם אַלְדוֹ ישן לבד? הוא חייב לעבור לגור איתם!

היום הם נשארו בחיים, חשב אַלְדוֹ. הם. לא משפחת באואר. אבל יהיה עוד לילה מחר. וגם למחרת. אין קץ למלחמת המספרים? את מספרו של מי ישלפו מחר? לא, 'מלחמת מספרים' היא הוגנת יותר - שם לפחות שני הצדדים חמושים. אלה באים יותר כמו ציידי שועלים, לתפוס אותם בתוך המערות שלהם כשהם לא יכולים להימלט לשום מקום. כמה שועלים ניתן עוד לצוד? מה אם גם עבורם זהו הלילה האחרון בו הם יחד? הוא כבר מכיר את הלילות האחרונים של חייו. ואת אלה שאחריהם. בהם לא ניתן להירדם מרוב מחשבה על העדר האפשרות לשוב ולתקן משהו, שבזמנו, לפני כן, נראה כל כך בנאלי... האם עשה כל מה שקיפי ציפתה ממנו? היה טוב דיו כלפיה? האם הצליח לנסוך בה די כוח בשנה וחצי האלה, שיאפשרו לה לעמוד על רגליה גם בלעדיו? הוא לא פִּישְׁטַא, הוא ישרוד, אם ניתן, ויחזור אל קיפי. אם יש דרך חזרה. את זה הוא הבטיח לה גם במכתב. אוֹלְגִי תיתן לה את המכתב. כשיבוא הזמן.

"אַלְדוֹקַ'ה..."

אַלְדוֹ חש שזה כל מה שיש לו לומר. הוא ענה:

"קיפי קטנה..."

לאט חזרה התחושה אל אבריו... מה עוד יכול לתת לקיפי? היה צריך לספר לה על בנים... איך היא תדע שבחור אוהב אותה באמת... שלא תסתפק בהתנשפויות של איזה סתם אחד! רק במי שבאמת מאד אוהב אותה... ושתמיד יהיה לצידה מישהו שנושם לידה! כי קיפי לא יכולה להירדם בלי זה. הלוואי והיה יודע בידיו של מי הוא יכול להפקיד אותה.

לפתע אלדו מתחיל להתפלל. הוא לא שם לב שהיא מסתכלת. כשסיים, קיפי תופסת בידיו בזעם: "לא ביקשת ממנו לסלוח לך, נכון? למה לא להיפך? אל תאמין לו... זה... הם.. יכולתי להרוג אותם!"

היא קופצת, בוכה, אלדו הולך אחריה, מנסה להשיגה. הם נאבקים.. ("לא! איך אתה יכול להיות כה צייתן?") אלדו תופס אותה ומחזיק אותה בחוזקה. לפתע היא מפסיקה להיאבק ומאמצת אותו אליה. הוא מתחיל לנשק את פניה, כתפיה, צווארה... וממשיך להתכופף מטה, פותח את כותונת הלילה שלה, מנשק את כל חלקי גופה ודוחף את פניו בהידוק כנגד הבטן שלה... ואז משתתק, וגוחן על הרצפה.

לוקח לה רק כמה שניות להבין מה... מה? אין צורך לתת לזה שם, בכל מקרה... והיא מתחילה ללטף את ראשו, חסר התנועה...

"הכול בסדר... אלדו יקר..."

אין תגובה מערמת הבשר החלשה. זירת ההתרחשות הזו... הייתה, איכשהו, חלק מחייהם לפני כן...

"אלדו... היקר מכל... בוא כבר... נלך לישון."

בעיכוב מה, אלדו שואל בשקט:

"למה שלא את... תשני... שם... על הספה? את... כבר לא..."

"הכול בסדר בצורה שאנחנו תמיד ישנים. בוא..."

אור הפציע כעבור מספר שעות ואַלְדוֹ היה ער שוב. מפעם לפעם היה מסתכל בחשש על קיפי, שכמובן ישנה עדיין. אחר כך שוב סובב את ראשו ובהה בתקרה. הוא עבר כבר לא מעט בקרים קשים. אבל קושי *כזה*, אף פעם לא. איך היה יכול לחטוא חטא כזה? קיפי הופקדה בידיו כילדה על ידי אלוהים ולוּצָה. ואוֹלְגִ'י! ואימאל'ה ואבאל'ה! הוא רימה אותם. הוא לא ראוי לאמון שלהם! הוא דרדר את הילדה...

או שאלה שטויות? בטח זה מה שלוּצָה הייתה אומרת... ("אליקה, זה נפלא! תמשיך לדרדר אותי!" - אמרה, למרות שעוד לא מלאו לה עשרים. "בוא, תן לי גם לדרדר אותך!" אבל אז זה היה משהו אחר. אז עדיין הייתה לו זכות לחיות.)

אבל הוא לא ביקש שום תמורה מקיפי, וגם לא יבקש לעולם! הוא רק ביקש לשלחה לדרכה באופן שבשום דבר בחיים לא תהיה נתונה לחסדו של איש! יתכן שקיפי לא יודעת באמת מה שאירע לה. אבל פעם היא תבין. כשיהיה לה שותף בחיים. הוא, לעומת זאת, יישאר של לוּצָה לעד. מעולם לפניה הוא לא ראה את האושר של אף אישה, ושום אישה אחרת לא תיראה את האושר שלו. הוא בכלל לא צריך כבר אושר. בכלל אין כל כך אושר בנמצא כבר. וזה טוב.

כשחזר ב-1945 לבודפשט, הוא לא אמר יותר "הביתה", אומללותו הגופנית והנפשית הרחיקו ממנו זמן רב את הדאגה הזאת. אבל אחרי יותר משנה, הוא התעורר פעם לפנות בוקר למציאות שגופו, ללא ההיתר ממנו, עשה את כל הדרך האסורה. ('מה אתה רוצה אידיוט?! לשמוח? לעשות ילדים?! בהמה!') כדרך נזיר המבקש כפרה הוא שטף את גופו במים הקפואים מהברז. למרות שבמחנה הריכוז הבטיח שאם יישאר בחיים, והדבר יתאפשר לו, לעולם לא יהיה לו יותר קר. אחרי זה הוא לבש בגדים רגילים שיוצאים איתם החוצה - אולי גם בחזקת עונש, מאחר והיה עדיין מוקדם מאד. כאשר השתרע כך על הספה, הוא נרדם במהירות. בחלומו אימא ישבה לידו בכורסה, בבית הזר הנוראי הזה שאליו העבירו אותם. איך יכול היה לחלום אותה במקום הזה!

ואימא בפנים מודאָגִים לחשה לו: "אל תפגע בעצמך בני הקטן..." - אימא שבעיני בנה ייצגה באופן האמין-יחסית היחיד עלי אדמות את התפיסה המגוחכת ביותר של הנצרות, את הרבייה ללא "חטא".

מאז כעס על עצמו פחות אם דבר זה חזר על עצמו מפעם לפעם בחלומו. מצב רוחו היה מתקדר לכל היום רק כאשר הוא זכר שגם חלם אז על לוּצָה. אבל כשהוא ער, אסור באופן מוחלט... כי זה נורא. בשום מצב אחר הוא לא הרגיש את העובדה שנשאר לבד, כל כך בלתי נסבלת.

כשקראו ביחד עם לוּצָה על הנזירים הטיבטיים, כמה הם צחקקו על החיים ללא תשוקה. 'אין בזה שום דבר מיוחד! אני גם הייתי מוכן לחיות ככה, ברצון!', אמר מגחך אל לוּצָה. 'כל יומיים'. כשקרה שכיבה את האור ליד המיטה עוד לפני שלוּצָה הגיעה, היא הייתה לוחשת לו באוזן, 'היום זה יום מנזר?' 'אני מוכן להחליף יום ברצון... אבל רק למען גברתי...' וכבר היה מושך אליו את לוּצָה שלו... אפילו הכינוי הזה שלה צלצל באוזניו עד כדי כך מגרה, שלא העז אפילו לבטא אותו אף פעם בנוכחות הילדים.

כמה טוב שאנחנו אף פעם לא יודעים את המשכם של החיים בעתיד. גם הוא לא ידע שאת העשור הבא של חייו יחיה כנזיר טיבטי. מבלי להאמין אפילו בנירוונה. אבל כפיצוי, הוא קיבל את הילדה הזאת... ואותה הוא ניצל עכשיו! אלוהים, מה יהיה עונשי? אצטרך לאבד אותה?! אותי ייקחו מחר?

קיפי התחילה להסתובב במיטה. בדרך כלל היה מלטף אותה בשלב הזה... הוא לא יוכל יותר לנגוע בה בתום, כפי שעשה עד היום? כלומר, בכלל? הוא רק הסתכל עליה, כמעט באבל. קיפי הושיטה אליו יד, כמו שהייתה רגילה.

"אַלְדוֹקַ'ה..." היא מלמלה בקול ישנוני.

"אהממ?"

"הבטחתי הלילה שלעולם לא אזכיר את משפחת באואר... אנחנו צריכים תמיד להגיד: לא ייקחו אותך! ואז לא ייקחו אותך!"

אַלְדוֹ לא הבין את ההקשר, אבל מעצם קולה של קיפי מצב רוחו השתפר. הוא תהה למה לא להזכיר את משפחת באואר?

היא התכוונה למשפחת באואר או למשהו אחר? אבל הוא רק שאל:
"האמנם?"

קיפי התעוררה עכשיו לחלוטין, התיישבה במצב רוח לוחמני והחלה לחלק את הנחיותיה:

"כן! אני אומר זאת לעצמי, ואתה לעצמך, כמה פעמים ביום – ואז זה יתגשם... הגיע הזמן כבר לקום?"

פרק 4

לעבר חיים שניתן לחיות אותם (1955-1956)

אלוירה ויוּלי, שהתקבלה לאחרונה למרפאה, עבדו על מאזן המחלקה ברבעון האחרון, ומאחר ושוב הנחיתו שיטת מעקב חדשה, הן הציפו את אַלְדוֹ בשאלות ללא הרף. זה לא שהוא כל כך ידע לענות על כל השאלות, אבל נראה היה שעדיף שיישאר בקרבת מקום. מאחר והתורנות חלפה ללא אירועים מיוחדים, הן רצו בכל זאת לעשות משהו מועיל. לדעתה של אלוירה יוּלי דוחפת את אפה ליותר מדי עניינים, אבל אַלְדוֹ סימפֵּט אותה למן הרגע הראשון. היא הזכירו לו את דודה ווגנר בגרסה צעירה.

הטלפון צלצל, יוּלי ענתה.

"דוקטור... קול של אישה צעירה."

אַלְדוֹ כבר ציפה לטלפון של קיפי. היום היה המבחן בתרגום סימולטאני בצרפתית, תיאוריה ומעשי. הוא ידע שתסיים רק אחרי הצהרים. עד עכשיו, מלבד במבחן אחד, היא קיבלה 'מצטיין' בכולם.

"כן קטנטונת, אני יודע... מתאים לי מאד! נו, איך היה?... הידד! נוכל לחגוג מחר? ... ומה אמר ראש החוג? ... זו אכן הצעה מכובדת ביותר, אבל שלא תעיזי להתחיל לעבוד בתקופת הקיץ! זוהי חופשת הלימודים האחרונה שלך... טוב, את מחליטה בובה, אבל אנחנו לא זקוקים לכסף עד כדי כך... גם פֶּפֶּה יעבוד בקיץ? ... לא, לא בגלל זה קיפיל'ה... חלילה לי לפגוע בו!"

שתי הנשים שוב נתקעו על אחת העמודות, והן נאלצו להמתין לסיום שיחת הטלפון. כשאַלְדוֹ הניח את השפופרת, אלוירה כ'יודעת הכול', בירכה אותו. ויוּלי, במודעות מלאה לזכותה להביע עמדה, הביטה באַלְדוֹ במבט בוטח:

"ובת כמה ה'קטנטונת' הזאת?"

אַלְדוֹ הבחין בתנועת ידה של אלוירה מתחת לשולחן:

"אלוירה יקרה, תפסיקי לבעוט ביוּלי המסכנה! למה שלא תשאל אם היא רוצה לדעת משהו?"

אלוירה הופתעה. היא עדה אילמת זה כשבע שנים ליחסם של אַלְדוֹ וקיפי, ופחות מכל דבר אחר, דווקא על גילויי החיבה ביניהם היא לא הייתה מעיזה להעיר אפילו הערה מזערית. כי בעיניה, אין צורך להסביר אותם.

"היא בשנתה ה-23. אבל אני אוהב לקרוא לה 'קטנטונת'."

"היא בת יחידה?"

יֵשוּ בשמיים, חשבה אלוירה, אבל כבר לא העיזה לבעוט.

"יחידה."

"מזל שזו בת, כי בן בגיל כזה בטח לא היה מסכים שאבא שלו יכנה אותו 'קטנטן'.

"כנראה שלא."

"לי יש בנים..."

"דוקטור, הגיע הזמן שנסיים כבר את התחשיבים האלה" ירתה אלוירה, במקום בעיטה. אבל אַלְדוֹ ניגש אל מאחוריה, הניח את ידיו על כתפיה ולחש לאוזנה:

"את לא צריכה לדאוג לי כל כך... אבל תודה."

יוּלי חשה שמדובר כאן בסיפור ישן כנראה, אותו היא אולי לא תבין לעולם. ואלוירה הסתובבה לאט:

"אז גם לי מותר לשאול משהו?... על מה אתה אומר לקיפי בכל פעם ש- 'אני יודע... זה מתאים לי'?"

אַלְדוֹ חייך.

"כי גם היא פותחת את דבריה באותו אופן."

"איזה אופן?"

אַלְדוֹ השתדל לעבור לקול סופראן. היה לו מצב רוח טוב. לאחרונה יש לו מצב רוח טוב לעיתים קרובות.

"אַלְדוֹיקרזאתאני!"

"מה?"

עוד ניסיון בסופראן, במהירות דומה לא מובנת. את הניסיון השלישי, הברה-הברה, כבר גם יוּלי הבינה, לפחות במה שנוגע לצליל.

"אני נוהג לענות לה, שאני יודע שזאת היא ושזה מתאים לי" והוסיף למען יוּלי: "...היא מכנה אותי אַלְדוֹ."

"והיא לא אומרת שלום?" הובילה אותם אלוירה הלאה, בליווי נענוע נמרץ של ראשה, על מנת לתת יתר תוקף לדבריה.

אַלְדוֹ נזכר בשיחתו מלפני שנה עם אלוירה. כשסיפר לה שביקשו להעביר אותו למחלקת היולדות של בית החלים 'אִישְׁטְוָון קוֹרְהָז' במקום העבודה במרפאה. אלוירה פרצה בבכי, דבר שהיה בלתי צפוי כמעט באותה מידה כאילו שגבר יפרוץ בבכי. (לדעתה של קיפי אלוירה התחנכה בבית ספר צבאי.) והחלה לספר, ממררת עדיין בבכי, איך היה בשבילה לעבוד עם אַלְדוֹ בשנה הראשונה. שהיא, מוצאה ממשפחה פשוטה, בעלי מלאכה בעיירה קטנה, שתמיד חיו סביבה גם יהודים. ולפעמים הם היו מתמרמרים על סוחרים יהודיים מסיבה כזאת או אחרת, לפעמים מקנאים בהם ובבית הספר היא לא תמיד הבינה את בני הכיתה היהודים, אבל אלה היו רק חיכוכים קטנים, מקומיים הדדיים, כפי שקורה כנראה תמיד בין שתי קבוצות אנשים שונות בכל מקום בעולם. אבל אף פעם לא היו כוונות רצחניות! שהיא לא מסוגלת לדמיין אפילו איש מבני משפחתה ושום אדם מבין מכריהם, שמישהו מהם היה מייחל למותו של מישהו. שאבא שלה לא היה מסוגל לתפוס אפילו תרנגולת. היא חשבה שכל השטויות שמדברים על רדיפת היהודים לא יכולות להיות נכונות. לא יכול להיות אמת שהשמידו חצי של עם שלם! הייתה מלחמה, ובמלחמה מתים תמיד הרבה אנשים, אבל לכולם יש סיכויים דומים. זה מה שהייתה אומרת לעצמה ולאחרים. ופתאום מסדרים אותה לעבוד ליד יהודי שלא מספר במילה אחת אפילו מאין הוא בא, מהי האמת, וככה אי אפשר אפילו להתווכח

איתו. רק המספר המקועקע על זרוע שלו מתווכח, והעובדה שהוא אף פעם לא ממהר הביתה, למרות שהשמועה אמרה שהוא בעל משפחה. שאף אחד לא מטלפון אליו אף פעם, וכשנדמה לו שהוא לבד במרפאה בגלל שהמזכירה שלו מתכוננת כבר לצאת, אז במבט גנוב היא רואה ששתי זרועותיו רועדות, ושהוא על-ידי שילוב כפות ידיו באופן מיוחד יודע להפסיק את הרעד. על המעמסה העקיפה והבלתי נסבלת הזו על אלוירה הקלה הופעתה של קיפי: הינה, בבקשה, הוא כבר לא לבד, כעת החיים כבר נורמאליים, אפשר לחזור לשגרה, הבה נשכח את כל הדברים הישנים!

אלוירה הפסיקה לבכות אך בקושי. כמי שכבר מזמן היה זקוק לבכי טוב. אַלְדוֹ רק שתק במבוכה. הוא לא חש את עצמו מוסמך להציע לה שום סוג של עזרה, כפי שהיה מציע לכל אדם אחר. למרות שבזמנו הוא למד היטב להרגיע בכי של נשים. (שם, בבית החולים 'אישטוואן קורהאז' שבו עבד, הוא זכה בהערכה רחבה במשך כעשר שנים. מקום שבו אפילו ב-1943 הוא לא חווה את הדברים כבלתי נסבלים, למרות שכבר רק בקושי רב סבלו את נוכחותו. אבל לא פגעו בו. אחר כך הגיע היום בו האחות הראשית סירבה להחליף את המצעים שנרטבו תחת יולדת. על שאלתו של אַלְדָר, בנוכחות כל הצוות והמאושפזות, היא השיבה, ששום יהודי לא יחלק לה פקודות. מנהל המחלקה התנצל בפניו רק אחרי הצוהריים, בארבע עיניים. זה הפך ליום העבודה האחרון של אַלִי, כי אבא קבע שזה יהיה הגבול. אף אחד לא טלפון לברר מה איתו.)

עכשיו הוא רק הביט באלוירה, והרגיש שעם עזיבתו את המרפאה, הוא מפקיר אותה. למחרת הוא התקשר למנהל המחלקה על מנת לדווח לו על מצב העניינים, במרפאה משחררים אותו בלי בעיות, ושאל האם עדיין יש מחסור במזכירות בבית החולים. שבועיים מאוחר יותר אלוירה התחילה לעבוד בבית החולים. אז, איש לא חשב עדיין שמבחינת הפרנסה תהיה זו הצלה

למשפחתה. מאז שבעלה השתחרר ממחנה העבודה לפני כשנה, הוא לא הצליח לעבוד ולו שבוע אחד שלם. בלי דיאגנוזה, יש קשיי נשימה ועוני. למרות שהוא לא מעוניין בכך, עכשיו יתנו לו גם אחוזי אבדן כושר עבודה.

עמודות הדו"ח בדיוק התחילו להתיישר, כששוב צלצל הטלפון. יולי:

"זו שוב גברת."

אַלְדוֹ נראה שמח גם למשמע קול זה.

"הגעת כבר הביתה, יקירה?"

סביר להניח שהתאורה האפלולית של בית הקפה היא שהכי מצאה חן בעיני פֶּפֶּה, כי שום דבר מעניין לא היה במקום הדלוח הזה. הקטעים המשעממים והסנטימנטאליים שניגן פסנתרן הברים התחבבו על קלרה במהירות. זה רקע מתאים מאד, בייחוד כשמתנשקים. נורא מרגש 'להתדרדר' ככה! הבעיה בלהתנשק בבית קפה היא, שאחרי זה אין לאן ללכת. כמובן שכשבבית של פֶּפֶּה השטח פנוי (מאימו), הם לא באים להאזין לפסנתרן הברים. אבל היום, למרבה הצער, זה לא המצב. אגב, פֶּפֶּה התחבב גם על אוֹלְגִי, כי הוא יודע להצחיק גם אותה וגם מנשק את ידה לשלום באופן מנומס מאד. לדעתה של אוֹלְגִי דברים כאלה הם תמיד סימן לחינוך טוב מהבית. היא גם מתחילה להתרגל לזקן שלו. עם זאת, קלרה לא תעיז להגיד לה שפֶּפֶּה יישאר לישון ללילה. כי בזה תתפוגג מראית העין שמעורר סגנון אמירת השלום שלו.

לבית הקפה הזה פֶּפֶּה נוהג להזמין גם את חבריו לא פעם. אלה חברים מהאוניברסיטה, מוטרפים בדיוק כמוהו, וגם הם מגיעים לרוב בזוגות.

פֶּפֶּה בדיוק עמל על המשך התעניינותה המינית של קלרה, מקווה לימים מוצלחים יותר. נכון, הם ישבו בפינה הנחבאת ביותר של בית הקפה, אבל קלרה חששה בכל זאת שאדם מוכר ייתקל בהם. בגלל זה הייתה מפעם לפעם מציצה אל עבר הדלת. לאחר

מכן, פֶּפֶּה התחיל להשתמש באוזניה של קלרה למטרה אחרת, שמיעה.

"לפני שאיוואן וזוגתו יגיעו, אני רוצה לשתף שקיבלתי החלטה חשובה", אמר תוך שהוא משנה את גוון קולו לרציני, באופן בלתי אמין למדי.

"תוציא את זה!"

קולו היה עכשיו כבר דרמטי:

"נאלצתי להודות בצער בעובדה שעלי לשאת אישה."

מחית הערמונים כמעט נתקעה בגרונה של קלרה. פֶּפֶּה התחיל לטפוח על גבה ומזג לה מעט גזוז.

"אם תחנקי אצטרך להתחיל לחפש מחדש."

הצחוק רק הרע את המצב אצל קלרה.

"כי כרגע אתה סבור שאני אהיה הקורבן?"

"אם את יכולה להמליץ לי על מישהי מתאימה יותר, אשקול את העניין באהדה."

"אני אחשוב על זה."

"תראי, כפי שידוע לשנינו כבר מלאו לי עשרים וחמש. ואני רק מזכיר כאן, שגם את עם העשרים ושלוש שלך - אינך 'פרגית' כבר."

"מודה. אבל גם אתה יכול עוד טיפה לחפש מישהו עבורי."

"ברצון! למשל, הינה איוואן עם הכרס הרכה והמרגיעה שלו, וקול המֶצוֹ-סופראן שלו. אבל הוא יהיה פעם בן-זונה של פסל, כך שהוא יוכל לפרנס אותך אם פעם עסקי המתורגמנות ימאסו עלייך. דרך אגב, עד כמה שידוע לי, את מעדיפה ציירים..."

בשלב הזה איוואן וז'וּז'י כבר עמדו לידם. למרבה המזל זו ז'וּז'י שעמדה קרובה יותר אליהם, ואצלה שום דבר לא התחבר במהירות כזו לכדי תובנה. חוץ מזה שהם רק התלחשו. קלרה נזכרה פתאום שהם באמת היו צפויים להגיע. פֶּפֶּה התגבר על המבוכה בתאוצה מסחררת.

"יורשה לי להציג את ארוסתי!"

"אלוהים אדירים, כבר התחילו לשזור סביב ראשך את... העול! על זה חייבים לשתות משהו מחזק!"

"בשלב זה יש לו רק מועמדת!" תיקנה קלרה. "עכשיו עורכים את התחרויות. כרגע זו אני על המסלול, אבל מי יודע, אולי אקבל חררה לפני קוו הסיום!"

איוואן וזוגתו הצטרפו לשולחן כאשר ז'וּז'י לא מפסיקה לפזר רמזים שגם לה לא היה מפריע לעלות 'למסלול'. איוואן לא השתכנע כל כך. במר לה היא החלה לספר על פרויקט שטיחים חדש שהחלה. היא לומדת במגמת טקסטיל, בשנה השלישית והאחרונה בפקולטה לאומנות שימושית, בדיוק כמו פֶּפֶּה ואיוואן. די מעייף להאזין לה כי היא מדברת לאט ונתקעת לפני כל מושג המתאר דבר מופשט, ולו הבנאלי ביותר (כולם יודעים כבר שהיא לא תמצא את המילה המתאימה), ואז היא מחליטה לעבור לציור באוויר עם ידיה, כדי להעביר את מה שרצתה להגיד. במקרים האלה היא מציירת זוויות וקשתות לפני עצמה, ומשוכנעת שמתוך כל זה יהיה מובן לכולם שהתכוונה ל'תיאום עמדות' או ל'תפיסה אומנותית', לשם דוגמה. גם אם פיה נוצר לגמרי ללא צורך, עיניה וידיה מופלאות. היא נחשבת לתלמידה המוכשרת ביותר במגמה. איוואן תמים דעים עם עמדת הסגל, כלומר, הוא מאד גאה בה ובולע את רעיונותיה. אבל לאחר שהייה ממושכת בחברתה הוא משועמם. הוא אכן משתדל מאד לשהות בחברתה לבד רק כאשר חוקי הצניעות בציבור דורשים זאת. כשקצב החילזון שלה מתחלק על משתתפים רבים, אפשר להסתדר איתה יותר בקלות. עזרה כה קטנה אדם יכול לצפות מחבריו.

בהתחלה קלרה עוד ניסתה להגיש לפיה של ז'וּז'י את המילים החסרות ('נו, קיפי, איך קוראים ל... זה..., את היא כאן האינטלקטואלית בינינו!'), וזכתה על כך בהנהונים מלאי הערכה בתמורה. אך ז'וּז'י בכל זאת חזרה כל פעם לשיטת הציורים באוויר. כאילו שהמילים לא הומצאו כדי שתצאנה מפיה. היא סיפרה פעם, שכשהייתה קטנה, אמרו לה כל הזמן לדבר לאט כדי שתגמגם פחות. עכשיו היא כבר לא מגמגמת, אבל לפי הערכתה של קלרה,

אפשר להגיע לסיום מהיר יותר של משפט אפילו בתוספת ההברות המיותרות של הגמגום, ממה שזה קורה אצל ז'וּז'י.

מלבד זאת, ז'וּז'י התברכה בנתונים נשיים שופעים למדי, ולדעתו של איוואן היא מאהבת טובה. קלרה נחרדה כשפֶּפֶּה סיפר לה על כך: "וגם אתה מספר לאיוואן איך זה איתי?!" פֶּפֶּה ענה ש'לאאאא', אבל קלרה חשה שהוא משקר. בסוף לא היה לה איכפת כל כך, כי היה בזה משהו נורא מרגש. אבל את זה כבר לא גילתה לפֶּפֶּה. כפי שלא סיפרה לו, שלא פעם כשהם מתנים אהבים היא מדמיינת שאיוואן צופה בהם, ואחר כך הוא מתקרב אליהם יותר ויותר עד שבסופו של דבר פֶּפֶּה, ללא הועיל, מתחיל לגרש אותו... וכאשר ב'סרט' שלה שני הבחורים מתחילים להתחלק, קיפי כבר מעופפת באושר. ופֶּפֶּה מאמין בגאווה שזה בזכותו בלבד. עבור קלרה, פֶּפֶּה הוא הקשר המשמעותי הראשון שלה. לפניו היא שכבה רק עם בחור אחד, כי הייתה כבר סקרנית מאד ללמוד את האנטומיה הגברית. היא בכלל לא התחרטה, הבחור היה נחמד, עם ריח טוב(!) ומוכשר. אבל כשהתקשר בפעם השנייה קלרה ביקשה מאוֹלְגִי להכחיש את הימצאותה בבית.

על מידות הגוף של קלרה החיים הסטודנטיאליים לא השפיעו הרבה - גם עכשיו הייתה מיניאטורית למדי. כמו אימאל'ה. במהלך השנים היא למדה שהמון גברים 'מתים' על זה. היא ראתה את עצמה כבר פרופורציונית, וידעה להגיד 'לא' עם הרבה בטחון עצמי כשרצתה. עם פֶּפֶּה היא מסתובבת כבר שנה וחצי, והיא אף פעם לא בגדה בו. אולי גם פֶּפֶּה לא, אבל מי לכל הרוחות יכול לדעת בוודאות.

איוואן בדיוק סיפר בדיחות גסות כשקלרה הבחינה בשוטרים בכניסה. היא ראתה שיחד עם המלצר הם נועלים את הדלת. נשימתה נעתקה וכמעט זינקה ממקומה.

"מה קרה?! "שאל פֶּפֶּה, וסובב את ראשו תוך כדי כך. "אין שום בעיה קיפיל'ה! יש עלייך תעודת זהות?"

איפה היה הפֶּפֶּה הזה ב-1944?! בשבילו זה כל העניין? הוא מתנהג כאילו שהוא לא חי במדינה הזו עד עכשיו! היא חשבה.

"ערב טוב חברות וחברים!"

"לך תזדיין..." מלמל איוואן מתחת לשפם.

"אנחנו נבדוק את הזהות שלכם. תישארו כולכם לשבת ואז לא נצטרך להפעיל כוח."

קיפי רועדת, פֶּפֶּה אוחז בידה. שני השוטרים, עם רגליים פסוקות שמתאימות להשתנה, עומדים במרחק של כחמישה מטרים מהם ומביטים סביב. ז'וּז'י מציירת בהססנות את המשפט הראשון באוויר. אין בו שום אמירה. קיפי נושמת בקושי, פֶּפֶּה לא מגלה סימני הבנה.

"ממה את פוחדת? קיפי, תפסיקי להשתטות! חיפוש מנהלתי רגיל!" הוא לוחש.

"אני לא... באה... לכאן יותר!"

מבטו של אחד השוטרים נעצר עליהם.

"שני החברים המזוקנים שמה..."

"בן זונה" ממלמל איוואן שוב.

"סתום!" מסנן פֶּפֶּה ואז מתחיל בהצגה שקיפי לא תשכח לעולם.

הוא קם על רגליו, מוציא מכיסו האחורי את תעודת הזהות שלו, ומבלי שירחיק את המרפק מגזע גופו הוא מושיט אותו בתנועה מזמינה כלפיהם. הוא לא עושה אפילו צעד קטן אחד לקראתם.

"אנחנו וחברי, סטודנטים בבית הספר הגבוהה לאומנות של הרפובליקה העממית ההונגרית. בקונגרס האחרון של המפלגה הקומוניסטית של ברית המועצות תבעו הערכה מיוחדת לאומנים. אגב, המורה שלנו, שכרגע עובד על פסלו ה-1:1 של לנין שיוצב בכיכר המרכזית של אחת מערי כורי הפחם, עטור בדיוק אותו זקן כמוהו... אם כי, כנראה שבשלו יש מעט יותר שיער שיבה..."

שני הזוטרים בוהים חסרי אונים, ואז, בעל התובנה המהירה יותר מבין השניים פותח:

"אנחנו מעריכים אומנים! אנחנו מבצעים רק זיהוי שגרתי של אזרחים."

"אם כך, אנא בצעו את עבודתכם חברים..." משיב פֶּפֶּה בנדיבות לב, שב להתיישב עם חבריו על מנת להמשיך את השיחה הקולחת.

"מה שלומך, קיפיל'ה שלי?"

"הרבה יותר טוב... אני רק צריכה פיפי נורא."

ללא שום ספק, קיפי התאהבה באמת בפֶּפֶּה בצומת זה. היא נזכרה באיזשהו סיפור של אֶמִי על איזה ברנש בשם לַצִי קאופמן, שב-1944 איכשהו השיג חליפה של 'צלבי החץ', כולל הסרט על הזרוע, שביהירות לא תתואר, התנשא על כל חייל, שוטר או פקיד ממשלה אחר שבא מולו, עד שכולם רעדו ממנו בסביבתו. הוא שלף יהודים מחבואם הדל תוך צרחות וליווה אותם בביטחון עצמי מלא אל מקומות מחבוא מבטיחים יותר. 'רובין הוד' של היהודים, כך אמרה עליו אֶמִי.

קיפי סיפרה גם לאַלְדוֹ על הערב הזה. ושבסוף השוטרים בכלל לא העיזו אפילו להתקרב לשולחן שלהם! הסיפור הזה מצא חן גם בעיניו של אַלְדוֹ. הוא נענע את ראשו בחיוך: "רמאי...". קיפי לא אהבה את ההערה, וכדי שאַלְדוֹ יבין את חשיבותו ההיסטורית של האירוע, היא סיפרו לו גם את הסיפור של לַצִי קאופמן. אַלְדוֹ השתכנע.

20 ביוני, 1955

סיימתי את כל המבחנים! סופסוף! אַלְדוֹקה גאה בי ביותר על שסיימתי כמצטיינת של המחזור. אתמול הוא הזמין אותנו גם לחגוג. אני יודעת שהוא היה מעדיף רק את שנינו, אבל אי אפשר לוותר על נוכחותו של פֶּפֶּה מאירוע כזה, גם בלי זה הוא מספיק מקנא. ומה שנכון, גם אַלְדוֹ... אחרת, למה תווי פניו מתוחים כל כך בכל פעם שאני מדברת על פֶּפֶּה?! פֶּפֶּה מחזיק את עצמו רק מאז שאמרתי לו שאו שהוא חדל מלהציק לאַלְדוֹ כל הזמן, או שדרכינו נפרדות. כמובן שלא התכוונתי ברצינות, אבל לא אתן בשום אופן שיציקו לאַלְדוֹ, ובינתיים עם פֶּפֶּה זה עבד. הצעתי לאַלְדוֹ שיביא גם את אֶרְזִ'י איתו. כך שבסופו של

דבר הזמנו גם את אוֹלְגִיצה, אבל אני יודעת שעבור אַלְדוֹ זה לא אותו הדבר. לא נורא. ביום רביעי נצא רק שנינו.

באירוע אֶרְזִ'י הייתה בדרגה אחת חביבה יותר ממה שהייתה עד היום. לא משנה שפֶּפֶּה חוזר ואומר שלאֶרְזִ'י יש תכונה אחת שאנחנו זקוקים לה, הזמינות שלה לאלדו. אלה פטפוטי גברים!

אני לא רוצה שאַלְדוֹ יחיה עם אישה חמוצה! אבל עכשיו כבר אין לי מה לעשות כי הם כבר עברו לגור ביחד אפילו. רק שיהיה מאד-מאד חבל אם מעכשיו אַלְדוֹ כל הזמן יצטרך לנחש את הסיבה שבגללה, <u>בדיוק באותו רגע</u>, צריך לנחם את אֶרְזִ'י. עבורי, אפילו בגיל חמש עשרה הוא כבר לא היה צריך להיות 'מטפלת' עד כדי כך. טוב, שש עשרה.

החגיגה הייתה ב-'הקוקייה הקטנה', כדי שאוֹלְגִי לא תצטרך לעלות על חשמלית וגם לא ללכת הרבה ברגל. פֶּפֶּה הלך להביא אותה מהבית, זה היה מאד יפה מצידו, וגם אֶרְזִ'י התייחסה אליה בחביבות רבה במשך כל הערב. אגב, אוֹלְגִי מאושרת עד השמיים מאז שפֶּפֶּה עבר לגור איתנו ('יש גבר בבית!'). היא רק הייתה זקוקה למילת הקסם 'אירוסין'.

הכול עבר די טוב. את חוש ההומור של פֶּפֶּה כולם אוהבים וגם הפעם זה עשה את שלו. הוא בידר את כל החבורה במהלך הערב כולו. הוא סיפר גם להם על תוכנית התערוכה ומאיזה 'שמות' גדולים הוא מקבל הצעות לאחרונה. הוא גם סיפר ש<u>שני</u> לוחות שנה של השנה הבאה יכללו את התמונות שלו, ומשמעות הדבר - די הרבה כסף. הוא לא מבין שעכשיו הדגש לא צריך להיות על גובה שכרו, אלא על כך שימשיך להתפתח בבתי המלאכה האיכותיים ביותר. אני מרוויחה מספיק עם הסימולטאני. מאז שבּוֹרְדָש, ראש החוג, המליץ עלי במספר מקומות, כבר לא מציקים לי אם אני מדי פעם לא מגיעה לשיעור בגלל זה.

על אף מצב הרוח המרומם אמש, אַלְדוֹ העיר בטלפון כמה הוא הצטער 'שלא התאפשר לי' לספר יותר על המבחנים שלי, ו-'מה בדיוק אמרו מורי הסגל בהתלהבות כזאת על רמת התרגום הסימולטאני שלי'. למרות שבמהלך הערב ביקש מספר פעמים שאספר, 'אבל בסוף תמיד סיימנו עם הסיפורים של פֶּפֶּה'. אמרתי

לו שאם היה יכול לתת לפֶּפֶּה קצת יותר קרדיט, אז הוא היה יכול להוריד את מפלס ההתרברבות. (הוא לא השתמש בביטוי הזה, אבל זאת הייתה האינטונציה שלו.) ואני אמרתי לו שיחשוב על זה שלפֶּפֶּה אין אבא... אז הוא צחק ואמר שמה לעשות, הוא אב לבת אחת בלבד ושאיש לא ינסה 'לטאטא הצידה' את בתו. אַלְדוֹקה מסכן ומתוק שלי! למרות זאת 'הלחצתי אותו' קצת והזכרתי לו שרצוי לו שייקח קצת דוגמה מחמו, הדוד קֶרֶן!

הייתי רוצה לגרום לאַלְדוֹ להבין, איכשהו, כמה תכונות ראויות לחיבה יש לפֶּפֶּה. שתמיד יש לו מצב רוח טוב (כפי שאוֹלְגִי אומרת, אפילו העיניים שלו צוחקות), שהוא שופע רעיונות, שאני אף פעם לא משתעממת בחברתו, וגם שאני כל כך חשובה לו. (ושהוא מטריף במיטה, אבל את זה אני לא יכולה להגיד לאַלְדוֹ.)

טוב, אלך לישון עכשיו. פֶּפֶּה כבר ישן מזמן. שלא לדבר על אוֹלְגִי. (זה אני שומעת עד לכאן, במטבח.)

מאז שעבר לעבוד בבית החולים, אַלְדוֹ הפסיק את עבודת ההתנדבות בית היתומים, אם כי את דמי ההשתתפות החודשיים הוא המשיך להעביר. (בהשוואה לשנים הראשונות, מספר הילדים ירד באופן משמעותי, אבל לאו דווקא בשל אימוץ ילדים, אלא מהסיבה הפשוטה שילדים גדלו ורבים התבגרו.) בהזדמנויות אלו אַלְדוֹ תמיד נכנס לברך לשלום גם את המכרים: את ג'וּלַא בַּרְטָאַ, את יאנוש צ'ילאג, את דודה וולנשטיין, או כל מי שנמצא. הפעם הוא נעצר ליד דלתו של יאנוש. בא לו לבדוק איך העניינים אצלו. אחר כך הוא התלבט רגע, למה שדווקא היום יאנוש יהיה פה כאשר הוא עובד כאן רק פעם בשבוע, בימי שלישי אחרי הצוהריים? אמנם יום שלישי היום, אבל כבר אחרי שש וחצי. בכל זאת דפק בדלת.

"בבקשה!" הגיעה התשובה המהירה מאחורי הדלת.

כשנכס הוא מצא את ג'וּלַא אצל יאנוש. הם נראו במצב רוח קודר משהו. דבר זה בלט לאחרונה בעיקר אצל ג'וּלַא. אפילו תאורה עם נורה של 40 וואט כפי שדלקה במשרד הספיקה לדיאגנוזה הויזואלית. הוא לא היה צריך כבר לעבוד כל כך קשה.

"שלום אַלַדָר! מזמן לא ראינו אותך", פתח יאנוש. ג'וּלַא קם ממקומו ובדרכו החוצה הוא שאל את אַלְדוֹ לשלומו והתכוון להיפרד לשלום.

"אני מפריע?"

"נהפוך הוא. ממש מצוין שבאת. כבר לגמרי הספיק לי מהיום הזה כבר ועדיף שאסתום את הפה שלי."

"יש בעיה?"

ג'וּלַא נופף בידו בעייפות, אבל יאנוש נראה עדיין 'חם'.

"בשתי מילים: כנראה ששניים מהבוגרים שלנו מועסקים ע"י ה-AVO. סביב זה היו מלחמות כל היום ב'*בית*'."

אַלְדוֹ הרהר.

"מאיזה *בית* בדיוק באים יתר אנשי ה-AVO? אני מניח שבסך הכול, עדיין לא עברנו את סף ה'*נומרוס קלאוזוס*'."

"ראה אַלַדָר, ראשית, באמת יש יותר מדי אנשים *משלנו* ב-AVO, מעבר ל'*נומרוס קלאוזוס*'. אך מלבד זאת, לדעתי, השאלה כאן היא לגבי המטען המוסרי של ה*בית*, בו מציידים את הילדים לעתיד."

אַלְדוֹ המשיך עוד להרהר.

"מעניין שבמשך שנים הטפתם לי שאני 'חולה בנפשי', כי אני לא מוכן לתפוס מקום ב-'מרחב המחייה' החדש שייצרו עבורנו. אז אלה כן תפסו את מקומם ב-'מרחב המחייה' הזה! במרחב המחייה היחידי שאפשרו להם! בבקשה, הם *חיים* כאן ועכשיו. אז למרות זאת, גם זה לא נחשב בעיניכם ל-'בריא'?"

עיניו של ג'וּלַא כמעט נעצמו מרוב עייפות. הוא העביר את ידו על זרועו של אַלְדוֹ, ובחיוך לאה איחל ליל מנוחה לשניהם ונעלם.

"מה שלום הבנות שלך?" שאל יאנוש. (הוא התכוון לקיפי ולאָגִי.)

"טוב מאד. שתיהן סיימו עכשיו את האוניברסיטה ושתיהן מאורסות!"

"מה אתה אומר! שתי גברות שאך סיימו תואר וכבר עומדות 'למכירה'?"

"אכן כך... עד כמה שניתן 'למכור' גברות בעלות תואר."

אַלְדוֹ התעניין עוד במשפחתו של יאנוש והתכונן להיפרד לשלום, אלא שאז יאנוש הזכיר לו, שככל הנראה, הוא לא התדפק על דלתו בלי כל סיבה.

"נכון, לא בלי סיבה... אבל לא כל כך חשוב... כבר מאוחר."

"אז תשב." ענה 'הפסיכיאטר' שביאנוש והדליק סיגריה.

עבור אַלְדוֹ היה זה הלא-יאמן שהוא מדבר על עצמו. בעשר השנים האחרונות מקסימום פירורים יצאו מפיו. אבל בשבועות האחרונים הוא פנטז על כך שהוא מספר למישהו על אֶרְזִ'י. ורק אדם אחד כזה יכול היה לבוא בחשבון, יאנוש. בשבילו, בסופו של דבר, זהו גם מקצוע והוא בטוח יוכל להאזין לו מהמרחק הנדרש. ובעיקר, הוא לא יספר לאיש. מאז, הוא מנסח בליבו מה הוא הולך להגיד. אבל עד לרגע זה לא החליט אם הוא יספר או לא.

"אתה יודע, מאז שהילדה הזאת ניתנה לי היא מלאה את חיי. מאז, לא רציתי לבקש יותר שום דבר מאלוהים."

(יאנוש סובב את הכורסה שלו, וכך הוא ראה בעיקר את הקיר המלוכלך שמולו ואוזנו הימנית פונה אל אַלְדוֹ. אבל היא פונה בהתכוונות כזו כאילו שהוא מצוטט בהסתר. הוא הניח על השולחן את משקפיו שבדרך כלל ישבו על קצה אפו.)

בשתי הפגישות הראשונות שלנו הרגשתי שהיא מפלצת, בדיוק כמוני. כשראיתי אותה לראשונה במרפאה... עוף אנורקטי, מכוער, זועף... רציתי לברוח. לא תודה, אין לי צורך בעוד 'אקזמפלר' מהעליבות הזאת, הרי בקושי אני סובל את עצמי. אבל היא חזרה. היא שמעה שאמרתי לדודה שלה שממבנה פיזיולוגי כזה לא ניתן לצפות גם לייצר הורמונים. היא רצתה להוכיח שלה

זה כן מצליח. היא לא יכולה לסבול שמישהו יגיד עליה שהיא 'לא מסוגלת' - ולא חשוב מה. כשהיא באה אחרי זה שוב, היא הביאה לי תרגומים של מאמרים בגרמנית שהיא תרגמה. אני הוצפתי באיזה זיק של פחדנות בריאה כזו, אין לי מושג מאיפה... בטח איזו שארית מלפני מאה שנה, וקיבלתי את הצעתה שהיא 'תעמוד בדרישות שלי'. בכל נימי הווייתי התחלתי להגיד לה "תעמדי על רגלייך, תחיי, הלחמי עבור עצמך, תיהני...!" והיא האמינה בי ועשתה את מה שאמרתי לה. ...ובמידה שווה היא גם רפאה אותי... אבל ידעתי שהיא תגדל מהר מאוד ואצטרך לשחרר אותה. בדרך יפה ובריאה. אפילו מתוך אנוכיות כדי שלעולם לא תרצה לוותר עלי, כהורה הזקן... שאפילו אם בתפקיד צנוע יותר, אבל שאוכל להמשיך לקחת חלק בחייה... שיהיו לי נכדים... אומנם לא חשבתי שקושי כזה יהיה בלתי נסבל עבורי, כי כבר מזמן למדתי לחיות לבד, ללא שותפה, ללא אהבה. ואכן, לא הופתעתי כאשר באחת השבתות השגרתיות שלנו כשהיא יושבת לידי אבל מתוחה משום מה, התברר שקבעה פגישה עם בחור בדיוק לשעה הזאת. "גירשתי" אותה לפגישה, כמו שהתאמנתי כבר בראשי בדיוק למקרה בלתי נמנע שכזה. הייתי גאה בעצמי, אם כי לא שמח.

(יאנוש 'ניגב' את המאפרה בבדל הסיגריה שלו, אוזנו עדיין מתמקדת בכיוון פיו של אַלְדוֹ.)

"וכשכעבור שנה, בת עשרים ואחת, היא באה ש'הבחור הזה בכלל לא כל כך מעניין, עדיף שנלך שנינו לקולנוע', ידעתי כבר שעלי למצוא לעצמי מישהי כי אחרת קיפי לעולם לא תעזוב אותי. אני מכיר אותה. מישהי שלדעתה של קיפי יכולה למלא אצלי את החלל הזה. ומצאתי. אנחנו מכירים כבר הרבה שנים - אתה מכיר אותה כי גם היא עבדה עבור *הבית*, אבל זה לא חשוב כרגע. לפעמים כשהזדמן שוחחנו קצת. הסיפור שלה דומה גם לשלי... למה שלא נוכל לצאת מפעם לפעם לתיאטרון, או לטיול... הנחתי שלכל הפחות זה בטח יעזור לי לחכות למפגשים ההולכים ומתמעטים עם קיפי.

(יאנוש הדליק שוב סיגריה, ומבטו של אַלְדוֹ טייל כבר זמן מה על הקיר בין תמונותיהם הממוסגרות של זיגמונד פרויד ושל הרב הורוביץ.)

הכול הסתדר יפה, גם אני וגם אֶרְזִ'י ציפינו בכל פעם יותר ויותר למפגש הבא. כעבור חצי שנה סיכמנו שנעבור לגור ביחד. הלא כל כך נעים לחזור הביתה כשיודעים שמישהו מצפה לך או שאתה יכול לצפות למישהו. אבל הבטחנו לעצמנו קשר, אך ורק כמו בין אחים. כי עבורנו להתאהב זו כבר לא אופציה. גם היא חייה בגפה כבר עשר שנים. אם כי היה לה בעבר איזשהו ניסיון קצר וכושל עם מישהו. גם אז הכישלון המיני העלה את הקשר על שרטון. אֶרְזִ'י העריצה את בעלה בדיוק כפי שאני העַרצתי את אשתי. ההסכם בינינו נראה מושלם. היינו גאים בשכל הישר שלנו והוקל לשנינו.

אבל כמובן שהכול השתנה אחר כך. בהתחלה הסתמכנו על כך שמאד נעים רק להירדם מחובקים. אבל הגוף של שנינו התחיל לבוא בדרישות. כאילו שאנחנו אנשים בריאים... תקופה ממושכת המשמעות הייתה סבל מלא גם בכאבים פיזיים חמורים, זיכרונות מייסרים ובתחושות כישלון, כל מה שרק יכול להיות שלילי. הפסקנו. אחר כך התחלנו שוב. יותר מפעם. היינו מתנצלים אחד לשנייה לסירוגין. אך מהרגע הראשון השכלנו לשוחח על העניין הזה. נדמה לי שזה טוב. או שאֶרְזִ'י מנסה לנחם את שנינו, שעלינו לעשות רק מה שנעים לנו, שלאלוהים אין זכות להעמיד אותנו שוב במבחן. או שהיא בוכה, פוחדת שחלילה 'השטות הזו' תגרום לכעסים בינינו ואז נאבד אחד את השנייה.

(עכשיו יאנוש בנה על השולחן שלו עץ מגפרורים. אַלְדוֹ היה מודאג שכפיסי העץ הולכים ונגמרים, אבל יאנוש הפך את תוכנה של קופסה חדשה והעץ המשיך לגבוה.)

אין לי מושג למה אני מספר לך את כל זה... בסופו של דבר יש התקדמות... ולניסים, הלא איש לא מצפה. אבל עושה טוב לספר למישהו... עכשיו אנחנו כבר בשלב ש... כלומר, כבר שנינו מסוגלים להישאר שם, בתוך העניין, עד הסוף... רק בתורות. השני

חייב לעזור, אבל בצורה בלתי מורגשת לחלוטין... וזה משפיל. למרות שלשנינו יותר קל להעניק את העזרה הזאת מאשר לקבל אותה. אֶרְזִ'י מנסה להרגיע שזהו ההסכם שלנו בסך הכל, גם בכל יתר התחומים, שנשמח בכל מה שהשני יכול להעניק ולא לצפות לשלמות. כי את זה איבדנו.

(יאנוש עדיין לא שב להסתובב כלפי אַלְדוֹ. כנראה שהוא מעדיף גם לשאול בעזרת האוזן שלו. אבל לגפרורים הוא הניח עכשיו.)

"בשלב הזה אתם נמצאים עם בני הזוג הישנים שלכם?"

"בודאי."

"אתה יכול לשוחח איתה על זה?"

"עם אֶרְזִ'י?"

"לא."

"עם אילונה?!"

"כן. איתה."

"אני יכול... למרות שמאז שאני עם אֶרְזִ'י אני מעיז לפנות אליה רק לעתים רחוקות."

"תבקש ממנה שתשחרר אותך... היא תעשה את זה. יכול להיות שהיא שלחה לך את אֶרְזִ'י. והיה טוב גם אם אֶרְזִ'י הייתה מקבלת שחרור מבעלה. ואז מה שנותר לכם להגיד הוא, ש-'עכשיו אנחנו בני זוג'."

אוֹלְגִי פתחה את הדלת, אחר כך גם קיפי ופֶּפֶּה הופיעו מאיפשהו. בדרך כלל קיפי רצה לפתוח את הדלת כשהיא יודעת שאַלְדוֹ מגיע. בדיוק כמו כשהייתה ילדה. למה עכשיו היא איטית כל כך? אפילו פֶּפֶּה מגיע אל הדלת לפניה, וגם קולה בישר נימה נואשת כל כך שאי אפשר היה לא לשים לב לכך.

"אַלְדוֹ, האם אנחנו מקבלים עכשיו את פניו של 'חתן'?

"ככה זה נראה... קיפיל'ה, את..."

את פֶּפֶּה לא ניתן להסיט מהדרך:

"ברכותינו!"

"תודה. ואתן בנות, מה שלומכן?"

"בסדר, אני מבין שבנים לא מעניינים אותך! זה סימן לבריאות טובה!"

אוֹלְגִי וקיפי מחייכות כשתי 'אהבליות'. כאילו הוקל להן שפֶּפֶּה לא מאפשר להן להשתלב.

"קיפיל'ה, את נראית כזאת נבולה..."

"אני סתם עייפה..."

אוֹלְגִי נבלעת בחדר שלה. אַלְדוֹ סוקר את קלרה במבט דואג.

"כבר ביום ראשון נראית לי לא-מי-יודע-מה."

"היא עובדת עכשיו המון." אחז פֶּפֶּה שוב בשרביט המנצח.

בינתיים נכנסו לחדר של קיפי. אַלְדוֹ הבחין בכרית ובשמיכה הפתוחה על הספה.

"מה קורה בובה?"

"פֶּפֶּה, אולי תכין לאַלְדוֹ כוס קפה?"

פֶּפֶּה נכנע. אם קיפי רוצה בכל מחיר לספר, אז עדיף שתעשה את זה בלעדיו.

כשפֶּפֶּה יצא, אַלְדוֹ הסתכל שוב על הספה שהצביעה על כך שקלרה שכבה עליה עד לצלצולו בדלת. עכשיו הוא הבחין גם בסדין המקופל למחצה, כפי שמניחים תחת יולדות בבית החולים. קיפי חזרה לספה עדיין שותקת, נמנעת ממבטו של אַלְדוֹ. למרות שבימים האחרונים הרהרה ללא הרף כיצד תספר לו. ('אַלְדוֹקה אל תכעס, אבל הילד הזה היה עדיין מוקדם מדי עבורנו. לא שיתפנו אותך רק כדי שלא תדאג. אבל אל תפחד, עוד יהיו לך נכדים. גם אתה לא מספיק זקן עדיין כדי להפוך אותך לסבא.')

למרות שפֶּפֶּה התנגד לשיתופו של אַלְדוֹ, קלרה הייתה בטוחה שלא תוכל לשמור את זה בסוד. אבל עכשיו היא רק שתקה. גם אַלְדוֹ. בסוף אַלְדוֹ פתח.

"היה לך דימום כבר ביום ראשון, נכון?"

הנהון בראש.

"יש סיבה לכך שזה לא דימום של מחזור רגיל, נכון?"

הנהון נוסף. אַלְדוֹ השפיל מבטו לרצפה. ונשאר ככה.

"מי החליט שלא משאירים אותו?"

"יחד."

אַלְדוֹ הסתיר את פניו בשתי ידיו. קלרה רצתה להגיד משהו, אבל לא הצליחה.

"אצל מי היית?"

"בבית החולים *פֶּטֶרְפִי*, אצל רופא צעיר אחד. המליצו עליו... הוא אומר שיש מי שמדממת הרבה אחרי... אחרי זה. אתמול פֶּפֶּה לקח אותי אליו שוב... הוא נתן לי משהו לכיווץ כלי דם... אבל כבר שישה ימים שאין שיפור."

אַלְדוֹ ניגש לטלפון עם הבעה קפואה. הוא חיפש איזה רופאה בשם שטיינר. מזל שהוא עוד לא הלך הביתה! והוא השתמש בביטויים כמו *אִינְקוֹמְפְּלֶט, אָבּוֹרְטוּס, אָקוּטִי, אוּטֶרִיטִיס, הִיפּוֹטֶזִיס, AB*, מצב *אָנֶמִי*. אני לא רוצה בכלל לשמוע את זה חשבה קלרה. ממש לא חייבים להבין. שאַלְדוֹ יעזור בבקשה! כן, הוא עוזר, עושה את מה שצריך לעשות. הוא עדיין בטלפון: הוא מאד מבקש שדר' שטיינר יחכה להם. כן, דחוף. הם מגיעים תוך חצי שעה.

אַלְדוֹ הניח את השפופרת וקרא לפֶּפֶּה שהיה עדיין במטבח:

"תארוז כמה דברים למספר ימים עבור קיפי! דברים שהיא תצטרך בבית החולים. תזדרז!"

אף פעם הוא לא נתן הוראות לפֶּפֶּה. בטח לא בקול כזה. כמה שהוא כועס עליו, חשבה קיפי מבוהלת, אבל לא היה לה כוח לאזן ביניהם. היא קברה את ראשה בכרית עמוק-עמוק. אַלְדוֹ פנה אליה בלא פחות כעס:

"מה השם של הרופא ההוא?... לא שמעתי את השם שלו אף פעם... איך את מאפשרת למישהו סתמי לנגוע בך?! באיבר המבורך ביותר בגופך!... ואם כבר בשום אופן לא רציתם אותו, למה לא אמרת כדי שאקח אותך לרוצח הילדים הטוב ביותר מבין הקולגות שלי?... וכמה ימים עוד הייתם שותקים? עד שתדממי למוות?"

קיפי פרצה בבכי, אבל אַלְדוֹ לא יכול היה לעזור. עכשיו גם הוא היה זקוק לקצת עזרה. קולו השתנה ללא הכר מהכעס, מחוסר האונים, מהבכי שעמד לפרוץ.

"איך עשיתם את זה?! אסור להרוג ילדים! ילדים רוצים לחיות!"

שקט.

"... ואם לך יקרה משהו אני לא יודע מה אני אעשה לפֶּפֶּה!"

פניה הבוכיות של קלרה מתחננות, היא זקוקה לחמלה ולהרגעה עכשיו, לא לזה! אַלְדוֹ אפילו לא מסוגל ללטף עכשיו את קלרה. הוא מחזיק בראשו שלו.

פֶּפֶּה לעומתו עומד בדלת כמוכה גורל.

"אותי אתה יכול להרוג. אבל קיפי זקוקה עכשיו שירגיעו אותה."

אַלְדוֹ מהנהן וממלמל אל עצמו: "לך לעזאזל!". יותר קל לכעוס על פֶּפֶּה. הוא התבייש שהצעיר הטיפש הזה אומר לו איך להתנהג. והוא אפילו צודק.

פֶּפֶּה מתחיל לארוז דברים מתוך הארון, שם לבנים וכותונת לילה בתיק. כשהוא בוחן את השקט מאחוריו הוא כבר מרחם אפילו על אַלְדוֹ קצת. למרות שהוא לא אוהב אותו. כי אַלְדוֹ... מחזיק את קיפי בידיו! הוא תמיד יותר חשוב לה ממנו! הוא, פֶּפֶּה, רק חבר נחמד למשחק. אַלְדוֹ, הוא אלוהים! הינה, לו אפילו מותר לצעוק. הלוואי והיה לפחות לובש את פני 'האל הרחום' שלו עכשיו. במחשבות האלה היה הרבה מאד מתפיסת המציאות של האומן שבפֶּפֶּה... מה יקרה עכשיו לקיפי? מה יעשו לה שוב בבית החולים? אבל עכשיו כבר אין ברירה, לכל הרוחות, צריך להפקיד את העניין בידיו של אַלְדוֹ. באמת עדיף שרופא אחר יראה את קיפי. אכן מצבה מתדרדר.

"אני יכול להזמין מונית?" שואל אַלְדוֹ.

אַלְדוֹ מזמין את המונית, פֶּפֶּה שואל לגבי מספר דברים נוספים לאריזה. עכשיו אוֹלְגִי עומדת בדלת, פניה מבועתים. אליה אַלְדוֹ מסוגל לגשת בלי קושי ולהרגיע אותה:

"הכול יהיה בסדר. עדיף שאיש מקצוע רציני יראה אותה. אנחנו נתקשר אלייך."

"רק שאלוהים לא יעניש אותנו!"

"הוא לא, אוֹלְגִיקה. רפאנו ה'..."

אוֹלְגִי מהנהנת כמי שמבינה את שיעורי הבית והיא בוטחת במורה שלה. פֶּפֶּה עשה פרצוף מתנשא, וניגש לעזור לקיפי לקום מהספה ותוחב לה ממחטה ביד.

"שאבוא גם?"

"קיפיל'ה את רוצה שהוא יבוא גם?"

קלרה עונה משהו אחר ממה שרצתה:

"בוא."

עכשיו גם לאַלְדוֹ הוקל - טוב שקיפי לא כועסת על הבחור הזה. הוא לא רוצה שיריבו בגללו! אולי הוא אפילו לא צודק שהוא כועס על פֶּפֶּה. בעצם צודק. כי בטוח שלא רצו את הילד הזה בגלל המלגה שהוא אמור לקבל בסוף שנת הלימודים הזאת! אגואיסט שכזה... בטוח שגם בלעדיו היו מסתדרים עם התינוק!... 'קח דוגמה מאבּוּש!', הייתה בטח אומרת קיפי שוב. כן, הוא יודע, קיפי לא יכולה לפצות אותו על כל דבר. אלה החיים שלה. בן הזוג שלה. העובר שלה שהושחת... הלוואי והיה יכול להיות בטוח שלא פֶּפֶּה הזיק לוולד! שזה היה גם רצונה של קיפי...

במונית, בכל זאת קיפי ביקשה את קרבתו של אַלְדוֹ. פֶּפֶּה התיישב נעלב ליד הנהג. כולם שתקו. דמעותיה של קיפי זלגו ואַלְדוֹ כבר יכול היה לחבק אותה. נוכחותו של פֶּפֶּה לא עניינה את שניהם עכשיו. הרבה דקות חלפו. קולה של קיפי רעד:

"כבר לא תאהב אותי יותר?"

הוא מהדק את האחיזה בכתפה.

"כזה דבר אין ביכולתי... אני רק מאד כועס."

שוב קיפי, בקול חלשלוש:

"אתה יודע לאהוב גם כשאתה כועס?"

"אין ברירה. אחרת החיים בלתי נסבלים."

אַלְדוֹ התבייש עדיין שבמקום להעניק לה את דאגתו, הוא מדאיג אותה. עכשיו קיפי בצרה. הוא השתדל לתקן:

"אבל הצרות יחלפו..."

"יעשו לי נשור גרידה?"

17 באוגוסט, 1955
סוף סוף אני בבית. והדלקת מתחילה להשתפר, באמת. גם אַלְדוֹ נרגע. הוא אפילו התנצל ש"לא הגיב יותר טוב" כשלקח אותי לבית החולים. אמרתי לו שאני מבינה את זה, וזאת בדיוק הסיבה שלא רציתי להגיד לו כלום. אבל הוא המשיך כל הזמן לחזור על זה שהוא ממש לא התנהג כפי שהיה צריך. רק ביקשתי ממנו שעם פֶּפֶּה הוא יסדיר את העניינים. לדעתי, באופן יוצא דופן, הפעם הצדק עם פֶּפֶּה. הוא לא פושע אם במקרה בדיוק נקרע הגומי על הבולבול שלו! ולא נכון ש"רצחנו ילד", זה היה רק תלולית של תאים באורך שני סנטימטר. אבל בזה אי אפשר לשכנע את אַלְדוֹ. לא ידעתי שיש לו כזה יחס רגשני לרחם הנשי!

חבל שבגלל כל הסיפור הזה הייתי צריכה לבטל ארבעה ימי תרגומים. פֶּפֶּה היה מאד זקוק עכשיו לכסף כדי שיוכל להתחיל לעבוד על התמונה הגדולה שלו. בתקופה הקרובה אצטרך לבוא לדר' שטיינר פעם ביומיים לביקורת, וכדי שאַלְדוֹ יהיה רגוע. אגב, היה נורא טוב לראות את אַלְדוֹ בבית החולים, הוא מסתובב במרחב שלו שם באופן שונה לגמרי מאשר בזמנו, במרפאה. זה המקום שלו! אלוירה גם ביקרה אותי מספר פעמים, וגם היא נראתה לי הרבה יותר נמרצת ממה שהיא נראתה לי בעבר.

לאחר משא ומתן, קלרה הסכימה לבקשתו של אלדו, שלפני ספטמבר היא לא תחפש עבודה. כי בטוח שיחטפו אותה, אבל אז היא כבר לא תוכל לבקש פסק זמן. היא צריכה עכשיו לשבת בשקט

על ישבנה למשך מספר שבועות. עבודה - היא כבר תמצא! ובודאי עם 'שמה המקצועי' שכבר הולך לפניה!

בכל זאת בסוף אוגוסט היא קיבלה טלפון שלא יכלה לסרב לו. היא לקחה מונית, כדי שאַלְדוֹ 'לא ייתן לה על הראש' בגלל שהיא מתרוצצת בכל העיר, ונסעה לאוניברסיטה. ראש החוג לצרפתית קרא לה. זה חייב להיות משהו רציני. לָסְלוֹ בּוֹרְדָש היה אדם רציני. הוא כמובן לא יכול היה לשמור בסוד שהוא חבר מפלגה, אבל את הסטודנטים הוא תמיד היה מזהיר ממה הם אמורים להישמר, אילו הזמנות כדאי לדחות, על אלו נושאים לא להביע דעה, עם מי לא כדאי לשמור על קשר ועוד כהנה וכהנה. בפקולטה לשפות זרות היו אין ספור הזדמנויות שהיה כדאי להיזהר מהן. הוא חילק את הנחיותיו הסודיות ב-*'שפת קודים'* מקסימה, אותה כבר כולם דיברו היטב לקראת סוף שנה ב'. הם היו מעבירים, תוך צחקוקים, את המסרים של בּוֹרְדָש שעכשיו זה 'פחות אקטואלי', 'בעל חשיבות משנית', או ש-'לא בהכרח חשוב לנקוט עמדה אישית', כלומר - 'סתום!'. אף פעם לא נודע איך הוא ידע כל כך בדייקנות למי אפשר להגיד ולמי לא. נכון שגם הם, הסטודנטים, ידעו בדיוק היכן לקטוע את שרשרת המידע.

קלרה דפקה עכשיו על הדלת שעליה היה כתוב 'ראש החוג'. בתנופה של סגנונו המיושן, כג'נטלמן מן העבר, הוא התקדם לעברה והציע (בּוֹרְדָש תמיד רק 'מציע') שירדו לקפיטריה. בדיוק כמו כשאַלְדוֹ מזמין אותה לטייל... אבל אולי כי הוא רק רצה חלוק לה את הכבוד המגיע לה כבוגרת החוג, כאדם בוגר בכלל.

"אנחנו עלולים להפריע כאן לאלה שעובדים בחדר הסמוך... הקירות כאן דקיקים."

"בוודאי" השיבה קלרה כתלמידה מאולפת למשעי. אבל הייתה מאוכזבת.

קיפי הושיבה סביבה את כל המשפחה. מאז 'המחלה' אַלְדוֹ היה מגיע בחברתה של אֶרְזִ'י, כי גם היא דאגה לה. נכון שעל פי מבנה אישיותה של אֶרְזִ'י, דאגנות לא הייתה משימה קשה עבורה, אך

בפעם הראשונה היא הפגינה דאגה גם כלפי קיפי. גם אימא-פֶּפֶּה הופיעה כבר מספר פעמים עם העוגות שלה. וגם פֶּפֶּה בילה יותר זמן בבית. שלא לדבר על אוֹלְגִי. הם פינקו אותה מסביב לשעון וזה היה נעים. גם עכשיו כולם נראו סקרנים לסיפור שהיה בפיה של קיפי להשמיע להם.

"טוב. הוא הציע לי משרה. ללמד תרגום סימולטאני. 'כי מסנכרנת כזו פנטסטית כבר מזמן לא הייתה לנו.' אמרתי לו שגם הוא יודע טוב מאד, שאת הטכניקה שלי לא ניתן ללמד, כי זה לא בזכות משהו שאני עושה במודע. אני לא יודעת איך אני מצליחה להתנתק מהקול של עצמי ולשמוע רק את הדובר בשפה השנייה. הוא ניסה להנמיך את הרף של המשוכה הזאת כי הייתה לו משוכה יותר בעייתית משלו, זוהי משרה חדשה שרק חברי מפלגה יכולים לזכות בה! באופן מפתיע הוא הוסיף שהוא יודע 'שזה לא מסלול הנסיעה שלי', אבל שאשקול בכל זאת, כי בסופו של דבר, למרות הכל, אנחנו חיים כאן. כמובן שעניתי שאשקול. לכל הרוחות, כמה חבל! האם לדעתכם אפשר להמציא איזה חצי-פתרון בלי חברות במפלגה?'

הפנייה בלשון רבים הייתה רק מטעמי נימוס כי איש מלבד אַלְדוֹ לא נוקט עמדה בדברים מעין אלה.

"לצערי, לא זו הבעיה. אם תקבלי את ההצעה אהיה מאד מודאג..."

על פניו של פֶּפֶּה הופיעה ארשת של ריחוק ראשונה, אך מבטו נשאר תלוי על פניו של אַלְדוֹ. דבר שהתפרש אצל אַלְדוֹ כסוג של פתיחות. כנראה ששיחת הפיוס ביניהם בבית החולים הביאה למצב טוב יותר ביניהם, מכפי שהיה לפני המריבה.

"מה פֶּפֶּה?"

"תגיד אַלְדוֹ, קיים מצב כלשהו בעולם שבו לא תהיה מודאג בגלל קיפי?"

"ניצחת. אין!"

גם קלרה צחקה.

"נו תן לו, שיגיד כבר!"

מאד שימח אותה שהגברים שלה ביחסים טובים. וכמובן שלא הצטערה גם שאַלְדוֹ דואג לה.

"בקיצור, מי שמלמד באוניברסיטה תרגום סימולטאני יכולים לקבוע לו באילו דיונים פוליטיים הוא ייקח חלק. את בעצמך אמרת שתמיד לוקחים את המתורגמנים מהאוניברסיטה. ומתורגמן, בעל כורחו, הוא עד. ועדים מושתקים לא פעם באמצעים רדיקאליים."

"אַלְדוֹ, אתה תמיד רואה זוועות!" אמר פֶּפֶּה, עכשיו בחוסר סבלנות.

"הלוואי ואטעה!"

"בזה עדיין לא גרעת מאום מהנבואות השחורות שלך!"

"פֶּפֶּה, תניח לאַלְדוֹ! הכוונה שלו טובה!"

אוֹלְגִי ואֶרְזִ'י 'נמלטו' למטבח להביא קצת עוגות. אַלְדוֹ לעומתן, קיבל את ההערה הזו בסבלנות. לאחר הרהור הוא חיפש את מבטו של פֶּפֶּה.

"גם אני שנאתי כשאבא שלי היה אומר דברים כאלה."

"אז למה עכשיו אתה עושה את אותו הדבר?"

"כי מה הטעם שאני יודע שכשאדם צעיר הוא רוצה להאמין בכל ליבו, אבל בגילנו אנחנו כבר מכירים את גובה הנפילה שאפשר ליפול ממרומי האמונה..."

פֶּפֶּה לא אוהב להניח לדברי הבריות להיאמר ללא תשובה, ובכל זאת הפעם הוא בלע את התשובה שכבר ישבה על דל שפתיו, 'תאפשר גם לנו "ליפול" קצת!'. כי זה אידיוטי לצפות דבר כזה. הייתה דממה. אַלְדוֹ פירש אותה כאישור להמשיך לדבר.

"לא טוב כשבוחרים בך 'מלמעלה'. במחנה הריכוז העמידו אותנו פעם בשורה ושאלו האם יש בינינו רופאים. בימים האלה כבר חוויתי מספר מצבים כאלה. את אלה שהצביעו לא ראינו יותר לעולם. אי אפשר היה לדעת מי יגמור טוב ומי לא. בליבי קראתי לאבא שלי שייעץ לי אם להצביע או לא. והתשובה מבפנים הגיעה מיד, 'אל!' ככה נשארתי בשקט. הבחור, כבן שלושים שהצביע, ראינו את גופתו הירויה לפנות ערב ליד הגדר. אחר כך עוד שנים, כעסתי על אבא שלי שנתן לי את העצה הלא נכונה."

פֶּפֶּה לא סלד מהסיפור כפי שציפו ממנו כולם. הוא הנהן, לא התווכח. הוא קם, ולמבטים המתלוננים הוא השיב:

"אני רק הולך לעשות פיפי."

כשנותרו שניהם לבד, אַלְדוֹ הציע לקיפי לשאול את אימאל'ה ואבאל'ה שלה. ובאופן מפתיע קיפי שמעה במפורש ובצלילות: "אל!". אַלְדוֹ נשם נשימת הקלה עמוקה כקטר. קיפי חייכה:

"אבל מה כבר אפשר לומר אחרי סיפור כזה?"

---

20 בספטמבר, 1955

יש לי משרה! אַלְדוֹ השיג לי אותה! והיא מעולה! זה ב'שבועון לרופא' כמתורגמנית קבועה. המטלה החודשית קטנה (גם המשכורת), אני בקושי צריכה להיות במערכת, כך שזה מאפשר לי לקבל כל עבודה פרטית כאוות נפשי. בתרגום או כמתורגמנית. פנקס העבודה שלי יהיה אצלם, ועליי יהיה רק להשלים את התרגומים שהם מבקשים ממני! במשרה הזאת בטוח שאין פוליטיקה ואת השפה הרפואית אני יודעת בעל פה. גם פֶּפֶּה וגם אוֹלְגִי שמחים מאד.

בּוֹרְדָש לא כעס. הוא אמר שידע מראש ושהוא מצטער. כשעמדנו על סף המדרגה האחרונה הוא עוד אמר שהוא מעריך אותי בגלל זה. והלך מהר. ריחמתי עליו באותו רגע. כי הוא מכר את עצמו. בטח למען המשפחה שלו. כמו מישי פרויד. בשבילי יותר קל.

ומשהו אחר, להבדיל, בשבוע הבא תהיה החתונה של אָגִי! הם מתחתנים בבית הכנסת. מאז שהיא עם אַנְדְרִיש, היא לגמרי חזרה בתשובה! אנשים בני הדת שלנו מנסים לשכוח מאיפה הם באו, ואלה.. בדיוק להיפך! זאת דודה וולנשטיין החלה לדרדר את אָגִי במדרון, יהיה שמה מבורך אומר אַלְדוֹ (אומרים את זה רק על מתים?), ובזה הוא לגמרי צודק. השמועה אומרת שגם את אבא של אָגִי כבר החזירו בתשובה. הם עושים כל מיני הגזמות של אוֹרְתוֹדוֹקְסִים שגם אַלְדוֹ מחייך עליהן. התהליך מתקדם בקצב בלתי פוסק, כך שאמרתי לאָגִי שאם אַנְדְרִיש יגיע לחתונה עם פאות, אני ממירה את דתי. לא יודעת איזו אמונה לעזוב ולמה להצטרף, אבל אמצא כבר משהו עד אז.

בעיקרון קלרה העבירה את ימי שלישי במערכת, יום שהתחיל מתישהו אחרי עשר בבוקר והסתיים בזחילה האיטית החוצה בסביבות השעה שתיים בצוהריים. הדבר לא נבע מרוח ליברלית פרוצה של המערכת, אלא מקוטנו הלא-יאמן של המקום. חברי המערכת כבר התרגלו לעבוד בבית. גם קלרה. רק העורך הראשי ושני העבדים שלצידו, המזכירה והכתבנית, היו מקובעים במשרד. כל עורכי הטורים התחלקו בשני שולחנות הכתיבה היחידים, שמתוכם אחד היה בבעלותה של קלרה בימי שלישי.

העורך הראשי ניסה ככל יכולתו להפגין עליונות של 'ידען-כל' מול קלרה ומול כל אחד אחר. הגרמנית שלו דווקא הייתה ברמה די טובה, אבל באנגלית הוא היה הרבה יותר חלש. ותודה לאל, בצרפתית הוא לא ידע מילה. וכמו כולם, גם קלרה הבחינה כבר כשהזקן דיבר שטויות. אם כי בתקופה זו, היא ידעה כבר להיות סבלנית למדי ולהמתין שצדקתה בנושא כזה או אחר תצא לאור. אמצעי השכנוע היעיל ביותר במקום כזה היה, מן הסתם, המילון. אולי מתוך מטרה לייצב את רום מעמדו ההולך ומתדרדר, העורך קרא לקלרה באופן עקבי 'מֵיידָלֶ'ה'. (למרות שהוא עצמו ציפה מכולם שיפנו אליו בהתאם לתפקידו בעבר בבית החולים, 'מנהל המחלקה'.) לכל האחרים הוא פנה בשמם הפרטי, למרות שמלבד המזכירה והכתבנית, כולם היו רופאים. הלא שם פרטי נותנים לכול, לא רק לרופאים! ("אין לי שום בעיה עם זה שהוא מכנה אותי ככה, הסבירה קלרה לפֶּפֶּה, בסופו של דבר אני הרבה יותר 'מֵיידָלֶ'ה' ממה שהוא 'מנהל מחלקה'!")

חלפו כחודשיים עד ליום שבו קלרה הציעה, לגמרי מתוך שעמום, שהיא מוכנה ברצון לעבור על איזשהו מאמר, אם הדבר יוריד טיפה את הלחץ שלפני סגירת המערכת. שׁוֹמוֹג'וָורִי (זה היה שמו של העורך הראשי), שהיה מעביר בעצבנות מצד לצד את הרשימות שנערמו לפניו על שולחנו, הסתכל עליה בהפתעה מוחלטת. על פניו הופיע חיוך מתנשא משהו, ולאחר נבירה קצרה

בערמות המאמרים שלף עותק כלשהו והושיט אותו לקלרה. העותק היה באיכות כל כך ירודה שכמעט לא היה ניתן לקרוא אותו.

עכשיו ניתנה לקלרה ההזדמנות להתגאות ביכולת האינטלקטואלית המולדת שלה. היא, שגדלה על יצירותיהם של טובי הסופרים ההונגריים, ידעה יותר מאשר רק להשוות בין פעלים, נושא ונשוא. בהתחלה רשמה בעפרון את הערותיה בהססנות בשולי הדף, אבל אחר כך זה נמאס לה. מאחר ולא היה משפט אחד נכון היא שינתה גישה. בהיתקלה בשגיאה המקצועית השנייה, היא קפצה ממקומה, התיישבה ליד מכונת הכתיבה הרעועה יותר מבין השתיים שעמדו ללא שימוש במשרד. טוב, מדובר רק בשישה עמודים. ובהחלפת הסרט במכונה. חבל שמחברת הקצרנות לא אצלה, שכתוב מחדש מהמקור היה מהיר יותר מתיקון כל משפט מחדש.

כשכעבור שעה שׁוֹמוֹגְ'וָורִי טס החוצה מהמשרד, היא כבר הייתה בעמוד השלישי.

"מה את עושה, מיידל'ה'? עבר לך החשק מההגהה של כתב היד שנתתי לך?"

"לא! פשוט אי אפשר להשתמש בו במצב הזה! אני אסיים אותו בסביבות שלוש."

"הבה נשמע! מה הבעיה איתו?"

"זה שהונגרית הוא לא יודע, ניחא. אבל שלדעתו 'הִיפֶּרֶמִיה' היא 'אנמיה חמורה' כי כנראה הוא שמע רק על אנמיה... וגם לקרוא הוא לא יודע... ו-'מלאנומה' הופכת אצלו ל-'מלאנקומה'... גידול מדוכא..." ובשלב הזה קלרה כבר צחקקה.

חיוך מאשר חלף לשבריר שנייה על פניו של שׁוֹמוֹגְ'וָורִי, אבל הוא מייד ניסה לתקן את הרושם כאילו שהוא מכיר ביכולותיה של קלרה:

"מאיפה את יודעת מה היה בטקסט המקורי?"

לקלרה היה ברור שמכאן והלאה הוא בכיס שלה ולא להיפך:

"כי למרות הכול, המחבר המכובד לא שכח לציין את המקור של הרשימה שלו. וגיליונות ה-*Rundschau* הלא נמצאים כאן על המדף." אמרה וסגרה את הגיליון הגרמני שלפיו עבדה כדי להראות לשומוֹגָ'וורִי את השער שלו.

העורך הרים זוג גבות בפליאה, אחר כך עיין בטקסט שבהכנה.

"ברכותיי!"

וזה נשמע אמין לגמרי. הוא אכן התכוון. גם אם כאדם פרטי שומוֹגָ'וורִי הפיק הנאה רבה מהשפלתם של חבריו לעבודה, כעורך ראשי הוא היה חייב להיות מודע ליתרונות שבמקצוענות.

"יחסית לעבודה שאת רק מתחילה..."

"אני מתרגמת כבר שבע שנים מאמרים רפואיים לאבא שלי."

הוא עלעל בזיכרונו:

"אה כן, ג'וּרִי סֶפֶּש אמר בזמנו, כשהמליץ עלייך, שאת הבת של דר' קֶרְנֶר. זה נכון?"

"כן."

"ו'ווינר' - זה שם משפחתך מנישואייך?"

'בשבילך, כן', חשבה קלרה.

"אהממ... אדוני העורך, האם אנחנו חייבים לעבוד עם המתרגם הזה? לי יש די זמן כדי לקחת על עצמי עוד כמה תרגומים... יהיה יותר קל לתרגם מאשר לערוך את העבודה שלו..."

גלגלי התובנה של שומוֹגָ'וורִי התחילו לפעול. זה בא לידי ביטוי ברור גם באמצעות גירוד ראש נלהב.

"בין 10-12 תרגומים לשבוע אף אחד לא מסוגל לעשות... אבל אם יסתבר שהתיקונים שלך ברמה מספקת, אז תוכלי אולי לעזור בעריכה. אני אעבור על העבודה שלך ונראה."

לקראת ינואר קלרה תרגמה כבר רק לעיתים רחוקות, בעיקר במצבי פתע. עבודת העריכה תבעה אמנם יותר זמן, אבל הגאווה על הקידום המהיר איזן את העומס החדש בעבודתה. אַלְדוֹ

התחיל להסתובב בגוו מתוח, כאילו שמינו את בתו לזכייה בפרס נובל. אוֹלְגִי לא הייתה מעורה בפרטים שכאלה, אך חיוך חולמני שטף את פניה כל פעם כשעלה נושא העבודה של בובה-קלרה.

לפיכך, שוֹמוֹג'וָֹרִי היה כבר עמוק מספיק 'בכיס' של קלרה וכעבר זמן לא רב הוא אזר אומץ והחל לכנות אותה כ-'קְלָרִיקָה'. קלרה לא התלהבה מגרסה זו של שמה, אבל בכל מקרה זה היה עדיף על 'מיידל'ה'. גם עורכי המדורים הבחינו די מהר בעלייה ברמת התרגומים, ובהיעלמותה של השפה המעורפלת במאמרים של השבועון.

לקלרה הייתה יותר ויותר תעסוקה גם עם עורכי המדורים. היא מזמן כבר לא ישבה בדד ליד שולחן הכתיבה, אלא דנה, כשכתב יד בידה, עם עורך זה או אחר במטלות ובמשימות שיש לבצע. היא נהנתה מהפעלתנות וגם מתחושת החשיבות העצמית. כשלא הועסקה כמתורגמנית, הייתה מגיע שלוש או ארבע פעמים אפילו בשבוע למערכת כדי להדפיס את המאמרים שערכה.

היא כמובן לא סיפרה להם שעל אותם תיקונים, הקשורים בתוכן מקצועי ולא בעריכה הלשונית, היא משוחחת גם עם אַלְדוֹ בבית. ככה שלא רק אַלְדוֹ, אלא גם חברי המערכת היו מוקסמים. מי צריך יותר מזה?

> 10 בפברואר, 1956
> היום שמעתי דבר נוראי במערכת. אסתפק בהקדמה שדר' סֶמֶרֶה התווכח עם מישהו על איזשהו נושא פוליטי, בלי שום אמצעי זהירות, כדרכו. עד עכשיו חשבתי שרק פּרוֹבוֹקָטוֹרִים יכולים להתנהג בצורה כזו, כך שאני אף פעם לא פציתי פה כשהוא התלהט מול מישהו. עכשיו נדמה לי שהוא פשוט עוד לא מבין איפה הוא חי.
>
> כי רופא העיניים הזה, שהפעם דווקא בפניו הטיח את ביקורתו הנוקבת על השיטה במקומותינו, העיר לו, כביכול בבדיחות הדעת, שהוא יכול להתנסח בזהירות רבה יותר. ועל זה סמרה ענה לו שמצידו, הוא יכול ללקק לו את התחת. אַלְדוֹ

טען אחר כך שלא בדיוק זהו הסוד לחיים ארוכים (וחופשיים).

טוב. אז לפתע עוד מוסיף סמרה: "את מספר הקורבנות של השיטה צריך למנות לא רק לפי מספר עמודי התלייה, או לפי הקורבנות במחנות העבודה ובאזורים שקלטו את המגורשים, אלא גם ברשימות המתאבדים בכל השנים האלה. כמו למשל קולגה שלו, שהיה רופא ילדים שקראו לו זיילמן, שהיה בין האנשים התמים ביותר עלי אדמות."

רציתי לטלפן לאַלְדוֹ אחרי זה, אבל מיד נזכרתי שזה לא נושא לטלפון. אחר כך חשבתי שעדיף שלא אגיד לו כלום - עדיף שיישאר בסיפור שלו על אמריקה. אחרי עוד כחצי שעה עלה בדעתי שאולי גם הוא יודע את האמת, רק שלי הוא לא רצה לספר אותה. הלא מאיפה הייתה יכולה להתגלות בפני האמת? רק אם אעלה את הנושא. בכל מקרה אם הדוד פִּישְׁטַא סיפר לו על אמריקה, אז מוטב לו להמשיך להאמין שהוא באמריקה. אם, לעומת זאת, הוא יודע את האמת, אז הוא בטח הניח שלי עדיף יותר לדמיין אותם חיים באמריקה. אצל מי מאיתנו טמון הסוד ואצל מי מאיתנו הסיפור המיטיב? החלטתי לא להגיד כלום כי אם אגיד, אז או שארסק את הסיפור של הדוד פִּישְׁטַא לאַלְדוֹ או שאת הסיפור שאַלְדוֹ רקם למעני. כמה טוב שהבן אדם כותב יומן, והנייר עוזר לו להעריך סיכויים וסיכונים!

דוד פִּישְׁטַא ודודה מרגיט המסכנים, שאלוהים יברך אתכם! עכשיו אני כבר מבינה למה נתתם לי במתנה את משחק הטריוויה. תודה שהייתם כל כך מקסימים אליי! אם תפגשו עם אימאל'ה ואבאל'ה, בטח גם יוּטִיקַה תאהב לשחק איתכם! כמה טוב לכם שנשארתם ביחד! אני עדיין יש לי עוד כמה דברים לעשות כאן, אני צריכה להשגיח על אַלְדוֹ ועל אוֹלְגִ'י, כי גם הם שמרו עלי כשהייתי צריכה את זה. וכמובן גם פֶּפֶּה סומך עלי. חבל שאתה לא תהיה הרופא שלנו כשיהיו לנו ילדים!

אוֹלְגִי הופתעה מהטלפון של אַלְדוֹ: הוא, יחד עם אֶרְזִ'י, מבקשים להזמין אותה לארוחת צוהריים בשבת. 'במילא אף פעם עוד לא היית אצלנו, רק את... והילדים עסוקים השבת', אמר לה. הוא גם יבוא לאסוף אותה. נכון שהיא מקבלת את ההזמנה? אוֹלְגִי הרגישה שהיא לא צריכה מתנה יפה יותר ליום הולדתה. להיות בחברתו של אַלְדוֹקָה זו תמיד מתנה. ואֶרְזִ'י היא אישה נחמדה מאד. מוזר שהילדים לא חשבו הפעם על היום הולדת שלה, הלא גם בשנה שעברה הם חגגו לה כל כך יפה ועכשיו זה בדיוק שבעים. הם כנראה מאד עסוקים עכשיו... אין דבר, העיקר שלהם יהיה טוב בחיים... בגיל שלה כבר באמת לא משנה מתי הבן אדם נולד ובכל מקרה זה היה כבר לפני כל כך הרבה זמן!

כשאַלְדוֹ צלצל בדלת ברבע לשתיים-עשרה קיפי הייתה עסוקה להאיץ באוֹלְגִי ולהשגיח שהיא לבושה בהידור הדרוש למאורע. היא אפילו הושיבה אותה לפני המראה וצרבה תלתלים בשיערה! אוֹלְגִי לא ממש הבינה בשביל מה היא מאד מכבדת את אַלְדוֹ ואֶרְזִ'י, והיא במילא אף פעם לא מסתובבת לא מסורקת ומוזנחת. טוב נו, לא משנה... איזו סיכה היא צריכה לענוד ואיזה שאל הכי מתאים לחליפה הזאת? אחר כך כשהופעתה הייתה כבר מקופדת למשעי, היא עוד הסבירה לילדים במטבח איך להכין לעצמם ארוחת צוהריים מהשאריות שהיו במקרר. שלא יצאו בלי לאכול!

"אַלְדוֹ, תשמרו מה אתם נותנים לאוֹלְגִי לאכול, בגיל שלה היא כבר מקבלת קלקול קיבה בקלות!..."

"בובה, אני לא ילדה קטנה! אני לא אוכלת אף פעם עד שאני מתפוצצת! תראו אותה... היא חושבת שהיא..."

"די, תפסיקו לריב! אפשר לצאת אוֹלְגִיצה? את יפהפייה!"

כשאַלְדוֹ ואוֹלְגִי היו סופסוף בחוץ, קיפי ופֶּפֶּה עוד עקבו אחריהם מהדלת. אוֹלְגִי מארגנת את הרגל הטובה יותר לקראת הירידה במדרגות ('לא לקרוא למעלית?' 'לא, אבאל'ה'... אני עדיין חייבת למשוך בכוחות עצמי...'). אחר כך הם סגרו את הדלת ופרצו בצחוק:

"קדימה!"

הם התחילו קודם כל עם הרהיטים. קיפי תכננה במדויק איזה רהיט ימוקם ליד איזה קיר. כדי שיהיה די מקום לשולחן הגדול ולכל הכיסאות שישאילו בהמשך ממשפחת פַּטַאִי, השכנים. הכורסאות היו די כבדות, ציין לעצמו פֶּפֶּה. לצורך ניקיון קיפי ואוֹלְגִי היו מזיזות אותן ביחד.

"למה לכל הרוחות אנדריש לא פה עדיין? זה לא עבודה לבנות! אב'שלך יבוא בטענות רק אלי אם תאמצי שוב את הבטן שלך!" ומאחר ובדיוק סידר את השטיח לא היה לו קשה להגניב נשיקה קטנה על בטנה של קיפי.

"באמת פֶּפֶּה אתה יכול כבר לראות שהוא דואג גם לך!"

"לבטן שלי??"

"עוד לא... אבל גם זה יבוא... אגב, את אַנְדְרִיש הזמנו רק לאחד וחצי."

"...לעזאז..."

אפשר להתחיל לקשט גם ללא אַנְדְרִיש. לתלות את התמונות על הקירות והדלתות, שחבר צלם של פֶּפֶּה הגדיל לגודל 1:2. מדלת הכניסה ועד לחדרה של אוֹלְגִי על כל השטח הפנוי של הקיר.

"תני לי קודם את *קָאבּוֹשׁ*... הוא יגרום לה לחייך מיד... עכשיו צריכים לשים כאן תמונה של איזו שחקנית... את *קָרָאדִי* המרשימה... בסדר... אחר כך אפשר גם את *גוֹמְבָּסוֹגִ'י*! גם אותה היא נורא אהבה..."

"לא, עכשיו כדאי לתלות שוב צילום של גבר... פַּאל יָאבּוֹר היפה, היא הייתה מאוהבת בו!"

"מה עם *נִיז'ִינְסְקִי*, את לא רוצה אותו כאן?"

"אותו נתלה במקום מרכזי בחדר שלה."

היו שם לפחות שני תריסרי תמונות, כולן בגובה העיניים של אוֹלְגִי. חלקן מצאו לבסוף את דרכן למטבח.

בהתחלה קיפי לא ידעה שאוֹלְגִי בצעירותה הייתה משוגעת על תיאטרון. ושכילדה היא למדה בלט. אולי מאז נשארה לה

חיבתה לעולם התיאטרון. לשידורי התיאטרון ברדיו היא האזינה תמיד בהתלהבות רבה. במשך הזמן קיפי הפכה לשותפה נלהבת לבילוי, אבל היא לא התעמקה בזה אף פעם באמת. אחר כך, כשפֶּפֶּה התחיל להופיע בביתם יותר ויותר, ואוֹלְגִי התחילה לראות בו כבר בן משפחה, היא התחילה לספר לו טיפין-טיפין על התיאטרון "שלה". התעניינותו של פֶּפֶּה עודדה אותה, אומן הגיע לבית! שבודאי מבין את הכמיהה הזו שלה...

אוֹלְגִי סיפרה יותר ויותר, עכשיו כבר לשניהם, על שחקניה המועדפים, על הרכילויות עליהם ועל מופעים אגדיים, שבעלה היה מפתיע אותה בכרטיס לרגל אירועים מיוחדים. קיפי גילתה גם לאחרונה, בחנות לספרים משומשים, אסופה של הירחון הידוע על עולם התיאטרון *'סִינְהַאזִי אֵלֶט'* מ-1937. זה מה שהביא לה את הרעיון לערוך את יומולדת ה-70 של אוֹלְגִי סביב הנושא הזה. היא רשמה בתשומת לב רבה את השמות שאוֹלְגִי הזכירה (שאת חלקם היה נדמה לה ששמעה פעם, בזמנים רחוקים). פֶּפֶּה השיג מאיזה ארכיון צילומים שחסרו באסופה כדי שבתערוכה החגיגית בבית כל ה'מועדפים' יהיו מיוצגים. מלבד האסופה הזו עצמה הכינו עוד מתנה עבורה, מנוי לארבע הצגות תיאטרון. עד לשם היא עוד יכולה לגרור את רגליה. הם קנו שני מנויים, והחליטו שאוֹלְגִי תבחר עם מי היא רוצה ללכת לכל הצגה. היא אפילו לא ידעה ששמו הישן של *'התיאטרון הבידורי'* הוסב בשנים האחרונות ל-*'תיאטרון צבא העם'*. יתכן שאפילו לא תשים לב לשילוט...

גם את הפרחי הנייר הענקיים, מעשה ידיו של פֶּפֶּה, ("פֶּפֶּה, שלא יהיה מודרני מדי, היא לא אוהבת את זה!") אפשר היה לתלות לפני הגעתו של אַנְדְרִיש. מרוב פרחים חזיתות הארונות כמעט לא נראו כבר. מהאהיל, החלונות והדלתות, השתפלו כבר נחשי נייר צבעוניים ונתלו גם עשרה בלונים, אותם השיגו אך בקושי. על זה הם התווכחו במשך ימים, כי לדעתו של פֶּפֶּה זה היה קיצ'י, ילדותי, ומחבל קשות בקונספציה האומנותית. לקיפי היו הוכחות לכך שהם יעוררו אצל אוֹלְגִי זיכרונות מתוקים. ובסופו של דבר, המטרה היא לשמח אותה ולא את עצמם.

כשאַנְדְרִיש וחמו, הדוד פלדמן, הגיעו (למרבה המזל שניהם ללא פאות) להעברת הוויטרינה, הדירה נראתה כבר כמו אולם ריקודים רגע לפני פתיחה. מלבד מקומות הישיבה, כל הרהיטים של הבית נעלמו ממקומם המקורי.

"דוֹד פלדמן, למה אָגִי לא באה איתכם? היא תגיע לבד?"

"היא לא באה לבדה מתוקה. כל הבנות מ"*הבית*" מתאספות עכשיו אצלנו והן מגיעות יחד. שכנענו אותה שכאן היא רק תפריע עם הבטן הגדולה שלה ושעדיף שתנוח עוד קצת בבית."

אימא-פֶּפֶּה צלצלה והגיעה עם שני סלים מלאים ועוד מצרכים נוספים בידיה. היא קודם כל הכניסה את הרגל-הקרושה ואת העוגה (שהכינו אמש בבית שלה היא וקיפי) למקרר. היא לקחה על עצמה את תפקיד השף הראשי של האירוע. היא פינתה את כל מדפי המקרר עבור הדברים הנוספים שעמדו עוד להגיע, קיפלה מפיות נייר, הוציאה את הכוסות, מיינה את הסכו"ם. הגברים הלכו לשכנים להביא שולחנות ועוד כיסאות, וקיפי עברה במהירות עם המגהץ על הקיפולים של המפה הגדולה והחגיגית. היה צריך להתאים מפה גם לשולחן המתנות. וכשהתברר שלא יהיה מקום לעשרים איש בחדרה של אוֹלְגִי, הם עברו לתוכנית החירום, התאמתו של חדר הילדים לחגיגה. הדוד פלדמן קיבל יד חופשית בארגון הפרחים הנוספים ואחר כך נתלו הלוחות 'עד 120', 'אוֹלְגִיצה' ו-'היקרה'. אימא-פֶּפֶּה האכילה בינתיים את הצוות, הלא היו עוד כארבע שעות עד פתיחת החגיגה!

גְרֵטְל הגיעה לפני הזמן, אולי צריכים עוד קצת עזרה. צריך. היא הפגינה הבנה וניסיון מערביים בהכנת הסָנְגְרִיָה. היה זה גם הרעיון שלה לערוך את הכיבוד כמזנון, דבר ששימח את כולם. קלרה לא הייתה מעיזה להציע את זה, אבל פִּירוֹשְקַה, גיסתה המעשית של אוֹלְגִי, התעקשה שיגידו לה מה להביא, כי 'שתינו נהיה מאד נבוכות אם אגיע עם מגש הפְלוֹדְנִי[36] השמיני'. את

[36] עוגה הונגרית מפורסמת, עשירה מאוד, עם שכבות של אגוזי מלך, תפוחים ופרג, בין שכבות בצק עם ריבת משמש למעלה

הנימוק הזה היה קל לקבל. ככה כל מוזמן קיבל מבעוד מועד את הנחיות בתחום שבמסגרתו כבר הייתה לו יד חופשית ליצור דבר-מה מעניין כמיטב כישוריו.

הגברים היו עסוקים בארגון השולחנות והכיסאות והנשים עסקו בעריכה. קיפי הכינה את המקלחת לקליטת הקהל הרב, פֶּפֶּה ארגן על השולחן באומנותיות את המתנות שהגיעו כבר. אַנְדְרִיש קפץ לחנות הפרחים להביא את הזר שהוזמן אתמול, והעלים דקורטיביים על מנת לפזר על השולחן.

בשתיים וחצי הגיעה אֶמִי, את עוגת השכבות שלה אפשר להרכיב רק במקום. היא גם הביאה תקליט שקיבלה בהשאלה מחברה לצורך האירוע, של צמד הבדרנים מהזמנים ההם, *'הֶאצֶ'ק אֶש שֵׁייוֹ'*. (לאוֹלְגִי לא היה מושג על פשר הדחיפות לתקן את הגרמופון הישן, אבל אחר כך הניחה בגאווה את עשרת מחטי המלאי במקומם והאזינה לתקליטי *טוֹלְנַאִי* הישנים שלה.)

הגיעה גם פִּירוֹשְׁקָה עם בעלה ושלושה מגשי הקציצות 'הם צריכים עוד עשרים דקות בתנור מחומם מראש'. משפחת פַּטַקִי מהקומה הראשונה גם לא מצאו סיבה להישאר בבית לאחר שכל השולחנות והכיסאות שלהם כבר עלו למעלה, כך שהגיעו גם כן, יחד עם היין שאוכסן אצלם וכן גזוז פטל תוצרת בית. קיפי ופֶּפֶּה בדיוק לבשו את בגדי האירוח שלהם כשאָגִי פלדמן עם הבטן הענקית, שש החברות מבית היתומים ועם כמות אוכל שתספיק לגדוד, הגיעו גם כן. את החלק הזה אָגִי ארגנה, היא הזמינה את הבנות שבזמננו אהבו הכי את אוֹלְגִיצָה ושהמשיכו לבקר אותה עד היום. כל אלה?! ("כמה זמן כבר לא הייתי אצלכם בשבת! פעם אתם הייתם בשבילי ה'שבת'." בתקופת מאסרו של אדון פלדמן אַלְדוֹ היה מגיע עם 'שתי בנותיי' מבית הספר אל ביתה של אוֹלְגִי, ואָגִי הייתה נשארת איתם עד יום ראשון בבוקר. במשך השבוע היא העדיפה להיות בבית היתומים. היא רכשה שם הרבה חברות, ובפעם הראשונה בחייה היא הייתה זו שהעניקה כוח לאחרים.)

כולם הקפידו על שעת ההגעה בשעה שלוש. זה היה חיוני כדי לסדר את המאכלים ואת המתנות לפני שבעלת השמחה תגיע. היא הוזמנה מאַלְדוֹ לשעה שלוש וחצי. הדוד פלדמן ארב לבואה מהמרפסת, כדי שאפשר יהיה להדליק את הנרות ("שבע?" שאלה אָגִי מתפלאת, את פֶּפֶּה. "לא. שבעים. רק שלא רואים את נר האפס."). המעלית התחילה לטפס. אחר כך השמיעה חריקה בעצירה. ועוד אחת בפתיחת הדלת. צ'אט, היא נסגרה. וכבר הסתובב המפתח במנעול. הטורט החגיגי עמד על שולחן קטן מול דלת הכניסה.

עשרים איש עצרו את נשימתם מאחורי הדלתות הסגורות בשני החדרים. הם לא שומעים כלום... מה קורה? ואז שומעים את אַלְדוֹ: "יש פה איזה שינוי מוזר..." שוב דממה. אֶרְזִ'י:

"אוֹלְגִיצָה, זה לא היומולדת שלך היום במקרה? כי זה ממש נראה כמו..." ועכשיו, לפי סימן של קיפי, המקהלה פוצחת ב"מזל טוב אוֹלְגִיקָה, עד מאה ועשרים!" וכולם פרצו החוצה להול.

אוֹלְגִי כבר זמן מה התעסקה עם הדמעות שלה, ועכשיו אחזה בזרועו של אַלְדוֹ. כשהקהל הגדול התנפל עליה היא אחזה גם בזרועה של אֶרְזִ'י. ליתר בטחון אַלְדוֹ הניח את ידו הפנויה מאחורי גבה של אוֹלְגִי.

"אוֹלְגִיצה! תסתכלי סביב!"

אוֹלְגִי מהנהנת ובוכה.

"נו בואי, אנחנו נוביל אותך סביב בתערוכה."

אוֹלְגִי מחייכת ובוכה.

"תנו לה לעבור! אוֹלְגִי, במי את בוחרת כמדריך תיירים?"

אוֹלְגִי בוכה.

"את לא שמחה?"

אוֹלְגִי מהנהנת. קיפי עוזרת לה בקולה:

"ככה היא שמחה..."

מכשיר הרדיו היה פתוח כל הזמן. רדיו הונגריה החופשית. קולו של *אִימְרֶא נַאג'*[37]. אבל מה יהיה? הרוסים באמת יוצאים מהמדינה? ומי ייכנס? האם יש אמת בשמועה על הרציחות לפני בניין הפרלמנט? לפי השמועה יש טנקים בכל מקום, אבל הם לא יורים... לפי משפחת פַּטַקִי כבר שומעים ברחוב 'יהודים מסריחים!...'. לא מוגזם קצת, הסתה גם נגד רוסים וגם נגד יהודים בשם 'החופש'? למה אנחנו תמיד במקום לא-נכון? מהרהרת קלרה.

בימים הראשונים של הכאוס פֶּפֶּה בא והלך, הביא חדשות. איוואן ועוד שני חברים היו באים לקחת אותו, ולמרות התנגדותה של קלרה, הם הלכו להסתובב בעיר לראות מה קורה. הם הזמינו גם את קיפי, אבל היא חששה מהמאורעות האלה, עכשיו עוד יותר מהגרסאות שלהן שהיו בעבר. החל מהיום השלישי פֶּפֶּה היה כל הזמן על הטלפון. הוא דיבר עם כל מי שהזדמן וללא שום בקרה. מפעם לפעם היה מסכם את החדשות, כן יש המון מתים לפני הפרלמנט. איוואן היה שם עם ז'וּז'י שהתחילה שוב לגמגם מאז. אבל שניהם בחיים. לקראת ערב פֶּפֶּה סיכם כך:

"הכול יישאר כפי שהיה. ה-AVO והרוסים. אולי כרגע עוד אפשר קצת להוציא להם את המיץ, אבל אחר כך הם יוציאו את המיץ למי שפותח עכשיו ג'ורה. פשוט מאד, יתרון הכוח. הם רבים מאיתנו. אגן הקרפאטים מעולם לא היה, ולעולם לא יהיה, עמק החופש. צריך לזוז מכאן."

אפילו לא ניסו להנמיך את קולם, למרות שהיה כבר אחרי חצות. הם רבו כבר שעות. קלרה בכתה וקולו של פֶּפֶּה גם נשמע בחדרה של אוֹלְגִי, שכמובן בכתה גם בשמעה את מה ששמעה.

"עכשיו, זאת ההזדמנות! עכשיו צריך לצאת! אחר כך יסגרו את הגבול!"

---

[37] IMRE NAGY (1898-1958): מנהיג המהפכה הקומוניסטית, ראש הממשלה בתקופת המרד. נעצר בנובמבר 1956 והוצא להורג כעבור שנתיים. שמו טוהר ב-1989 ונקבר שנית ברוב כבוד.

"לא אשאיר אותם לבד! תבין כבר! גם הם לא עזבו אותי לנפשי! הם סבלו אותי כשהייתי בלתי נסבלת... כשרק פגעתי בהם... למרות שאני שום דבר בשבילם ואתה יודע את זה, אני בקושי קרובת משפחה של אוֹלְגִי! למרות זאת מטרת חייהם נהייתה שאני אשמח בחיי! הם העמיסו עלי שמחה איפה שרק יכלו... בכל כוחם... גם עכשיו!"

קולו של פֶּפֶּה נחלש.

"אימא שלי הייתה בטוח משחררת אותי אם הייתה יודעת שאני רוצה ללכת!"

"יתכן. אבל בשבילי זאת לא סיבה מספקת שאשאיר אותם כאן לבד. הבן אדם לא נמצא במקרה במקום שבו הוא נמצא."

"זה ציווי עליון?"

"לא... שלי פרטי. אני לא אשאיר אותם כאן!"

"כלומר, תישארי רכושם לכל החיים."

"אתה יכול לנסח את זה ככה. זה נשמע טוב! אבל אם אתה רוצה להרגיש שייך למישהו... נגיד אלי, אז לא רק אני חייבת לך משהו, אלא גם אתה חייב לי!"

פֶּפֶּה שותק.

"... חוץ מזה, לא מדובר רק באַלְדוֹ ובאוֹלְגִי... אַלְדוֹ אמר פעם שאני לא הלכתי עם ג'וּרִי לפלשתינה כי לא רציתי להפקיר את המשמרת שלי כאן. אני לא יודעת איך הוא הצליח לנסח את זה בצורה כל כך מדויקת וקולעת, אבל ככה זה היה בדיוק! וגם היום זה ככה."

"כי אַלְדוֹ הוא גאון, את זה אנחנו יודעים!... טוב, לא אפגע בו יותר... קיפיל'ה, די, תפסיקי לבכות..."

אוֹלְגִי חשבה שאם קלרה הייתה יכולה להיות מאושרת יותר במקום אחר, ואם קלרה אכן הייתה רוצה ללכת, אז היא הייתה משחררת אותה. ובטוח שגם אַלְדוֹ. כמובן שבכך ייפסק טעם חייהם. בפעם האחרונה. כי כבר אין להם הרבה זמן. צריך לשאול את קלרה. צריך להציע לה. את חייה.

"אבל המשמרת... כבר שונה ממה שאַלְדוֹ חשב פעם. אני כבר מזמן לא מצפה שהם ישובו... רק על המקום שלהם... אני רוצה לשמור. אותם, את כולם, השמידו או גירשו מכאן..."

"... גם את אבא שלי... עם כל המשפחה שלו..."

"אותי לא! לעולם! אני אשאר כאן לנצח... כדי שיישארו עקבות שאנחנו היינו כאן, שגם הם היו כאן, אבאל'ה, אוֹמָא ואוֹפָּא, וכל האחרים שהיו שלי, בני הדודים שלי... במשפחה שלנו היינו שישים איש בחגים! במשפחה של אַלְדוֹ היו עשרים ללא האורחים... אני אמשיך לחיות כאן גם כאשר אהיה כבר מצבת זיכרון!"

"הממדים שלך לא ממש מתאימים למצבת זיכרון." הייתה תגובתו היחידה של פֶּפֶּה.

למחרת בבוקר קיפי בחנה בחשש את פניו של פֶּפֶּה, שלא היה בהם אף אחד מסימני ההיכר הרגילים: א. צחוקים; ב. קיטורים. היא ניסתה לקרוא את מחשבותיו. האם הוא מוכן לעזוב?! אם כן, אז היה כדאי לגמור עם זה ובמהירות האפשרית. גם ג'וּרִי עזב. גם אז זה היה קשה. אבל כבר התגברה. גם על זה היא תתגבר...

לאחר מספר שיחות טלפון קצרות, פֶּפֶּה הודיע שהוא הולך לאימא שלו, כי לפי השמועה קרבות מתנהלים כבר ביותר ויותר מקומות בעיר. כדי שלא תהיה לבד. קיפי נבהלה. אולי מדובר עכשיו במשהו אחר... אחר כך היא כעסה על עצמה. פֶּפֶּה לא פחדן, הוא לא יברח. אם היה רוצה ללכת, היה אומר לה שלום. כמו שג'וּרִי עשה. ואימאל'ה. ואבאל'ה. לאחר המשפט הבא של פֶּפֶּה היא נשמה בהקלה, וכבר התביישה שדבר כזה בכלל עלה בדעתה. פֶּפֶּה ביקש ממנה לברר עם אוֹלְגִי מה דעתה על העניין הזה. והאם אימא שלו תוכל אולי לישון איתה במיטה הכפולה שלה.

פֶּפֶּה יצא לדרך. קיפי חשבה יותר ויותר על ג'וּרִי. האם הוא יודע שם על המצב בבית? האם זה מעניין אותו בכלל? מה ידוע בצרפת על המצב כאן? עם מי ג'וּרִי יכול לשוחח על זה? אמנם יש בין ידידיו שני הונגרים, אבל אלה לא נמצאים במוֹנְפֶּלְיֵיה. הוא כתב

שהוא מדבר מדי פעם עם שרלוט בטלפון ושהוא אפילו ביקר אותה. קלרה התחילה לחפש תחנה צרפתית ברדיו, במקום התחנה הראשית ההונגרית. היא מצאה. אבל לא דיברו על הונגריה. כמה שהייתה רוצה לדבר בטלפון עם ג'וּרִי... וּפֶּפֶּה יצא כבר לפני יותר משעה...

27 באוקטובר, 1956
אימא-פֶּפֶּה גרה קרוב. אם פֶּפֶּה יעלם... אבל לא היה שום דבר בלכתו שהרגיש לה פרידה. 'האם להביא גם שמיכה?', הוא שאל. לא, פֶּפֶּה הוא לא כזה. הוא לא 'מסדר' אנשים. בטח לא בדברים כאלה. אולי בדברים פעוטים, אבל רק בשביל הנוחות. איך זה יהיה שוב ביחד עם אוֹלְגִי, רק הן שתיהן? גם אַלְדוֹ כבר לא כל כך הרבה איתי... כמו פעם, בעבר. והוא גם לא יהיה יותר. יש לו את אֶרְזִ'י איתו. אַלְדוֹ לא ינטוש איש, לעולם. וּפֶּפֶּה? האם אני בכלל מכירה את פֶּפֶּה? האם הוא מתעניין בכלל במשהו חוץ מאשר בשעשועים? יכול להיות שאותי תמיד כולם נוטשים?!

רשרוש מפתח במנעול. הינה הם! סופסוף! קלרה נופלת על צווארו של פֶּפֶּה. אוֹלְגִי מקרקרת סביב אימא של פֶּפֶּה.

"מה קורה קיפוד? לא חזרתי מהקוטב הצפוני!" אומר פֶּפֶּה.

"דווקא כן."

"טוב, אם ככה את רוצה. האמת שאכן קר..."

אוֹלְגִי עוזרת להכניס את הסלים למטבח. אותם שניים שבפעם הקודמת היו מלאים לכבוד היומולדת שלה. אז כוסות הקריסטל היו הכי למעלה, עכשיו שימורי חלב מרוכז, מתחתיהם שמן, סוכר, אורז, קמח ועוד כמה צנצנות ריבה. בסל השני הייתה גם קופסת פליז עגולה עם הכיתוב *'ניאוקרבולקס'*. אבל בתוכה לא היו גלולות פחם, אלא שני צמידים, שרשרת דקיקה, כמה תכשיטים

מפוקפקים נוספים ושעון היד תוצרת *שָׁפְהָאוּזֶן* של אביו של פֶּפֶּה שמעולם לא היה במצב תקין.

הטלפון צלצל. קיפי האזינה בפנים קודרות ואחר כך דיווחה לכולם.

"הוא הולך לבית החולים. רעיון נוראי, כי על פי הדיווחים יש כבר יריות בכל מקום... הוא רק רצה שנדע... הוא אמר שבטוח לא תהיה שום בעיה. איך בכלל אפשר לדעת?! הוא אמר שהוא חייב ללכת כי הקולגות עובדים כבר היום הרביעי ברציפות. אֶרְזִ'י כמובן בוכה נורא. אַלְדוֹ מבקש שנתקשר אליה מפעם לפעם. ושנשאר בבית. אבל אז בשביל מה הוא היה צריך לצאת?!"

קיפי חשבה שפֶּפֶּה שוב יעיר הערות על בכייה של אֶרְזִ'י, אבל הוא שוב הפתיע:

"אני אביא גם את אֶרְזִ'י לכאן." אמר בהבעה נואשת.

"אל תצא שוב! מספקי שאַלְדוֹ מסתובב בחוץ עכשיו!"

"אישה לא צריכה להיות לבד בזמנים כאלה... אי אפשר לדעת עד לאן יגיעו הדברים."

"בני, אֶרְזִ'י נמצאת בביטחון בביתה."

"היום. אבל אנחנו שומעים שהמצב מתדרדר מיום ליום. הכול יכול לקרות... אני לא מבין למה גם אַלְדוֹ לא נשאר בשקט על ישבנו בבית!"

אי אפשר היה להניא את פֶּפֶּה. הוא חיסל פרוסת לחם בחמאה, אחר כך לבש גטקעס מתחת למכנסיים ושני סוודרים מתחת למעיל ואמר כבר מהדלת:

"אטלפן כשאגיע לשם. אבל אם לא תשמעו ממני במשך מספר שעות, זה בגלל שלא היה כדאי ללכת במסלול כזה או אחר ולא בגלל שירו בי."

"מי ערב לזה?" שאלה אימא-פֶּפֶּה מבוהלת.

"הצועניה הזקנה שאמרה לך, אימא, שיהיו לי חיים ארוכים! תפסיקו להתבכיין, זה לא יעזור לנו עכשיו בכלום..."

שלושת הנשים ישבו קפואות בחדרה של קיפי. אוֹלְגִי שאלה מפעם לפעם אם לא היו רוצות לאכול משהו. אבל לא, הן לא רצו. כבר איזה זמן שקלרה שיחקה את המשחק הדמיוני, שהיא מקיפה את אַלְדוֹ ואת פֶּפֶּה בבועה בלתי חדירה לכדורים. היא גם דמיינה מצפן בידו של כל אחד מהם, שבכל הצטלבות רחובות מראה להם באיזה כיוון בטיחותי להתקדם. הגברת שוורץ ניווטה אותם באופן כזה בערך כאשר נאבקו להגיע *מה'בית המוגן'* אל הגטו. היא אחזה אז בידיהן של קלרה ויוּטִיַקה, אדון שוורץ בידיו של ג'וּרִי. אבל 'אימא אווזה' הייתה ללא ספק הדודה שוורץ, שבאינסטינקט בלתי-מעורער הובילה אותם *מפארק סט. אישטוון* אל הרובע השביעי. קלרה ידעה שהמבוגרים פוחדים, אבל סברה שדי להגיע לגטו בכדי לשרוד. היא לא העלתה אז בדעתה לצאת משם ללא יוּטִיקַה.

כשעה וחצי לאחר צאתו של פֶּפֶּה הטלפון צלצל. קלרה חטפה את השפופרת.

"מצוין! אַלְדוֹ הגיע לבית החולים!"

לא היה קשה להבחין באכזבה על פניה של אימא-פֶּפֶּה על שלא היה זה מפֶּפֶּה. אבל זה היה נסלח בעיניה של קלרה.

"תיק הרופאים שלי הוכיח את עצמו כאמצעי זיהוי מעולה", פתח אַלְדוֹ בסיפורו. "המורדים עצרו אותי בראש הגשר בפֶּשְׁט, הציצו לתוך התיק ומיד כינו אותי 'אדוני הרופא'. אמרתי שאני ממהר ליולדת... אז הם אפילו ליוו אותי קטע מהדרך, והסבירו לי איזה מסלול כדאי ללכת ואילו נקודות להימנע מהן. לדרך *הקֶר-אוּט* אסור ללכת וגם לא ל-*אוּלוֹאִי אוּט'*. הם עזרו לי להגיע לכיכר *בּוֹרָארוֹש*... הרחובות הקטנים בטוחים. לפרידה, בתוקף איזושהי רשות בלתי מזוהה, הם הבטיחו שילדים שנולדים ברגע זה יחיו כבני אדם חופשיים. זה היה ממש נוגע ללב... לא תיארתי לעצמי שאפרד לשלום מאנשים זרים, חמושים, בברכת 'שימרו על עצמכם'. אבל זה מה שקרה... ותארי לך, לפני שיצאתי, אֶרְזִ'י רצתה לתפור לי צלב אדום על המעיל, אבל לזה כבר לא הסכמתי. סמלים מאבחנים כאלה יכולים לגרום לצרות לא קטנות. לי יש ניסיון

שלילי עם כוכב צהוב, עכשיו נדמה שאלה עם הכוכב האדום מתמודדים עם קשיי הישרדות."

קיפי התפלאה שאַלְדוֹ אומר דברים מאין אלה בטלפון, אבל היא האזינה לו תוך צחקוקים. אימא-פֶּפֶּה מדדה את החדר הלוך-ושוב בעצבנות:

"פֶּפֶּה לא יוכל להתקשר ככה..."

הדאגה התגברה עכשיו גם אצל קיפי, והיא חיפשה אמתלה כלשהי לסיים את השיחה. הסיכום היה שאם אַלְדוֹ יתקשר לפני פֶּפֶּה, הם לא יספרו לו על המבצע שפֶּפֶּה לקח על עצמו. רק אחרי שיגיע בבטחה יחד עם אֶרְז'י.

צלצלו בדלת. ג'וֹסִי פַּטַקִי מהקומה הראשונה. אומרים שבחזית הפרלמנט ירו גם בבנו של הרופא המחוזי. ושביותר ויותר אזורים בעיר מתרחשים קרבות עזים. שפֶּפֶּה לא יעיז להצטרף לטירוף הזה, אנחנו כבר תרמנו את חלקינו להיסטוריה. הוא יהודי רק למחצה? לא נורא, זה מספיק גם. לאן הלך?! לדרך *בֶּלָא בַּרְטוֹק*? רעיון מטורף! טוב, אני לא מנבא שחורות. אבל כשיגיע תודיעו לי שהוא בחיים, טוב?"

כעבור חצי שעה שוב צלצול טלפון.

"איפה אתה פֶּפֶּה?" שאלה קיפי, שוב בדמעות כמעט, אך הפעם מהקלה.

"מה ז'תומרת איפה אני?! אצל החברה החדשה שלי!... אבל בקרוב נעשה טיול קטן ואביא אותה גם הביתה", ואז הנמיך את קולו, כנראה שאֶרְז'י הייתה בקרבת מקום. "היא כבר מתארגנת, אבל בהתחלה לא רצתה לבוא איתי. ...עלולים לפרוץ לדירה ולרוקן אותה! שאלתי האם היא מתכננת להגן על הסֶרְבִיס. כי אם מישהו יפרוץ לבית הוא יחסל אותה בדיוק במקום הזה! ככה שבסוף היא הסכימה להפקיר את הכפיות לגורלן... לא היה כלום, אבל כלום... גשר *מַרְגִיט*, הגדה של בּוּדָה, לא שמעתי אפילו ירייה אחת... מקרוב... נכון, הגדה היא אזור פתוח, אבל זה בדיוק היתרון. אתה רואה את כל המרחב! ואם אתה הולך צמוד לאורך הקירות, לא יכולים לירות עליך כי אין כלום ממול..."

פניה של קיפי זרחו - פֶּפֶּה הוא הניצחון, ההישרדות בהתגלמותה!

"כבר נותנת לך את אימא, היא בוכה מרוב שרוצה לשמוע את קולך! ואם גם היא תתחיל לבכות, אז לא תישאר לך כאן שום אישה במצב שימוש!"

רק באיחור של דקות ספורות הם הגיעו, אַלְדוֹ התקשר בפאניקה שאֶרְז' לא עונה לטלפון בבית. אולי קפצה לשכנים, הציעה קיפי להרגיע את דמיונו של אַלְדוֹ, אבל כמובן שאַלְדוֹ כבר טלפן גם אליהם. והם לא ראו אותה וגם צלצלו בדלת, אבל היא לא בבית. בסדר, אמרה קיפי, היא ופֶּפֶּה בדרך אליהם. אוי אלוהים, הפֶּפֶּה הזה! בטוח שזה רעיון טוב? מאד יפה מצידו, אבל... אסור עכשיו להסתובב בעיר!" "

"גם אתה הגעת בשלום, לא-כן?"

"בקושי..."

"זה לא מה שסיפרת קודם! נתקשר ברגע שיגיעו."

והם התקשרו אליו כעבור עשרים דקות.

אַלְדוֹ, יחד עם שאר הצוות, לא הצליחו להגיע הביתה במשך יותר משבוע. לא הגיעו מחליפים לבית החולים. על פי השמועה והקולות, לא *דרך אולואי* ולא *רחוב הלר* היו עבירים. אבל בית החולים עצמו נראה מקום בטוח. תפוחי אדמה ואפונה יבשה היו בשפע במטבח, ולפעמים הייתה אפילו אספקה של לחם טרי ותפוחי עץ. מים חיממו על כיריים, המכבסה לא פעלה כי היו צריכים את הפחם לחימום. החולים והצוות כיבסו בעצמם את בגדיהם. את חיטוי החיתולים ואת תלייתם לייבוש בצעו היולדות בעצמן, לאורך היום ברצף. החשש הגדול ביותר של הרופאים היה שלא תפרוץ מגיפה זיהומית. לא היו תרופות בתוקף למצב כזה. בקבוקי התינוקות טופלו תוך הקפדה מחמירה ביותר.

אפשר היה לישון קצת, לא היו הרבה לידות. משפחות לא לקחו סיכון להגיע לבית החולים. למי שהיו סיוע ואומץ, העדיפו ללדת בבית. למרות זאת, המחלקה הייתה מלאה כי היולדות לא

יכלו לצאת הביתה עם התינוקות שלהן. הצוות בן ארבעה רופאים השתתפו בתורנות הלילה בחדר התינוקות, בהבאתם להאכלה ובחלוקת הארוחות, כדי שגם שתי אחיות המחלקה תוכלנה לישון 5-6 שעות ביום.

ייצור החלב להנקה בגופן של האימהות כמובן החל לרדת לרמה מדאיגה, ונעשו מאמצים לקבל מהמטבח תוספת למנות שלהן. הבכי גבר מיום ליום. כך גם הצרחות של התינוקות שינקו חלב רווי הורמונים של חרדה. אַלְדוֹ ופַּלִי שטיינר העבירו חלק ניכר מהיום בהרגעת הרוחות אצל היולדות. מַגְדִי, האחות הבכירה, הפגינה את יעילותן הרבה של בדיחות וסיפורים מהתלים, ככלי פסיכולוגי טיפולי ממדרגה ראשונה. שיחקו גם '*ברכוכבא*'[38], שיזמה אחת האימהות, והמשחק תפס פופולאריות גם במחלקות האחרות. בעקבות זאת, היו הפסקות של כמה שעות בהתקפי בכי היסטריים. היו גם מקרים בהם אימהות הניקו תינוקות של אימהות אחרות, שנזקקו לעזרה.

ביניהן הייתה גם אישה יוצאת דופן. יומיים לאחר שילדה, נפטר תינוקה כתוצאה ממומים קשים. המקרה קרה יום לפני הגעתו של אַלְדוֹ לבית החולים. ייצור החלב שלה כבר החל, דבר שרצו כמובן לעצור מייד. היא ביקשה לדבר עם אַלְדוֹ ובדמעות ביקשה שלא יעשו את זה, כי יש לא מעט תינוקות שלא מקבלים די חלב אם, והיא תניק אותם ברצון. אַלְדוֹ הסביר לה שהיא "מרמה" את גופה, ובעיקר מה יהיה אחר כך, בבית? הוא לא הבין למה זה הזכיר לו שמי שריפאה אותו הייתה קיפי... בכל מקרה, האישה ביקשה תמיכה ולא אישור. יש לה שני ילדים בריאים בבית היא תתגבר על האובדן, והיא רוצה להיפרד מהתינוק הזה ע"י מתן עזרה, בהשתתפותו, לתינוקות אחרים. היא השתייכה לכת נוצרית של שומרי השבת.

---

[38] משחק חברתי שבו שחקן יוצא ויתר הקבוצה מחליטה על מושג כלשהו. השחקן שחוזר פנימה, צריך לנחש מתשובות של "כן" ו-"לא" בלבד את המושג שהוחלט עליו מראש.

היה מחסור ברופאי ילדים אפילו במחלקת הילדים, ועל הצוות של אַלְדוֹ התווספה המטלה למלא את התפקיד הזה גם. לאחר מספר ימים אַלְדוֹ כבר לא חשש להחזיק בידיו וולדות. לא היו זמן ואמצעים למותרות שכאלה. שלוש עשרה שנים הוא לא החזיק בידיו תינוק אחרי אמבטיה. כי וולד, אחרי שמלבישים אותו, הוא הופך לתינוק.

בערבים היו מפזרים את התינוקות בין אימהותיהם למספר שעות כדי שגם הצוות יוכל לנוח מעט. אבל הם לא ידעו מה לעשות בזמן הפנוי. אמנם שוחחו ברצון, אבל לישון אף אחד לא היה יכול, ולו לזמן קצר. פַּלִי השיג מאיפֹשהו חפיסת קלפים ומאז היו משחקים "21" כל ערב. פַּלִי טען שבתקופת התקפות האוויר של כוחות הברית היו מעבירים את הזמן במרתפים עם המשחק הזה, אלה שנשארו בבית. עם ההסבר הזה שודרג יחסם של כולם אל המשחק הבזוי-משהו הזה.

יַנְצִ'י לורינץ, שהחליפו אותו בתורנות בפעם האחרונה ב-27 באוקטובר, טלפן בערב שאם יש צורך הוא יגיע. לא היה. שיישאר בבית. מלבדו שמעו רק על עוד קולגה אחד, גֶזַא ווסלי טלפן להגיד שלא נראה לו לצאת מהבית בינתיים. אין בעיה, מסתדרים כאן. וכל המשפחות היו רגועות יותר כשהגברים לא יוצאים לרחוב, אפילו אם זה לכיוון הבית. מנהל המחלקה כבר מספר ימים לא ענה לטלפון בביתו.

צוות האחיות הראה עניין זעום עוד יותר מצוות הרופאים אפילו. אחות חדר תינוקות אחת בשם קטי הגיעה ל-24 שעות, אחר כך החליטה שהיא הולכת הביתה. לא ראו אותה יותר. ואלווירה לא העיזה להשאיר את בעלה לבד כי "הוא 'יטוס' לעיר מיד, למקום שבו יורים הכי הרבה, והתקף אסטמה מהמתח יגמור אותו."

1 בנובמבר, 1956
גְרֶטְל עזבה אותנו... נורא! היא באה להיפרד. זה ממש נורא! הייתי הולכת איתה בשמחה! כמובן שרק אם כולם היו באים

איתי. איך יהיה בלעדיה? אבל אני מבינה אותה, הנכדים שלה מצפים לה שם. לה בטח שעדיף ככה. גם היא בכתה. היא אמרה שאיש לא יחסר לה יותר ממני. אז למה היא הולכת?... רק שתגיע בשלום! היא אמרה שתשלח אלינו הודעה. ושכבר לא נשארו לה הרבה שנים ואותן היא רוצה לבלות בחברת נכדיה. אפילו שהיא צעירה מאוֹלְגִי בארבע שנים... ושהינה, כאן המפתח שלה ואת ההעתק השני היא תיתן לחברה שלה. שאני אלך אליה לבית ושאקח כל מה שאני רוצה. היא התכוונה בעיקר לספרים, אבל גם בכלל, לכל דבר. ולאוֹלְגִי היא אמרה רק, תודה על שבמשך כל השנים 'חלקה איתה את הקרן שמש הקטנה הזו' ועכשיו היא משיבה בעצב את חלקה. אני בכיתי כל כך, שלא שמתי לב מתי היא הלכה.

היא אמרה שבשעה שבע בא הרכב לקחת אותה. היא כבר בטח מעבר לגבול, כי עכשיו תכף חצות. אולי היא כבר ישנה אצל אחד הנכדים שלה. אני בטח לא אראה אותה יותר.
*Gott sei mit Dir, Gretl!**

* *"שהאל ילווה אותך, גרטל!"*

האימהות שילדו לפני עשרה ימים התחזקו כבר דיין על מנת לדבר יותר ויותר על המצב. דיברו פוליטיקה והיו גם יצרים אלימים שצפו. כצפוי. כאילו שהאווירה המעין משפחתית של השבוע שחלף נתן היתר גם לזה. בשעות האלה ניסו אַלְדוֹ ופֵּלִי להסב את תשומת הלב אל עבר 'קדושת האימהות' (כלומר, טיפול בחבל הטבור של היילודים וכביסת חיתולים). לרוב ללא הצלחה. באחד מהביקורים הדבר היה קצת קשה יותר כאשר אחת האימהות, כבת עשרים, שאלה בתרעומת:

"לכם לא איכפת מה יקרה?!"

"לא." ענה פֵּלִי שטיינר בתמציתיות ויצא מהחדר.

אַלְדוֹ השתמש בטיעון שקיפי כבר שמעה ממנו אין ספור פעמים:

"התפתחותם של האירועים מושפעת במידה זעומה ממה שאנחנו חושבים או אומרים."

ומַגְדִי שלזינגר, כבת ארבעים, אמרה:

"ואני אומרת, שיפסיקו! המטרה שלי בחיים היא שלא יהיו יריות!"

"בדיוק!", אמרה יוּלִיקַה אוֹרְשׁוֹשׁ.

האימהות האחרות הסכימו איתן פה אחד.

בסבב משחק הקלפים הבא פֵּלִי שטיינר העביר את מבטו על חבריו לעבודה:

"יוּלִיקַה, אולי תצטרפי אלינו כ-'יהודיה של כבוד'? אנחנו בדיוק מייסדים עכשיו את 'האגודה ליהודים פחדנים'...

"אם לא איכפת לכם לקבל צועניה..."

יוּלִיקַה צחקה, ואַלְדוֹ הרהר עד כמה זה פשוט למחוק טאבו.

פֵּלִי שטיינר המשיך:

"כן בטח, אנחנו רגילים ללכת יחד אתכם גם לתאי הגזים..."

"אדוני הרופא, אל תתבדח..."

"את חושבת, יוּלִיקַה, שזאת הבדיחה שלי?"

> 2 בנובמבר, 1956
>
> היום הצלחתי, סופסוף, להעביר לג'וּרִי מסר שאנחנו לא באים. המסכן הצליח לסדר עבורנו הכול במונפלייה. כמו שהוא הזמין אותי ב-1947 לבוא איתו. אולי הוא צריך להבין כבר למה אני לא באה.
>
> הוא כותב דברים מאד יפים, מאז שהוא הולך לטיפול... שהוא כבר סלח לעצמו על שלא היה די חזק בגטו להישאר לצידי וגם אחרי המלחמה. אבל אם גם אני אסלח לו יום אחד, זה יהיה היום היפה ביותר בחייו. אני מרחמת עליו. בטח מרגיש נורא להיות חלש. האם נתראה אי פעם?

בשלישי לנובמבר בבוקר אַלְדוֹ ביקש לדבר עם אֶרְזִ'י בטלפון. החדשות הן שבעוד מספר שעות הוא יהיה בבית! כלומר בבית אצל קיפי. בגלל שיַאנְצִ'י לורינץ הגיע וגם גֶזַא בדרך הביתה. אֶרְזִ'י, אלא מה, התחילה לבכות. תגיע בטוח? אַלְדוֹ הבטיח שכן. הגברות האחרות תחת חסותו של פֶּפֶּה קיבלו את החדשה בחשש. הן התחלפו בעמידה בחלון לאורך שעות, ובזמנים לחלוטין לא הגיוניים אפילו התגנבו למרפסת לתצפת, עקבו אחר מחוגי השעון והאזינו לחדשות ברדיו. מי שלא עמדה בדיוק בחלון, בישלה את הארוחה החגיגית לכבודו במטבח. הכינו קציצות מירקות ומלחם יבש, ולאות כבוד, גם הוסיפו אחת מתוך שלושת הביצים שהיו בבית. בישלו אורז כתוספת, (מה שאימא-פֶּפֶּה הביאה) גירדו תפוחי אדמה עבור לביבות (ביצה מספר שתיים) והכינו בלילה לחביתיות (ביצה מספר שלוש ואחרונה). ריבה יש בשפע.

כשקלרה צווחה סופסוף לפני החלון ש'הוא מגיע! זה הוא, שם, בקרן הרחוב!', כולם רצו למרפסת, נפנפו בידיהם וצעקו את שמו של אַלְדוֹ כמו ילדים. רק אֶרְזִ'י נראתה משותקת מדמעות והניחה לאוֹלְגִי לחבק אותה. כשאַלְדוֹ התקרב די הצורך על מנת לזהות אותם, גם בקיפי נאחזה התרגשות. כרגיל, אימא-פֶּפֶּה הייתה היעילה היחידה בנמצא, כולם הסבירו זאת בשל היותה הארית היחידה ביניהם. בהחלטיות 'גברית' היא טפחה על גבה של אֶרְזִ'י: "נו, רוצי כבר לקבל את פניו!" היא אכן יצאה לדרך, וכעבור רגע כולם בעקבותיה.

בעיקול חדר המדרגות נעצרו. כי אֶרְזִ'י ואַלְדוֹ עמדו בעיקול של הקומה השנייה נפולים אחד על צווארו של השני. תיק הרופאים של אַלְדוֹ היה מונח על הרצפה, תוכנו מפוזר לכל עבר. הם עמדו בדממה כזו שבסימן הראשון של אימא-פֶּפֶּה כולם נסוגו. עיניה של קיפי התמלאו בדמעות. היא קלטה עכשיו שאַלְדוֹ לא חוזר הביתה יותר עבורה.

בחלוף זמן רב אַלְדוֹ הופיע שוב בתחתית המדרגות המובילות אל דלת הבית, ופרש את זרועותיו כאילו רצה לחבק את כולם ביחד. אֶרְזִ'י מאחוריו, עם התיק שלו בידה. ברגע זה, כמו גור

שובב, קיפי בכל זאת חרגה מן השורה וקפצה לקראתו. אַלְדוֹ הרים וסובב אותה סביבו, ואמר: "הינה התינוקת שלי!". גם אוֹלְגִי ולוּאיזיקה (שמה של אימא-פֶּפֶּה) זכו בחיבוק, ופֶּפֶּה עוד העיר ברקע:

"כיפאק! ראש השבט הגיע!"

אַלְדוֹ ניגש אליו בזרועות מושטות, וחיבק את כתפו בחגיגיות רבה:

"פֶּפֶּה, אתה גיבור..."

"מה אתה יודע! לנהל כל כך הרבה נשים זה לא עניין של מה בכך!"

"לא ידעתי שהייתה לך כבר בר-מצווה... עד היום לא הפגנת סימפטומים..."

"זה כמו אדמת?"

"משהו כזה. רק בלי נקודות אדומות... תודה פֶּפֶּה! לַצִי קאופמן היה גם כן גאה בך."

פֶּפֶּה הניח לו לחבק אותו ורק שאל:

"מי?!"

בבית כולם הקיפו אותו. באיזו דרך באת? אין יריות? יש אנשים ברחוב? תספר! אבל צריך קודם לאכול, ארוחת הצוהריים מוכנה, הכינו דברים נורא טעימים. לא רעב?

"במה הייתה רוצה יותר להתחיל?"

"לא 'יותר', אלא 'קודם'. להתרחץ. להתרחץ באמבטיה מלאת מים! בשביל מה קניתם בוילר?"

אחרי ארוחת הצהרים כולם ישבו לספר. פֶּפֶּה התעניין בעיקר איזה תחזיות מנבאים. כי לפי דעתם של החברים שלו, יהיה מרחץ דמים נוראי אם הרוסים יתקדמו פנימה במקום החוצה. ולמה שלא ייכנסו? האמריקאים לא מרסנים אותם. את שיקול הדעת של אַלְדוֹ תמיד היה אפשר למדוד עם שעון עצר. גם הפעם התשובה הגיעה לאט.

"אם האמריקאים לא זזים ממקומם, זה רק עשוי להרגיע את הרוסים. תהיה להם פחות עילה להדק. ואולי יש גם סיכוי לאופציה הטובה יותר, שיעדיפו להראות שאפשר לחיות בעולם הזה. זה מה שהם עושים עכשיו אצלם בבית גם..."

"ומה אפשר ללמוד מזה?"

"בני היקר, אני לא יודע... לפי תחושותיי, המצב לא יהיה יותר גרוע מאשר היה לאחרונה."

"וזה מספיק?"

"אתה מכיר כוכב לכת אחר?"

פֶּפֶּה לא ענה. הוא לא אמר שמבחינתו הוא היה מסתפק בארץ אחרת. לקלרה נדמה היה כבר שבוע, כאילו בפעם הראשונה בחייו פֶּפֶּה מוצא טעם במשהו שהוא לא רק הנאה. הוא קיבל את המציאות של הגרסה הממוזערת שלה כמצבת זיכרון. הוריו רמסו אחד את האמת של השני, אביו קרע אפילו את אמיתות הילדות של פֶּפֶּה לאלף גזרים. אימא שלו, לעומת זאת, לא רק שהרשתה אלא אף ציפתה ממנו שיתמרד. ("מה אני יכולה לעשות לַיוֹש, הילד יצא בכל זאת! לא הצלחתי לעצור בעדו!".)

כאשר הגיעו לשלב שבו סופר לאַלְדוֹ על אחסון תפוחי האדמה כך שלא יקפאו, פֶּפֶּה הבחין שלא הוא המשועמם היחידי. הוא קם על רגליו, רוצה לשאול דבר מה את משפחת פַּטַקִי, הוא תכף ישוב. כעבור מספר דקות ג'וֹסִי פַּטַקִי צלצל בדלת. כבר מזמן לא ניהלו שיחה טובה, הסביר את פשר הגעתו, אולי הגברות רוצות להצטרף אליהם לקפה של חמש. שייתנו למסכן הזה ששב משדה הקרב לנוח קצת. הוא התכוון לאַלְדוֹ.

"קיפי ואני במילא צריכים לקפוץ לזוג חברים... בינתיים תוכלו לפתור כמה מהבעיות הגלובליות שעומדות על הפרק." חיזק פֶּפֶּה את דבריו.

"למי?!"

"לטומי, את יודעת! כבר אתמול היינו אמורים לבוא אליו!"

כמובן שלקיפי לא היה מושג, אבל את ריח הקונספירציה היא הכירה היטב ומזמן. אימא-פֶּפֶּה התנגדה וג'וֹסִי עשה את עצמו נעלב אם הם לא יבואו אליו לקפה.

פֶּפֶּה גרר את קיפי למטבח:

"צריך להשאיר את הצעירים קצת לבד..." הוא הסביר.

"מה צריך?..."

"...שאַלְדוֹ ואֶרְזִ'י יוכלו להיות קצת לבד!"

"בשביל מה?"

"קיפי! אני אספר לך פעם מה דודים ודודות עושים ביחד כשמשאירים אותם לבד."

קיפי פתחה זוג עיניים. פֶּפֶּה התגלגל מצחוק.

"את באמת מאמינה שהם... חיים יחד כמן שני נזירים?!"

קיפי לא העזה להודות שכן. הלא אַלְדוֹ כבר מזמן לא רוצה... להיות גבר... הוא אפילו אמר פעם שגופו ונפשו זקנים. או שמשהו השתנה עכשיו?

"שמעי ציפורת, זנב יש אפילו לאדון עולם. ולגברת אלוהים 'פיפי'. כמו שלך! ואַלְדוֹ, עם כל הכבוד, בכל זאת בחצי דרגה מתחת לאלוהים, לא?"

כאשר הסכימה לבקר את טומי, קיפי הניחה את העניין מאחוריה רק למראית עין. פֶּפֶּה הצביע על המפתח בדלת והסביר לאַלְדוֹ, שהזמנה כזו לקפה נמשכת לפחות שעה וחצי שעתיים. אבל כשפֶּפֶּה סיפר לטומי שהוא ארגן 'שעת התיחדות' עבור אַלְדוֹ, קיפי סיננה מבין שיניה כמו רווקה זקנה:

"פֶּפֶּה, זה לא עניינם! וגם לא עניינו."

פֶּפֶּה השתתק, אבל יותר מאוחר כשנכנסו לחדרם הוא לחש לקיפי באוזן:

"לא הייתי מודע שהחדשה הישנה הזו תגרום לך טראומה כזאת..."

מזרון שהושאל ממשפחת פַּטַקִי המתין על הרצפה עבור אַלְדוֹ ואֶרְזִ'י.

מותר לי להציע את המיטה?
אוכל להצטרף?
התבוא אלי? הגעתָ אנדרֵש.
חזרתי אליך הביתה לוּצָה. אני כאן.
הגעתָ הביתה. הינה אנחנו כאן כולנו.
גם אני כבר כאן עבורךְ. עבור כולכם.
הגעתָ. כל כך חיכיתי לךְ.
חיכיתְ לי. כולם כאן.
אתה כאן. אני נמצאת. אוהבת אותך.
אני אוהב אותך. אנחנו כאן יחד.
הפעם חזרתי עבורךְ. היה רע לבד.
בערבים, אפילו גופי שאל היכן את.
אוהבת אותך. זה אתה. תחזיק בי.
אני מחזיק בך. קבלי אותי.
קבלי אותי אלייך.
זה אני.

מעולם לא היה קל כל כך לאהוב. כשנפרמו האחד מהשני, נשימותיו של אַלְדוֹ הגיעו כבר משם, מעולם של חלומות.

"דובון, אל תירדם עדיין, הם תכף ישובו..."

"רק... טיפה..." השיב אַלְדוֹ בסביבות השעה שלוש. והוא ישן. הוא שב הביתה.

היה נעים גם להתעורר:

"אַלְדוקה קום, ארוחת הערב מוכנה! איך תישן בלילה?!"

ומכיוון שאַלְדוֹ אכן לא הצליח לישון בכל אותו לילה, בעלות השחר הוא יכול היה לראות מהמרפסת את השורה הבלתי נגמרת של טנקים רוסיים חורשים את ה-*קר-אוּט*.

אבל הם היו בחיים. כולם.

אחרית דבר: פרידה מהדור הראשון (1957-1967)

זוֹלְטָנְקַה שלי היקר!

ככל שאנחנו מתקרבים לזמן הווה, קשה לי יותר לספר. על פֶּפֶּה קצת פחות, כי היום אני כבר לא מאמינה שנישואינו היו טעות. אבל על לכתם של 'הזקנים' שלי - ממש קשה לי לדבר. עברתי על היומנים שלי שנכתבו בקצרנות מ-1956, כדי שאשחזר משם את הקטעים עבורך, אבל החל ממאי 1960 אני מרגישה, לא פעם, שבהרבה דברים שכתבתי, לא צדקתי לגמרי. לכן, את האירועים מהתקופה הזאת אני מעדיפה לספר לך בכל זאת בראייה לאחור ובקצרה, רק את מה שחשוב.

אתה נשלחת אלי על ידי אלדו, זה היה לי ברור מייד כשראיתי את עיניך. אתה דומה לו בכל כך הרבה מובנים ועל האהבה אתה יודע בדיוק את מה שהוא ידע. אבל אותך מותר לי לאהוב כאישה, ולך אני יכולה להעניק הכול כאדם בוגר. רק הוא היה יכול לדעת שאני זקוקה לאדם כמוך! ונראה לי שאותך סבתך מנהלת משם למעלה - באותה חוכמה כמו אלדו אותי. אני מאמינה עכשיו גם, שלא במקרה אתה הוא הצעיר בינינו, אם כי ברור שאלדו הגזים קצת בנושא הורדת הגיל. כנראה תיאמו ביניהם הכול שם... ואני, עלי להמשיך להעביר כאן הלאה את מה שקיבלתי מאוהביי.

אוהבת אותך,
קלרה

***

18 בנובמבר, 1956

חשבתי שכף רגלי לא תוכל לדרוך בביתה הריק של גרטל. אבל פפה ואלדו אמרו שלא כדאי שאחכה עד שמשרד הפנים ינעל את הדירה ויפזר לכל כנפות הרוח את מה שנשאר בבית, והציעו שילוו אותי. אמרתי שזה מרגיש לי כמו שוד קברים. אבל הם מצאו רעיון: אנחנו נכין ערימה אחת של כל הדברים שגרטל אהבה, נארוז אותם בקרטונים, ונשים אותם במרתף אצלנו כי אולי פעם יהיה אפשר לשלוח לה אותם. אחר כך פפה הציע להכין ערימה נוספת שבה יהיו הדברים שהם מזכרת נעימה עבורי מגרטל. ואם אני לא רוצה להרגיש 'שודדת הקברים', אז נשאיר שם את כל היתר. היה מקסים מצד שניהם להבין אותי.

אתמול סופסוף באמת הלכנו לשם. הם העירו לי על הבכי רק כאשר 'אני מאטה את התקדמות העבודה'. אלדוקה ניגש אלי מפעם לפעם ולחש: "היא נמצאת במקום טוב, את יודעת! והיא בחיים!". בגלל שאנחנו תמיד אומרים אחד לשני, כשאנחנו מדברים על מי שאיננו איתנו, ש'הם נמצאים במקום טוב'.

אבל אני לא מסוגלת להביט על החלון של גרטל.

***

20 במרץ, 1957

ממנים את אלדוקה למנהל מחלקה! (מאז *ששבשט'ן* עזב במילא אלדו ניהל את המחלקה בפועל. 'כיפאק! כיפאק!' צעקתי אליו, אבל ראיתי שבמשך ימים הוא לא מסוגל לשמוח באמת. הוא נראה עצוב ורק חייך בנימוס. ארז'י ואני החלטנו מיד שביום המינוי נעשה חגיגה גדולה. אבל אלדוקה לא רצה בהתחלה. אתמול הזמנתי אותו לבסוף לקפה 'סַווֹי', המקום שבו אנחנו נוהגים להיפגש כשרוצים לערוך התייעצויות בנושאים שונים. ידעתי שמדובר באילונה ובאחרים שהלכו. לדעתי אי אפשר לשוחח על דברים כאלה עם ארז'י, כי היא תמיד פורצת בבכי ובסוף צריך לנחם אותה, וזה בטח קשה מאד לאלדו.

אלדו דיבר שטויות כל הזמן, וכבר חששתי שלא אוכל להעלות את הנושא שרציתי לדבר עליו. בדרך החוצה כבר הייתי כל כך מיואשת שבלי הקדמות פתחתי את הנושא, שאני יודעת שגם הם שמחים שם למעלה. אלדוקה מיד חיבק אותי וככה הלכנו כל הדרך והוא סיפר לי. כמה שאילונה הייתה גאה כשילדה את אישטוונקא; שבן זוגה הוא 'לא רק האבא הנפלא ביותר, אלא גם המיילד הכי טוב בבית החולים לדעתה, וכי זה מה שכולם אמרו לה. 'שכמובן לא היה נכון אז, באופן הזה.' אלדו גם סיפר איך אבּוּש הצניע את גאוותו כשהוא קיבל את תואר הדוקטור. ושאימוש הייתה תמיד מתגרה באבוש בעיתות קשות בהוצאה לאור, 'שבתם הצליחה למצוא בעל הגון עם מקצוע רציני ומכובד, לא כמוה'. אבל זאת הייתה כמובן הלצה, כי אימוש הייתה מאד גאה בבעלה. ושגברוקא כבר בגיל שמונה הביא מטופלות חדשות עבור אבא, הוא שמע מחבר שלו שייוולד לו אח, אבל אימא שלו לא אוהבת את הרופא שיש לה. על פי המלצתו של גברוקא, אימא שלו באמת הגיעה לאלדו, ואחר כך אכן הוא היה המיילד בלידת אחיו השלישי של הילד הזה.

בשער אלדוקה שוב שאל: "נכון שגם הם שמחים שם למעלה באמת?" אמרתי לו שבטח, הם שמחים איתו בכל שמחה שלו. הוא שתק כאילו שרק ממני הוא יכול לשמוע את האמת. ואז הוא אמר בשקט-בשקט, כמו ילד קטן: "גם לארז'י אילונה שלי נתנה את הסכמתה..."

***

30 ביוני, 1957

אולגיצה, תחלימי! את לא יכולה לעשות לנו את זה! אנחנו מעדיפים לשאת אותך בכפינו, רק תסדרי את הכליות שלך! גם אני וגם פפה יכולים לשהות איתך הרבה מאד שעות בבית, את לא תהיי לבד, ולא נורא שהרגל שלך לא מי יודע מה! בבקשה...

אלדו אומר שאין אורולוג טוב יותר בעיר. אם היה כזה, הוא כבר היה מעביר אליו את אולגי. שנמתין בסבלנות. אני פוחדת

נורא. כי אני יודעת שזאת האמת, אם היה אפשר לעשות משהו, אלדו כבר היה עושה את זה מזמן.

ואני יוצאת מדעתי כשאולגי מתחילה להסביר לי איפה כל דבר ודבר נמצא בבית ואיך צריך לעשות מה! אני לא מסוגלת לשמוע אותה. אני אומרת לה שלא תעייף אותי עם דברים כאלו, היא תגיד לי את זה כשכבר נהיה בבית, במקרה ולא נמצא משהו - כמו שהיה עד עכשיו.

אבל אז היא שותקת ומלטפת לי את היד... בשבוע שעבר כשבישרתי לה שקנינו מכונת כביסה וכשתחזור הביתה נלמד אותה איך להפעיל אותה, היא הנהנה! אולגיצה!

***

7 ביולי, 1957

חגגנו יומולדת 50 לאלדוקה. את אולגיצה אי אפשר היה להביא הביתה. למרות שבשבוע שעבר הרופא הבטיח לנו. כולנו היינו מאד מודאגים למרות שהשתדלנו לתת תשומת לב ליומולדת. גם אלדו הפסיק כבר להסביר את האפשרויות האופטימיות יותר. הלכנו לבקר אותה, ואני עוד קניתי מתנה לאלדו בשמה, אבל היא אמרה שלה מספיק לראות אותו עוד פעם אחת, ממילא ברור שלא היא קנתה את המתנה. אמרה... ונפרדה ממנו.

לא הייתי מסוגלת לשמוע, יצאתי. אלדו לא הוציא הגה עד הבית, רק הלכנו מחובקים.

***

9 באוגוסט, 1957

אלדו משתדל לפייס בינינו ומבקש שלא נריב כל כך הרבה. אבל פפה לא מסוגל להבין שהשטויות שלו עכשיו לא מעניינות אותי. גם אם הוא רק מתכוון לגרום לי למצב רוח יותר טוב. הוא איבד רק את

אבא שלו, אותו הוא במילא לא אהב אף פעם. הוא לא מבין כמה זה נורא שאין אולגיצה. למרות שגם הוא אהב אותה. באמת. הוא אומר שלא יעזור שמכל דבר שמזכיר אותה אני פורצת בבכי. מה לעשות, אני צריכה לבכות! על אימאל"ה והמשפחה לא יכולתי לבכות. אני חושבת שבגלל שהם עפו מכאן, לא אמרו כלום, אי אפשר היה לדעת שהם ייעלמו לתמיד. שם לא היה סיום. אני כל כך רוצה לישון אצל אלדו הלילה! לא מעניין אותי אם זה מוצא חן בעיני פפה או לא. אבל גם ארז'י נמצאת שם. מחר אשאל את אלדוקה אם יהיה מוכן לנסוע איתי לאיזשהו מקום ליומיים. אני חושבת שאבטל גם את מתורגמנות של השבוע הבא. לא איכפת לי אם לא יבקשו ממני לבוא יותר.

***

7 בפברואר, 1958

היום מצאתי משהו מדהים בין הניירות של אולגיצה! מכתב של אלדו, עבורי, מה-12 במרץ, 1950. באותה תקופה הוא חשב שגם אותו ייעצרו. כל הבוקר בכיתי מהמכתב הזה. מזל שפפה לא היה בבית. תמיד ידעתי שאלדוקה אוהב אותי, אבל לא ידעתי שעד כדי כך! גם אני אוהבת אותו נורא! הוא כתב לי במכתב, ש'כל רגע של אושר שחוויתי מאז המלחמה, קיבלתי ממך. אפילו את האוויר נשמתי בזכותך ... את הטעם היחיד של חיי, וגם סיבה מספקת כדי שאנסה בכל כוחי להישאר בחיים ולחזור אלייך. ... 'אני מקווה שהייתי אבא טוב בשנה וחצי האלה, ושיהיו זמנים שאוכל שוב להיות כזה. ואני חושב שגם אבאל"ה והאחרים שבעי רצון ממני. האם את, כמבקרת אומנות, אינך חושבת כך, בובה שלי? כשאני חושב לאיזו ילדה מופלאה צמחת מאז שהכרתי אותך, אני לא יכול שלא לחשוב שכמה נקודות זכות אספתי גם אני אצלם, בזכות זה. כמובן שאני יודע איזה חלק אדיר יש לאימאל"ה, לאבאל"ה ולאולגיצה באישיותך הקסומה!'

אחרי זה הוא כתב למי אני יכולה לפנות אם אני צריכה דבר זה או אחר, ועם מי עלי להיות זהירה. ומה עלי לעשות ולא לעשות במצבי סיכון שונים, ועוד כהנה וכהנה.

התקשרתי אליו לבית החולים, בכיתי לו לתוך השפופרת שאני אוהבת אותו וטרקתי כי לא הייתי מסוגלת להמשיך לדבר. אז כמובן שהוא התקשר חזרה בבהלה, ש'מה קרה?!' (הוא לא חשב שעל המכתב שלו מלפני שמונה שנים הוא יקבל תגובה מיידית.) אז כבר יכולתי לספר לו. הוא שאל האם גם הוא יוכל לקרוא אותו שוב.

***

4 בינואר, 1959
למה התינוקת שלי לא רצתה להישאר איתי? אנחנו כל כך, כל כך רצינו אותה! למה לי לא מגיעה תינוקת? לאגי יש כבר שתיים. כל כך מתוקות! גם פפה מאד עצוב. אני לא מספיק טובה כדי להיות אימא? כבר בכיתי כל כך הרבה שאני כבר לא מרגישה כלום. אלדוקה מנחם אותי שבפעם הבאה בטוח אצליח לסחוב עד הסוף. למרות שגם הפנים שלו היו כל כך עצובים. דר' שטיינר אמר שהרחם שלי 'פחות מפותח מהרגיל', לכן לא הצלחתי להגיע למחצית, אבל אפילו היריון קצר כזה של מספר חודשים יכול לתרום לחיזוק הרחם שלי. אתמול שאלתי את אלדו האם זה לא נשמע לו קצת שטויות. כמובן שהוא אמר שלא, אבל הוא לא נשמע משכנע מדי. והאם אין קשר לעובדה שהגוף שלי החליט רק בגיל כל כך מאוחר להתחיל לייצר הורמונים. לדעתו של אלדו אין, כי הוא כבר מתפקד כעשר שנים ללא שום תקלה. אימאל'ה! אבאל'ה! אולגיצה! וכל מי ששם למעלה ואוהב אותנו ומקשיב לנו! תשלחו לנו עוד תינוק! אני אשמור עליו מאד!

***

20 במרץ, 1960
אלדו ואני שנינו משתתפים בכנס של 'הרפואה הנשית'! אלדו יציג את המחקר שלו (לא הרפיתי ממנו עד שהתיישב לכתוב!), שזכה להצלחה בכנס שהיה בסֶגֶד בסתיו, הפעם בגרסה מורחבת עם נתונים חדשים. ואני אהיה המתורגמנית עבור האורחים מגרמניה!

היה מצחיק איך שזה יצא, בהתחלה אני אמרתי לאלדו שהייתי באה ברצון. הוא ענה לי שהוא בטוח שאני מבינה שהוא לא יכול להמליץ עלי כמתורגמנית בפני הפורום המארגן. אבל הסתבר שהוא כנראה בכל זאת פלט משהו לגביי והמארגנת פרצה בצהלה 'מהה, היא באמת הבת שלך?? היא המתורגמנית הכי טובה בברנז'ה!' וש'יהיה נהדר אם היא תסכים לקחת על עצמה את הגרמנית... אבל איך זה שהיא הבת שלך, שם המשפחה שלה שונה?'. אלדו פתר לה את החידה, ולי הוא סיפר שאחרי זה היא התחילה להתחנן בפניו שימליץ לי על הכנס! אני מניחה שיש קצת הגזמה בסיפור הזה. למרות שבדרך כלל אלדו לא נוהג 'לצבוע' אירועים. טוב, לא משנה כבר, העיקר שנהיה ביחד בכנס אלדוקה ואני!

***

4 במאי, 1960
פפה שוב זכה בפרס! עם התמונה הגאונית הזו, שהוא התייסר עליה הכי הרבה מאז שאני רואה אותו מצייר. היא באמת פנטסטית! הוא כל כך מאושר! רק ששוב התחלתי לרחם עליו נורא, כי בתירוצים שונים הוא אילץ את אלדו לחזור שלוש פעמים, מה הוא אוהב בתמונה. הוא עדיין רעב להכרה של אלדו, למרות שאלדו מנסה בשנים האחרונות לשבח אותו המון.

ועכשיו כבר בטוח שייקחו לתערוכה ברומא שתיים-שלוש עבודות שלו. אני מאד גאה בו! ברור לי שהוא בנזונה מוכשר!

חוץ מזה, הוא נורא מקווה שאף יתנו לו לנסוע. אמרתי לו שלא כדאי שיטפח אשליות בעניין זה, עד היום מי שלא היה חבר מפלגה לא הצליח בדברים כאלה. הוא אכן כעס שאני מקלקלת את האופטימיות שלו. ואני דווקא רק ריאליסטית. זאת בדיוק הבעיה, הוא אמר.

בתקופה זו אנחנו שוב מסתדרים יותר טוב בינינו. כשהוא מקבל את ההכרה לה הוא מצפה, הוא הופך מיד לבעל רצון טוב, עם מצב רוח מרומם ונדיב. הלוואי והיה זוכה בכך יותר! ושאני אהיה כבר סופסוף בהריון! אם נצליח ותהיה לנו ילדה קטנה

חנפנית, פפה יזכה במנת האושר היומית שלו. כי כמובן שאני אמורה ללדת בת - גם בגלל אלדו. פפה מצפה כל חודש לבשורה, וכאירוע היסטורי ייחודי, ההסכמה בינו לבין אלדו שלמה, שבמקרה כזה צריך להוציא אותי משימוש למשך תשעה חודשים מלאים. רק שלא אצא מדעתי עד שאלד את התינוק. כי מה הוא יגיד על אימא משוגעת?

***

זוֹלְטָן יקירי!

החל מ-1961 אני אספר באמת רק מה שהיה חשוב מאד. מאוד כואב לי לדבר על התקופה ולכן, אעשה זאת בתקציר.

ב-1961 הריתי שוב והצלחתי להחזיק את התינוק רק במספר שבועות יותר מאשר בפעם הקודמת. כל המשפחה, וכמובן ארז'י, התאבלו זמן רב. איבדנו לפי התור את השליטה העצמית. אלדו כמובן, בדרכו המאופקת, אך אי אפשר היה להתעלם מכך. ברגעים כאלה של שפל כולם אספו את עשתונותיהם במהירות. למרות הכל, אני זוכרת את התקופה הזו כתקופה אנושית מאד, בה כל ארבעתנו היינו הכי קרובים אחד לשני.

היו חופשות קיץ יפות, לרוב ארבעתנו, ואף חמשתנו, עם אימא-פפה. הנסיעה הראשונה שלנו לחו"ל הייתה לפראג וכעבור מספר שנים לים הבלטי. לפעמים נסענו עם חברים שלנו, היינו גם בזַקוֹפָּאנֶה בין היתר.

תקופות ההצלחה של פפה הביאו תמיד שמחה רבה לכולנו: תערוכה ארצית; פרס מונקאצ'י; שתי תערוכות בצרפת או פתיחת הסדנא לאומנות קצרת-החיים. בזמנים האלה יכולתי שוב לגלות את הפנים הנינוחים והנעימים של אישיותו. אך כשסבל מהעדר הערכה מספקת, הוא נהיה יותר ויותר בלתי נסבל. ולא רק בבית. פעם אחת הסתבך עם מנהל מוזיאון. הוא נעצר, ולעולם לא סיפרתי לו, שהוא השתחרר רק בזכות בקשתו של אלדו ממישי פרויד, להפעיל את התערבותו של מישהו "מהימן" מבין מכריו.

החל מ-1961 הותר לי לנסוע גם למערב אירופה כמתורגמנית בקונגרסים בתכיפות רבה למדי, כפי שהונגרים רבים, גם היום, לא יכולים להרשות לעצמם. כשנסעתי בפעם הראשונה להולנד, העברתי לג'ורי הודעה עם הפרטים שלי. כעבור יומיים מישהו הביא מכתב ממנו (כמובן שלא השתמשנו בשירותי הדואר למטרות כאלו!), שאגיד איפה ומתי אהיה בדיוק, הוא יגיע לשם. את הפגישה הראשונה שלנו, שני ערבים, בכינו מהתחלה ועד הסוף, ובכל זאת נפרדנו כל כך מאושרים, כאילו השיבו לנו הכול מחיינו הישנים. אבל רק לזמן קצר ביותר. כי אחרי הפגישה הבאה שלנו, בה לא הפסקנו לצחוק, ניגש אלי ברכבת המלשין של המשלחת שלנו ואמר שאם אני לא רוצה שיבטלו את הדרכון המקצועי שלי, אסור לי להיפגש יותר עם אחי. שעכשיו הוא מעיר לי רק מתוך רצון טוב (הוא היה קצת שיכור), ולא יגיש עלי תלונה כי אני מוצאת חן בעיניו, אבל יותר לא רציתי להסתכן, חוץ מזה שגם אחריו היה מעקב. ככה עשר שנים נוספות לא נפגשנו ג'ורי ואני, כי הוא לא בא להונגריה. כאילו שבצרפת אין פשיסטים... יש, אבל אותם הוא לא שומע, השואה מתקשרת אצלו לקולות גברים דוברי הונגרית. הוא יודע שזה נשמע טיפשי, אבל הוא לא מדבר מהשכל אלא מהבטן בעניין הזה.

פפה היה קנאי באופן בלתי נסבל לנסיעות העבודה שלי, אבל ב-1963, כשאלדו קיבל ויזת עבודה לצורך השתתפות בכנס רפואי בזלצבורג ובכך התאפשר לנו לנסוע יחד, הדברים הגיעו לשיאם. כמובן שמשרד הפנים מעולם לא נתן אשרת יציאה למערב לשני בני זוג בעת ובעונה אחת. באחדות דעים מפתיעה עם אלדו בדרך חזרה, מצפצפים על שירותי הביטחון, נסענו לבקר את גרטל בגְרָאץ. (משום מה היה נדמה לנו שאין מעקב אחרינו, אבל למה?) גרטל נפטרה כחצי שנה מאוחר יותר, כך שטוב שהצלחנו להתראות! עוד הספקתי להגיד לה כמה אני חייבת לה והיא האזינה לנו בגאווה על מהלכי חיינו כאילו היינו לה בן ונכדה.

זה היה השבוע המאושר ביותר בחיי הבוגרים עד לאותה תקופה. בראש ובראשונה כמובן, בגלל שהתאפשר לנו להיות רק שנינו, אלדו ואני. בדיעבד, ובפעם הראשונה בחיי, הודיתי בפני עצמי שאמנם את הקשר בינינו אסור לכנות 'אהבה' במובן של בני

זוג. ובכל זאת, במרומים היינו גרים בוודאי בבית דו-משפחתי, אילו ניתן לנו מקום הראוי לנו, בזמן שעם פפה, כנראה רק באותה עיר. יתכן שגם אלדו חשב על משהו דומה כאשר לפני הרבה שנים אמר באחת ההזדמנויות: "ארז'י יודעת מן הרגע הראשון שבדבר אחד לא תוכל לעולם להעמיד אותי בפני בחירה - הקשר איתך. כי באותו רגע היא הפסידה."

מה שעוד היה נפלא כל כך בזלצבורג שבפעם הראשונה בחיי הרגשתי את עצמי כאזרח בעל זכויות מלאות. אכן איש לא עקב אחרינו, יכולנו לחיות את חיינו. כלומר, להשאיר אחרי הצוהריים הודעות אחד לשני אצל פקיד המודיעין של הכנס, איפה אנחנו רוצים להיפגש אחרי העבודה (אלדו כתב על המעטפה תמיד 'עלמה קיפי ווינר') או שיכולנו לרדת לבריכת המלון בחלוקי המגבת שהונחו בחדרים שלנו, או שיכולנו לשוטט בעיר עד חצות ללא חובת דיווח וללא חשש.

לאחר הנסיעה לזלצבורג אני לא יכולה להיזכר יותר בשום דבר חיובי עד שבקיץ 1970 פגשתי אותך.

באביב 1964 היה ההתקף הראשון של ארז'י, והשני בסתיו, סיים את חייה. ניתנו להם עשר שנים. שנים יפות. אז עוד לא ראיתי, מה שברור לי כבר היום, שהם ניהלו חיים של שלווה כמו שני בני זוג שכל חייהם חיו והזדקנו ביחד. אולי בגלל שגם ההיסטוריה שלהם הייתה כל כך דומה. למרות שלמען האמת, הם לא היו בכלל זקנים. הם גם לא הזדקנו לעולם. אֶמִי, חברתי האימהית, אמרה פעם, מתוך הערצתה ללא סייג לאלדו, שלדעתה בהתחלה אלדו רצה 'לגדל אותי', אבל בהמשך, באמצעותה של ארז'י, הוא ארגן שאוכל לחיות את חיי כאישה מבוגרת ללא נקיפות מצפון. תקופה ארוכה היו לי נקיפות מצפון בשל כך, כי זה נשמע מאד מציאותי. במשך הזמן ראיתי בהקלה, שאלדו זוכה לאושר רב בקשר החדש הזה.

מעולם לא כעסתי כל כך על אלוהיו של אלדו כפי שכעסתי כשלקח ממנו גם את אשתו השנייה. את החשבון הזה הוא לא יוכל לסגור איתי לעולם! על מה שהוא עולל לי אפשר למצוא הסבר- אני יכולה להגיד שלא הייתי מלאך. אבל אלדו כן.

לאחר מותה של ארז'י עניין אותי רק להשאיר את אלדו בחיים. כמובן שגם זה לא הועיל לנישואיי. אבל ככה בכל זאת יכולתי להעניק לו עוד מספר ימים, שבועות, חודשים יפים. חודש אחרי לכתה של ארז'י שוב נכנסתי להריון, כאילו שאני רוצה לעשות עוד מאמץ להעניק לאלדו נכד. הרבה שנים אחרי זה סברתי שהרגתי אותו עם זה, אסור היה לי להתעקש כאשר כולנו הרגשנו שגם הפעם זה לא יהיה שונה. (אלדו מעולם לא הטיח בפני את ההפלה שעשיתי בגיל 23. פעם אחת כשסיפרתי לו בדמעות שמישהו אמר שיתכן שאז קרתה תקלה גדולה, אלדו קם ענה לי: "דברים כאלה לא ניתן לדעת בדיעבד... יכול להיות שגם ההיריון ההוא לא היה מחזיק.") כאשר גם העובר הזה נטש אותי והייתי בין החיים למוות במשך יומיים, לא רק פפה הגיע לשפל הנמוך ביותר לגבי הנישואין שלנו, אלא נראה שגם אלדו וויתר אז על חייו. ההרעלה במשך יומיים שאיימה על חיי, כחצי שנה לאחר מותה של ארז'י, היה, ככל הנראה, איום בלתי נסבל עבורו. כי אחרי כחודש התחילו כאבי הגב שלו, ואחרי עוד מספר שבועות הגיעו התוצאות של הלוקמיה. ידעתי ששוב אני 'מאחרת את הרכבת'...

פפה התנהג כאילו שאני הוזה שאלדו חולה, וששוב איבדנו ילד נוסף ושארז'י נפטרה. הוא לא ידע מה לעשות עם כל האירועים האלה. אבל עד כדי כך שבוויכוחים מסוימים בינינו נדמה היה לי שהוא לא שפוי. התחיל לדבר שטויות, כאילו שלא קיימות עובדות. (הוא אמר שכבר לא כדאי שננסה שוב, מה אני כל כך מיואשת? כל זאת שעות קצרות לאחר ההפלה. די לו מהאבל על תינוקות, זה הכול דברים דמיוניים... שאתעסק עם העבודה שלי... הכול לאחר יותר מעשר שנים ביחד... לעולם אחרי זה לא חוויתי אורגזמה איתו, והוא הבין שזוהי הדחייה האולטימטיבית מצדי.)

בהתחלה עשיתי ניסיונות על-אנושיים לאתר כל טיפול אפשרי עבור אלדו. בשלב זה הוא דחה, מתוך חוסר ביטחון אם כי בהחלטיות, כל רעיון שהעליתי, ואני נהייתי היסטרית איך הוא יכול לעשות לי את זה. אז הוא היה נכנע לטרור שלי ועובר טיפולים מייסרים וחסרי תוצאה. אחרי המשבר המשמעותי הראשון שלו הוא משך אותי אליו ולחש: "תשחררי אותי, אני נורא מבקש!".

אחרי מספר ימים של בכי הנהנתי לו לאישור. חשבתי בליבי שאשחרר אותו ותוך זמן קצר ביותר אצטרף אליו.

מכאן, שוב הדברים חזרו להיות נסבלים. אלדו קם עם רצון ענק, הצליח לעבוד עוד שנה נוספת. אחר כך הגיע לבית החולים רק בימים הטובים יותר. כשהיה מתקשר בבוקר ומספר שהיום נראה די טוב עכשיו, עזבתי הכול ותכננו איך נבלה ביחד את המשך היום. כמעט תמיד עברנו גם בבית החולים. בתקופה הזאת האושר היחידי שלי היה לראות כמה אנשים אוהבים אותו כל כך.

לקראת סוף הקיץ ב-1966, עברתי לגור אצלו. דחיתי הזמנות למתורגמנות, עבדתי רק בבית (כלומר בביתו), כאשר הוא ישן או כשהרגיש טוב מספיק כדי להעסיק את עצמו במשהו. בתקופה זו אמרתי לו פעם, ללא שום הקדמה, ש'אני אתגרש'. הוא ענה לי: "אני יודע. אבל אל תפחדי קטנטונת, יימצא מי שיאהב אותך מאד ושגם את תוכלי לאהוב אותו. אני כבר אשלח לך אותו. במילא לא יהיה לי משהו אחר לעשות שם! יחד עם לוצה נחפש את הטוב ביותר עבורך!" יכולתי לצחוק איתו, הלא בראשי הוא כבר היה הפטרון השלם. (או שאולי בכל זאת הייתה לי תוכנית-ארצית-אלטרנטיבית? אחרת מה זה היה חשוב אם אתגרש או לא?...) כבר סיכמנו אפילו היכן נפגש למעלה, 'כשיגיע הזמן'. למרבה הצער הוא שמע שאת המפגש הזה אני מתכננת להרבה יותר מוקדם ממה שהוא חשב. בהתחלה התחנן. אחר כך האשים אותי שזו סחיטה, הלא הבטחתי לו שאני משחררת אותו, אבל ככה זה לא נקרא לשחרר! לבסוף הוא הזכיר לי את הנסיבות ואת משך הזמן הארוך שעבר לפני שאני הגעתי, ואחר כך גם ארז'י, ולמרות הכל הוא עמד בזה. 'את תצטרכי לחכות פחות ואת תעמדי בזה כי את הבת שלי!' אגב, אני חיכיתי רק חודש אחד פחות ממנו...

לגבי פפה הוא אמר: "אל תפגעי בו. הוא מציע את מה שהוא מסוגל... אם למישהו עלי אדמות הוא עושה מעבר לכוחותיו, זה לך."

כשאלדו קם, כבר לא היה מסוגל לעמוד על רגליו, ארגנו עם אלוירה השגחה מסביב לשעון. מיד הסכמנו בינינו שאלדו לא ילך לבית חולים, אפילו ליום אחד. היה צורך בעזרה חיצונית במשך 24 שעות (דבר שלרוב גם הסתייע, מקסימום אחרי חצות נותרנו לבד

מדי פעם), מאחר ואלדו לא רצה שאני אגיש לו את הסיר למיטה, או כל טיפול גופני אחר מלבד האכלתו. 'אני רוצה להישאר בזיכרונך כמי שהייתי עבורך במשך 18 שנה'. לצד האחיות בשכר, כמעט כל יום הגיעה גם אחות זו או אחרת מבית החולים, ש'במקרה היה לה זמן'. אלוירה הייתה 4-5 שעות איתנו. היא התאלמנה לפני מספר שנים. אלדו לא הסכים שגם היא תטפל בו. אך על תבשיליה היה אסיר תודה. כל עוד היה מסוגל לאכול.

בימים שכבר רק ישבתי לידו ללא הגה במשך שעות, הוא אמר פעם: "אחרי שאלך, אל תסתכלי יותר על גופי. כבר לא אהיה שם. אבל אהיה תמיד בקרבתך. ואם תקראי לי, תשאלי אותי, אשיב לך. תאמיני לי אני יודע, גם יקיריי עושים ככה כי הם אוהבים אותי..."

הוא הלך בשקט, יפה, ובעיני אחרים הוא לא סבל הרבה. בעיניי זה נראה כמובן המון. כעבור חודשיים היו נמלאים לו 60. בערב האחרון הוא הרגיש קצת יותר טוב והצליח להגיד מספר משפטים. "אל תשכחי שאני עובר למקום טוב. בשבילי הגיע הזמן." דבר שמשמעותו הייתה גם שעבורי עדיין לא. והוא הוסיף: "הבטחת שתחכי למי שאשלח לך! כך יהיה, נכון?" כשהלך בעלות השחר, הייתי איתו לבד. נדמה לי שעוד זמן רב דיברתי אליו. בכל מקרה, כשפפה הגיע עם האחות של הבוקר (באינטואיציה השטנית שלו), נאמר שנמצאתי מוצצת אצבע, בבכי תמרורים. לא יודעת.

אחרי ששבועיים, למרות מאמציהם של פפה ואגי, הייתי במיטה, ללא מקלחת וללא שום אוכל כמעט. אלוירה הגיעה, ובהפעלת כל הידע שלה מבית הספר הצבאי, גררה אותי לדוד פַּלי. אתה יודע, זולטיקם, שהטיפול אצלו סידר לי שוב את הראש, גם אם זה לא קרה ממש מהר. אבל נדמה לי - שלעומק. גם אותו אלדו שלח. גם הוא ראוי לאלדו.

בהתחלה חשבתי שאלדו לא עושה עבודה טובה שם למעלה. הלא חלפו השנים, והוא הבטיח לי שלא אצטרך לחכות הרבה. (בזכות דוד פַּלי כבר שוב התחלתי להאמין שזה יקרה.) ולאחר שאתה הופעת בביקורי הראשון בבית הקברות, כעסתי על אלדו. החלק שנוגע לאהבה הענקית – זה בסדר, אבל בפעם הבאה שיסתכל רגע גם בתעודת הלידה ושלא יתבדח! אבל מן

הסתם הוא יודע מה הוא עושה. רק שהתפיסה שלי איטית. הרבה זמן לא הבנתי, נדרשו לי שלוש שנים עד שדוד פַּלי אסף אותי עם שפכטל. וגם לכך שאתה תגדל די הצורך על-מנת שאוכל להופיע איתך בציבור! כי ברור שאלדו שלח אותך, זולטנקם. ואם אלדו יגור ביום מן הימים באחת הדירות בבית הדו-משפחתי שלנו, אז כדי שאתה תעבור לגור בשנייה, בזאת ששלי, איתי!

קלרה

תקציר היסטוריית יהודי הונגריה

יהודים חיו בהונגריה מאז ימי הביניים. לאחרונה נחשפו בחפירות בית כנסת ורובע יהודי קטן מהמאה ה-14 בחלק הימי-ביניימי של העיר בודה. נוכחות יהודית בהונגריה הרומית (פאנוניה) מוזכרת בכתובות על קברים ומצבות זיכרון נוספות המראות שרוב האוכלוסייה היהודית נטמעה בתרבות הרומית. דפוס זה חזר על עצמו גם בזמנים מאוחרים יותר: יהודים רבים על הדנובה היו מוכנים לעיתים קרובות להשתלב, או אפילו להיטמע, לתוך האוכלוסייה הכללית של האזור. ההיסטוריה המוקדמת של יהודי הונגריה מראה דפוס ססגוני של החלפה דינמית בין קיום עצמאי להתבוללות.

ההיסטוריה המודרנית של יהודים בהונגריה היא גם סיפור של הדינמיקה הזו. כשהונגריה הייתה חלק מאימפריית הַבְּסְבּוּרג, היו כמה קיסרים שכפו התבוללות חלקית – למשל יוזף השני (1780-1790), כשצו הסובלנות שלו משנת 1782 הרחיב את חופש הדת לאוכלוסייה היהודית. צו זה שינה את השימוש בכתב העברי וביידיש כשפה מדוברת, והחליף אותם בשפות הלאומיות של הקיסרות. שמות עבריים של יהודים היו צריכים להיכתב בשפת המקום, על אף שמסמכים רשמיים וספרי לימוד עדיין הודפסו בעברית.

רוב היהודים היו פעילים מאוד במהפכה נגד שלטון הַבְּסְבּוּרג בשנת 1848 ומלחמת השחרור שלאחריה, כשהם נלחמו בהתלהבות למען חופש האומה ההונגרית. מנהיגים ליבראליים של המהפכה, כמו לַאיוֹס קוֹשוּת', התייחסו ליהודי הונגריה כשווים לאוכלוסייה הכללית.

תקופה חדשה הגיעה ליהדות הונגריה לאחר הפשרה האוסטרו-הונגרית של 1867. שר הדתות והחינוך הברון יוז'ף אטווֹש עודד בהתלהבות את מתן שוויון זכויות ליהודים בעזרת חוק חדש, וקידם את כינוס הקונגרס היהודי בהונגריה ב-1868-69. חוק 1867:XVII, מבין הראשונים עליהם הצביע הפרלמנט החדש של הונגריה, העניק במפורש זכויות ל"תושבים העברים של המדינה" "לממש את כל הזכויות האזרחיות והפוליטית (השוות לאלו) של התושבים הנוצריים."

בית הכנסת הענק בסגנון נאו-מורי במרכז (בודה)פשט, יש הטוענים הגדול ביותר באירופה, הפך לסמל לנוכחות הגֶדלה של היהודים בהונגריה. החקיקה החדשה הביאה למה שניראה לזמן מה כ"ירח הדבש של יהודים וגויים", למרות שהופרע באופן תדיר על ידי התפרצויות חוזרות של אנטישמיות. עם עוד ועוד יהודים הנכנסים להונגריה, רובם מגליציה (היום דרום פולין), הונגריה נתפסה כמקלט בטוח ליהודי מזרח אירופה. יהודים מעוטי יכולת חיו במעמד נמוך, כאשר העשירים ובעלי השכלה חיו בדומה להונגרים במעמדות גבוהים, וכובדו לעיתים רבות, ואף הורמו לאצולה ההונגרית.
לאחר תור הזהב של יהודי הונגריה, בין 1867 ל-1916 תחת הקיסר-מלך ההַבְּסְבּוּרגי פרנץ יוזף הראשון, הגיעו מלחמת העולם הראשונה ומספר שינויים טראגיים בגודל, במבנה הפוליטי, ובהרכב החברתי של המדינה. שתי מהפיכות באו לאחר מכן, כולל רפובליקה המועצות בסגנון בולשביקי, שעמדו בראשה פוליטיקאים יהודים חילוניים רבים תחת ההנהגה של העיתונאי בֶּלה קוּן, שהיה בעברו שבוי מלחמה ברוסיה הבולשביקית. 133 הימים הללו בשנת 1919 נחשבו, וזכורים על ידי רבים, כתקופת ביניים מדינית המקושרת במידה רבה ליהודים – שתרמה להטלת אשמה על יהודי הונגריה למשך דורות.
בשנת 1920 חוזה השלום של טְריאנון פיצל את המדינה לחתיכות, ונתן בערך שני שלישים מהטריטוריה שלה למדינות השכנות, כגון רומניה ומדינות שרק הוקמו, צ'כוסלובקיה ויוגוסלביה. חלק גדול מהאוכלוסייה גם הועבר למדינות אלו, ביניהם 3.5 מיליון הונגרים אתניים. יהודי הונגריה נהפכו להיות שעירים לעזאזל, ונתפסו כאחראים למלחמת העולם הראשונה, המהפכה של 1918, הרפובליקה המועצות וטְריאנון. הם הוענשו קשות על ידי הטרור הלבן צמא הדם והברברי של 1919-1920, ועל ידי חוק נומרוס קלאוזוס לשנת 1920, שחתך בצורה דרמטית את מספר הסטודנטים היהודים שהורשו להתקבל לאוניברסיטאות בהונגריה. כמה מן הכישרונות המבטיחים והצעירים בקרב היהודים עזבו את הונגריה לצמיתות, ביניהם מדענים כגון חתני פרס נובל לעתיד יוג'ין ויגנר ודניס גאבור, כמו כן ג'ון פון נוימן, מיכאל פולני, לאו סילארד, אדוארד טֶלֶר; המנצחים אַנטַל דוראטי, יוג'ין אורמנדי, פריץ ריינר,

סר גאורג שולטי, וגאורג סל. רובם פיתחו את הקריירות שלהם בארצות הברית.
ליהודים רבים בהונגריה הייתה זו תחילתה של תקופה ארוכה של אנטישמיות תחת שלטונו של העוצר של האדמירל מיקלוש הורטי, שהגיעה לשיאה לפני ובמהלך מלחמת העולם השנייה. החוקים האנטי יהודיים של 1938, 1939, 1941 ו-1942 היו מסע ארוך שניגמר בשואה, רצח תעשייתי של כ-600,000 יהודים הונגריים במחנות ריכוז, בשטחים שהיו אז תחת כיבוש גרמני. באופן מפתיע, יהודים רבים הגיעו להונגריה ממדינות שונות במרכז אירופה בשנות המלחמה, בחושבם בטעות שיהיה שם מקלט בטוח כבעבר. רובם נספו, למרות שדיפלומטים זרים כמו אנחל סאנס בריס הספרדי, קרל לוּץ השוויצי, ג'ורג'ו פֶּרלַסקָה האיטלקי, שגריר הוותיקן אנג'לו רוֹטָה וראול ולנברג השוודי עשו כמיטב יכולתם להציל אותם.
בהונגריה לאחר מלחמת העולם השנייה נותר רק שביב קטן מהיהדות הענפה שהייתה בה טרם המלחמה. בתמיכת ברית המועצות, המפלגה הקומוניסטית, עם מנהיגות יהודית ברובה, הפכה לכוח הפוליטי המוביל בהונגריה. עשרת המנהיגים בצמרת המפלגה היו כולם יהודים חילוניים, מה שהצית גל חדש של רגשות אנטישמיים. המהפכה הלאומית של שנת 1956 שיחררה רגשות אנטישמיים נוספים. רבים מתוך 200,000 שהיגרו מהמדינה היו צעירים יהודיים.
לאחר 1956 הפוליטיקה תחת הנהגתו הארוכה של יאנוש קאדאר כבר לא הייתה אנטישמית, והפכה להיות יותר ויותר ליבראלית. עם זאת, ההתנסויות של 1919, השואה והפוליטיקה והלך המחשבה לאחר המלחמה, חיברו את ההיסטוריה ההונגרית של המאה ה-20 עם אנטישמיות, בעבר ובהווה, דרך מחשבה שהמדינה עדיין לא לגמרי חופשית ממנה.
כיום יהודי הונגריה ברובם חילוניים, מהווים אחוז אחד מכלל האוכלוסייה הקרובה ל-10 מיליון אנשים.

טיבּוֹר פרנק
פרופסור אמריטוס להיסטוריה,
אוניברסיטת אטווש לוראנד, בודפשט
חבר האקדמיה ההונגרית למדעים

על הסופרת

ז'וז'ה ווארקונ'י
התמונה באדיבות הסופרת

צעירה בשש עשרה שנים מאשר הגיבורה שלה קלרה, ז'וז'ה פ. ווארקונ'י נולדה למשפחה יהודית חילונית בבודפשט.
כנערה בילתה שלוש שנים בווינה, שם למדה בתיכון. לאחר מכן למדה פסיכולוגיה בבודפשט, באוניברסיטת לוראנד אטווש בין השנים 1967 ו-1972 וקיבלה את הדוקטורט שלה בשנת 1975. הספר הראשון שלה בפסיכולוגיה, *Tájékozottság és kompetencia* (מידע ויכולת) היה מבוסס על תזת הדוקטורט שלה.
לד"ר ווארקונ'י היה הכבוד הגדול לכתוב את הספר *Felnőttek között* (בין מבוגרים), ספר על פסיכולוגית ילדים, יחד עם פרנץ מריי, הראשון במעלה בתחום הפסיכולוגיה בהונגריה באותן שנים. למריי היו חיים הרפתקניים וכמעט טראגיים. אינטלקט מבריק עם אמונה מוסרית מעמיקה, אבל חוש חלש למציאות הפוליטית, הוא למד בפאריז אבל נישאר זר במקצוע שלו למשך רוב חייו. סטודנטים צעירים רבים כמו הסופרת, לעומת זאת, נמשכו לאישיותו, ולמדו ממנו תובנות ורעיונות גדולים.
אחרי שסיימה פסיכואנליזה משל עצמה, ד"ר ווארקונ'י עבדה במשך חמש שנים כפסיכולוגית ילדים במרכז היעוץ של בודפשט.
הספר הבא שלה Már 100x megmondtam (אמרתי לך מאה פעם) נהגה באותן שנים, מבוסס חלקית על ניסיונה בעבודתה.
הספר פורסם ב-1986, והגיע למהדורה ה-12 שלו בשנת 2021.
בשנת 1982 היא קיבלה עותק של הספר המהפכני של תומאס גורדון *אימון אפקטיביות של הורים* והסופרת התחילה להציג את המודל שלו על יחסים בין בני אדם במפגשי קבוצות, תרגמה את הספר לקוראים ההונגרים, ואימצה את התפיסה שלו בספרים שלה על מנת להסיר משחקים פסיכולוגיים.

היא לימדה פסיכולוגיה בקולדג' למורים של אוניברסיטת לוראנד אטווש משנת 1984 עד ל1987.
את השנים בין סוף 1987 עד אמצע 1991 היא בילתה בארצות הברית, היכן שבעלה, ההיסטוריון טיבור פראנק, היה פרופסור אורח במסגרת תוכנית פולברייט באוניברסיטת קליפורניה, סנטה ברברה – הרפתקה אינטלקטואלית גדולה, שנתנה הזדמנות להשוות בין שתי התרבויות, ולגלות מאפיינים מובחנים וחיוביים בשני הצדדים.
בחזרתה הביתה, ד"ר ווארקונ'י המשיכה את השירות המקצועי שלה כפסיכותרפיסטית, ובנוסף הפכה למאמנת קבוצות למודעות עצמית. מספר הקבוצות עבר את ה100 כאשר, לפני כמה שנים, היא העבירה את הקבוצות בהדרגה לידיהם של עמיתים צעירים יותר.
היא הייתה אורחת–מומחית בכמה הופעות על נושאים פסיכולוגיים שנערכו על ידי תיאטרון האימפרוביזציה "מומנטאן" בבודפשט, ונשאה נאום פרידה מרגש אחרי הערב ה-100.
היא גם שידרה שיחה שבועית על נושאים פסיכולוגיים שונים בתחנת הרדיו ההונגרית, קלוברדיו, במשך שש שנים.
ז'וז'ה ווארקונ'י עדיין מתפקדת כפסיכותרפיסטית והיא מקבלת הזמנות תכופות לפורומים של דיונים והרצאות במגוון נושאים מחקרים ושימושיים.
בנוסף לספרים שהוזכרו עד כה, היא כתבה שמונה ספרים נוספים על פסיכולוגיה.
כאות הערכה על עבודתה בתחום החינוך למבוגרים, כסופרת וכמאמנת, היא קבלה תואר פרופסור של כבוד באוניברסיטת לוראנד אטווש.

תודות

מכיוון שאף פעם לא כתבתי חלק רשמי של תודות, התחלתי לחשוב למי עלי להודות: קודם כל לאימי. כל שביב של אומץ להציג את עצמי בפני אחרים הגיע ממנה. הוא הייתה המקור היחיד של הבטחון העצמי שלי בכל תחום בו יש לי ביטחון עצמי – כגון בדיבור ובכתיבה. אני אפילו אולי לא מודעת כמה אני חייבת לה על עיניה הנוצצות כשהקשיבה לי! הסיפור שאתם קוראים בספר זה הוא לא הסיפור שלה, אבל הוא מראה באופן חלקי את הדרך בה ראתה דברים ואנשים, במידה מסוימת את הדרך בה אפשרה לי לראות דברים אחרת.

האדם השני ב"לוח הזמנים של חיי" לו אני חבה תודה גדולה על תמיכתו הקבועה הוא בעלי, טיבור פרנק. מעולם לא העליתי מטרות שאפתניות כל שהן במשך 47 שנות נישואינו עד כה, שהוא לא תמך ועזר להגשים אותן. (בהיותו היסטוריון, דרך אגב, הוא המחבר של תקציר היסטוריית יהודי הונגריה שניתן לקרוא בסוף הספר).

ואם אמשיך להסתכל מסביב בתוך משפחתי, אני חבה גם תודה גדולה לבן היקר שלנו, בן, שממשיך להציע עזרה מיידית להורים שהם "מבוגרים מידיי" בכל בעיה דיגיטאלית שאני נתקלים (בתדירות די גבוהה).

אני חייבת גם לציין את בָּרנַבָּאש טוֹט, בימאי הסרט שמבוסס על ספרי (Those Who Remained) שהגיע לרשימה המקוצרת לפרס האקדמיה לקולנוע לשנת 2020) על שנתן קשת חדשה לקריירה של הסיפור שלי לאחר המהדורה הרביעית ההונגרית והראשונה הגרמנית. ברנבאש בטוב ליבו אפשר לג'ואל אלפרט ליצור איתי קשר.

ג'ואל, העורך של ספרי יזכור של JewishGen בניו יורק, יזם את המהדורה האמריקאית של הספר. הספר באנגלית יצאה לאור במרץ 2021 וממשיך להימכר היטב – ניתן להשיגו באמזון בכריכה רכה או קשה. למרבה ההפתעה וההערצה, ג'ואל התנדב גם להיות המנטור של המהדורה בעברית. התרגום נעשה על ידי בת דודתי,

גבי אורן, למעשה לפני מספר שנים, ונערך בשנית עכשיו על ידי עופרה דור קפלן (שנעזרה בבן זוגה, יוסף קפלן דור, בתרגום הנספחים). גבי ועופרה, שתיהן עשו עבודה נפלאה שאני מוקירה עליה תודה.
אני לא צריכה לציין כמה מאושרת אני ביודעי שהמסר של הספר שלי יוכל להגיע לקוראים ישראליים. ישראל היא, אחרי הכול, המדינה שבה הסיפור שלי יוכל למצוא את מירב הקוראים שהם – דרך משפחתם – הושפעו אישית על ידי "אלו שנשארו".

ז'וז'ה פ. ווארקונ'י
בודפשט, הונגריה

JewishGen הוצאה לאור, JewishGen, ופרויקט ספרי יזכור

ספר זה מפורסם בהוצאת JewishGen חלק מ- JewishGen, Inc.
JewishGen, Inc, הוא ארגון ללא מטרות רווח שנוסד בשנת 1987 כמשאב עבור הגנאלוגיה היהודית. האתר שלהם (www.JewishGen.org) משמש כמרכז מידע בינלאומי ומשאב מרכזי על מנת לסייע ליחידים במחקר על היסטוריית משפחותיהם היהודיות ועל המקומות בהם חיוJewishGen מספקת מאגרי נתונים, מארגנת קבוצות דיון, ומתאמת פרויקטים השייכים לגנאלוגיה יהודית ולהיסטוריה של העם היהודי. בשנת 2003, JewishGen הצטרפה למוזיאון המורשת היהודית-זיכרון חי לשואה, אשר בעיר ניו יורק.
JewishGen press הוקמה בשנת 2021 על מנת להוציא לאור חומרים שמעניינים את הקהילה היהודית בארצות הברית ובשאר העולם. טכנולוגיית ההדפסה על פי דרישה מאפשרת ל JewishGen לפרסם במחיר זול יותר משיטת ההדפסה של אופסט (OFFSET) בה משתמשות הוצאות לאור גדולות יותר. עבודת ההפקה, כגון עריכת טקסט, עריכת אינדקס, יצירת עטיפה וכו' נעשית על ידי מתנדבים, במינימום עלות על מנת לאפשר לספרים להגיע לקהל הרחב ביותר.
לכן JewishGen press יכולה להוציא לאור, כשירות לציבור, חומרים חשובים ובעלי עניין שאולי לא היו בעלי הרווחיות הנדרשת על ידי הוצאות לאור גדולות.
JewishGen press כוללת בתוכה את פרויקט הדפסת ספרי יזכור (ראו למטה)
פרויקט ספרי יזכור קם על מנת לפרסם את קיומם של ספרי זיכרון שנכתבו על ידי ניצולים ותושבים לשעבר בקהילות יהודיות בכל העולם שהושפעו מהשואה. מתנדבים המחוברים לקהילות הללו התחילו לשתף פעולה על בכדי לתרגם את הספרים משפת המקור – לרוב עברית או יידיש – לאנגלית, ובכך ניתנה גישה לקהל רחב

יותר למידע יקר הערך שלהם. לאחר תרגום כל פרק, הוא מפורסם באתר של ספרי יזכור ומונגש בחינם לקהל הרחב.
פרויקט הדפסת ספרי יזכור מדפיס ומוציא לאור ספרי יזכור שתורגמו לאנגלית על ידי פרויקט ספרי יזכור, והופכם לספרים פיזיים שנגישים לקנייה על ידי הצאצאים של אותן קהילות, ובנוסף גם חוקרים, אוניברסיטאות, בתי כנסת, ספריות ומוזיאונים.
JewishGen press מוציא לאור גם סיפרי זיכרונות מהשואה, אוספים של חומרים מספרי יזכור, ספרים עלילתיים, ביוגרפיות, ספרי היסטוריה, בישול ואמנות, ספרי ילדים, הגדות לפסח, מגילות, ועוד ספרים בעלי עניין יהודי.
רשימה של כל הפרסומים של JewishGen Press, עם מחירים ומידע על הזמנות אפשר למצוא ב:
www.JewishGen.org/Press/press.html

לאנס אקרפלד
מנהל פרויקט ספרי יזכור
ג'ואל אלפרט
מנהל פרויקט JewishGen Press
אברהם גרול
מנהל בפועל של JewishGen